최정식 리걸 에세이

공정의 법 | 사랑의 법

최정식 지음

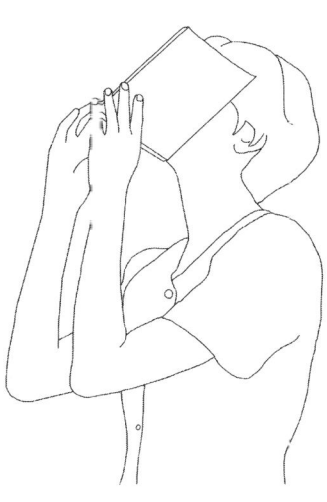

다시랑

최정식 리걸 에세이
공정의 법, 사랑의 법

초판인쇄 2021년 10월 10일
초판발행 2021년 10월 15일
저   자 최정식

펴 낸 곳 **도서출판 다 사 랑**
펴 낸 이 신진호
출판등록 제2002-000017호
주   소 07027 서울시 동작구 사당로 8(상도동)
전   화 (02)812-3694(代)
ISBN 978-89-97756-60-5 03360
정가 15,000원

ⓒ 2021

무단 전재와 복사를 할 수 없습니다.

책을 내면서

I.

어느날 잡지사에 근무하는 고향 선배로부터 칼럼기고를 부탁받게 되었는데, 어린 시절 선배의 부모로부터 은혜를 입은 바 있어 망설이다가 응하였다. 해당 저널은 에너지분야라서 독자들이 법률에 대한 관심이 얼마나 있을런지 의문이 들었지만, 누군가에게는 도움이 될 듯싶어 매월 말이면 원고를 작성하여 보냈던 세월이 10년을 넘었다.

비지팅 스칼라로 외국에 체류 중인 때에도 월말이면 빚쟁이 독촉에 시달리듯 글을 마무리하여 송그하느라 꽤나 고생을 하였다. 이렇게 모아진 글이 100여 편에 이르렀는데, 이를 모아서 출판하면 좋겠다는 주위의 권고에 힘입어 이 칼럼집을 세상에 내놓게 되었다.

II.

이 책은 월간 저널 "Electric Power"에 2007년부터 2017년 사이에 기고한 법률칼럼을 모은 것이다. 대중들의 관심을 끄는 법적 논제에 대한 필자의 견해를 담은 에세이와 일반인이 알고 싶은 법률상식과 일상생활에 필요한 판례를 모아 놓은 것이다. 저널의 성격상 에세이를 단문으로 완성하여야 해서 법률 논제에 대하여 깊이 있는 논의를 전개하기 어려웠던 점은 상당한 아쉬움으로 남는다.

III.

법은 정의롭고 공정한가?
법이 언제나 정의의 편에 서야 할 터인데,
현실의 세계에서 법이 정의와 공정의 편에 서 있는지

그리고 정의를 지탱하고 옹호하였는지 확신이 서지 않는다.

법은 사회적 약자를 보호하는가?
법이 유력한 사회적 지위에 있는 자와
눈에 띄지 않고 내세울 것 없는 보통사람을
공평하고 평등하게 대우를 하여 왔는가?

나의 짧지 않은 법조생활을 돌이켜볼 때, 법이 만인을 공평하고 평등하게 적용된다는 주장에 쉽게 수긍할 수 없을 것 같다.

오히려 유전무죄 무전유죄, 유식무죄 무식유죄 등
비아냥거리는 말들이 더 귓가를 맴돌고 있다.

사람들은 자신의 진영을 결속하고, 자기의 사회적 기반을 견고히 하기 위해 법을 오용한다. 자신이 속한 집단, 계층, 영역에 유리한 법을 제정하기 위해 로비를 하고 영향력을 행사한다. 그래서 특정한 이념이 투영된 법은 우리 사회에 엄청난 혼란과 갈등과 안겨 준다.

법조 3영역인 법원, 검찰, 변호사회는 불신의 대상이 되고 있다.
우리 사회의 양심의 보루라고 여겨지는 법원은 국민의 신뢰와 지지를 받기는 커녕 판결과 결정이 정쟁의 대상이 되어 조롱을 받고 희화화되는 경우가 적지 않다. 그래서 법원의 심판기능은 부러진 화살이 되었다고 비판한다.

범죄에 대한 수사와 기소권을 행사해온 검찰은 일반인으로부터 불신을 받는 것은 물론이고 정치적 중립성까지 의심을 받고 있다. 영미법 국가와 달리 법관과 동등한 지위와 대우를 받아온 검사가 그 권한을 공정하게 행사하여 왔는지에 대한 의문이 제기되었고, 이제 수사권과 기소권이 분리되는 커다란 전환점에 서 있다.

검찰의 직접 수사권이 점차적으로 제한되고 일반 형사사건의 수사권이 경찰로 이전되는 수사권 이전의 진통은 상당 기간 지속될 듯하다. 검찰이 가지고 있는 기소편의주의라는 엄중한 권한을 정의와 상식의 편에서 공정하게 행사할 때에 추락된 신뢰를 회복할 수 있을 것이다.

변호사회는 변호사의 권익신장만을 위한 역할에 만족해서는 안된다.
변호사협회장은 대법관, 특별검사 등 중요 인사의 추천권, 감독권, 각종 위원회에 참여하여 권한을 행사한다. 변호사들은 법의 지배가 우리 사회에 뿌리를 내리도록 법률가로서 적극적인 역할을 하여야 하고, 사람에 의한 자의적 지배가 아니라 법의 지배가 굳건하게 자리를 잡도록 노력하여야 한다.
변호사의 수임행우는 비즈니스 즉 상행위가 아니므로 변호사가 선임의 대가로 보수를 받더라도 상인이 아니다. 변호사는 사회정의 실현과 인권 및 공익에 대한 책임을 지며 일반 국민에게 양질의 법률서비스를 제공하는 것이 임무이자 사명이다. 일부 변호사의 부도덕한 행위로 말미암아 지탄을 받지 않도록 비윤리적인 활동을 경계하여야 한다.

Ⅳ.

예일대학 법과대학 교수 프레드 로델은 그의 저서 "저주받으라 법률가여"에서 "고대에는 주술사가, 중세시대에는 성직자가, 대중의 우두머리로 군림하기 위해서 자신의 비밀을 몰래 감춰둔 채 자기 시대의 문명을 좌지우지하는 독재의 성을 구축하였다.

그리고 오늘날은 법률가가 법률을 제정하고, 관리하며, 집행하면서 우리 시대의 문명을 운영한다. 그래서 미국의 정부는 시민(people)의 정부가 아닌 법률가의 정부이다. 또 법률가는 전문용어를 사용함으로써 보통사람을 격리시키고, 자신들의 세계만 구축하는 고등사기술(high class racket)을 사용한다."고 법률가를 비난하였다.

프레드 로델이 과장하여 법률가의 역할과 행위를 비난하였지만 우리 현실에 비추어볼 때 어느 정도 타당한 비판임을 부인할 수 없다.

오늘날 같은 법조 불신시대에 법률가는 어떻게 하여야 하는가?
진부한 말이지만, 법률가는 정의와 건전한 상식의 편에 서야 한다.
정의와 공정 그리고 사랑의 실현을 위하여 법은 사용되고 해석되어야 한다.

V.

정의와 평등 그리고 올바름을 추구하는 공의가 법을 지탱하는 최고의 가치임을 부인할 수 없다. 공정의 법, 정의의 법은 소중한 가치이다. 그러나 공정하고 엄정한 법은 무섭고 가혹하다. 나약한 인간은 공정과 정의를 실천할 의지나 능력이 부족하다.

로널드 드워킨은 그의 저서 '법의 제국'에서 "법이 무엇인가에 대하여 답하기를 그것은 넓은 의미의 정치에 대한 해석적, 성찰적 태도이다. 법의 태도는 과거에 대한 올바른 믿음을 유지하면서 더 나은 미래로의 최선의 길을 보여주는 원리를 법적 실천에 제시하여 주는 것을 목적으로 한다. 그것은 궁극적으로 박애의 태도이다. 그것은 우리의 신념 등이 다름에도 불구하고 어떻게 우리가 공동체에서 결속을 이루고 있는가를 드여주는 표현인 것이다."라고 하였다.

법은 미래로의 최선의 길을 보여주는 원리를 법적 실천에 제시하여 주는 것을 목적으로 하며, 이는 궁극적으로 박애의 태도라는 그의 견해는 경청할 만하다.

법의 적용대상인 인간에 대하여 박애, 애정의 타도를 견지 해야 한다. 냉기 흐르는 법정, 진실과 허위를 판단하기 위한 치열한 공방, 준엄한 법적 판단과정 중에도 그 대상인 사람에 대한 사랑이 전제되어야 하고, 비록 과오에 대한 무거운 응징이 내려질지라도 그 응징 너머에 있을 인간의 변화, 회복을 바라다볼 수 있어야 한다.

사랑, 박애가 법의 해석과 적용에 스며들어야 한다.

VI.

'공정의 법, 사랑의 법'의 편에서는 우리 사회에서 논쟁의 대상이 되는 주제들에 대하여 정의와 사랑의 관점에서 해석하였다. 여기에는 법률가의 정치참여, 친절한 법정, 위증과 정의, 안락사, 표현의 자유 등이 포함된다.

다음으로 일상생활에서 부딪치는 법적 분쟁을 몇 개의 카테고리로 나누었다.
첫째로, 가정이라는 공동체에서의 결혼과 이혼, 가족간 자산 다툼과 상속, 후견인 선정 등 가족간의 갈등을 다루었다. 그리고 아파트 층간소음 분쟁, 보증인의 책임, 실화자의 책임, 골프회원권 보호 등 개인간의 분쟁을 다루었다.

둘째로, 영리를 추구하는 기업과 상인에게 필요한 상호권의 보호, 상가분양업자의 상권형성의무, 키코사건의 교훈 그리고 익명조합, 집행임원, 사외이사제도, 종류주식의 다양화 등을 다루었다.

셋째로, 서민들의 근로의 권리와 노동권, 보험소비자의 권리를 다루었는데, 하청업체의 파견근로자 보호, 연예인 노예계약, 학력미기재 근로자의 해고 그리고 고지의무위반, 사행성 보험, 정신질환자 자살면책약관 등이 포함되었다.

넷째로, 막강한 형사 공권력 앞에서 개인은 한없이 미약하고 불안한바, 우리 형사법 체계하에서 개인의 권리 보호에 관한 허위자백과 억울한 옥살이의 배상, 음주측정거부, 불심검문, 사실적시 명예훼손죄 등을 논하였다.

Ⅶ.

필자는 전공분야의 책을 이제까지 저술하여 왔는데, 이번에 개인적인 견해가 담긴 책을 내놓으려고 하니 약간은 망설여졌으나, 법의 그물 안에 담긴 공의와 사랑의 향기가 법률전공자나 일반인들에게 조금이라도 전해질 수 있기를 바라는 맘으로 이 책을 내놓는다.

책의 구성과 편집에 귀한 도움을 준 한국지식재산연구원 부연구위원 겸 숭실대 겸임교수인 김시열 박사와 원고를 교정해 준 숭실대 법학연구소 강윤수 연구원과 장희 그리고 출판을 흔쾌히 맡아준 도서출판 다사랑에 감사함을 전한다.

언제나 전폭적으로 나를 응원해주고 격려를 아끼지 않는 우리 가족에게 감사와 사랑의 맘을 전한다.

2021. 10. 3.
살피재 연구실에서 **최정식**

차례

책을 내면서	i

제1장 공정의 법, 사랑의 법   1

로또복권과 사랑 그리고 심순애	3
불효자방지법이 필요한가	6
육법당과 법률가의 정치참여	9
영화 슬리퍼스의 신부의 위증과 정의	12
법관의 언행과 법정의 공정성	15
한센병 환자에 대한 강제수술의 위법성	20
국민참여재판의 성공적 안착을 위하여	24
법 앞에서의 평등과 자의적 사면권 제한	28
친절한 법정, TV에 중계되는 법정	32
말의 실수가 없는 온전한 자는	35
품위있는 죽음, 안락사에 대하여	38
미네르바 사건과 표현의 자유의 한계	42
세월호 침몰사고와 법규준수	46
바람직한 인사청문회 제도의 정립	50
민주주의의 발전과 토론문화의 정착	54
4차 산업혁명과 법률가의 역할	57
기업가의 사회적 책임	60
국제 지적재산권 분쟁의 심화와 대응방안	63
연비조작차량과 집단소송의 필요성	66

법조에 대한 신뢰를 회복하려면 ·· 69
분쟁해결을 위한 조정제도의 효율적 운영 ······························· 72
미국대통령 선거와 연방대법관의 구성 ···································· 75
미국의 사형집행에 관한 논쟁 ·· 79
산동대 한중일포럼과 중국법학의 발전 ···································· 83

제2장 사적분쟁 해결의 법　　　　　　　　　　　　87

가족관련 법률의 변천과 적응 ·· 89
성년후견인제도와 노약자 보호 ·· 93
혼전 출산이 혼인의 취소사유인가 ·· 96
혼인 파탄에 의한 예물반환청구권 ·· 99
이혼 전 재산분할 포기약정은 유효한가 ································ 102
이혼 시 퇴직연금의 분배 ·· 105
상속인간의 장례비분담과 부의금 분배 ·································· 108
아파트층간 소음으로 인한 분쟁 ·· 111
아파트 분양시 과장광고로 인한 손해배상 ···························· 114
금융실명제와 적법한 예금반환청구권자 ································ 118
주위토지통행권에 관한 분쟁 ·· 122
보증인의 책임범위 ·· 126
착오로 송금한 돈의 수취은행에 대한 반환청구 ·················· 130
주택담보대출의 중도상환수수료는 누가 부담하는가 ·········· 134
경과실이 있는 실화자도 배상책임을 부담해야 ···················· 138

광고모델의 품위유지위반과 기업의 손해회복 ·· 142
송전탑 및 송전선 이전비용의 부담 ·· 146
하도급법에서의 징벌적 손해배상 ·· 149
골프장 회원의 권리보호 ··· 152
강남아파트 간 일조권 및 경계침범 분쟁 ·· 157
세금 회피성 위장이혼의 증가 ·· 160

제3장 기업과 상인의 법   163

환헤지상품인 키코사건이 주는 교훈 ·· 165
상가분양업자의 상권형성준수의무 ·· 169
경업금지를 위반한 영업행위 금지 ·· 172
영업양도인의 경업금지의무위반 ·· 175
상인의 상호권 보호 ·· 178
준법지원인이란 무엇인가 ··· 182
1인 주식회사에서 주주의 회사재산유용 ··· 186
명목상 이사의 책임과 보수청구권 ··· 190
기업의 정치헌금기부 ·· 194
상법상 익명조합의 이용 ··· 197
지배인제도의 남용을 경계하여야 ··· 200
학원강사의 전직금지약정의 효력 ··· 203
전자적 방법에 의한 주주의결권행사 ·· 207
주주의 이사회의사록에 대한 열람등사청구권 ···································· 211

총회참석주주에 대한 이익공여금지 ·· 214
제3자에 대한 신주식의 배정 ··· 217
기업의 미공개정보이용의 금지 ·· 221
종류주식의 다양화를 통한 투자의 활성화 ······························· 225
무액면주식과 주식회사의 자본금의 변화 ································ 229
집행임원제 도입을 통한 효율적인 기업경영 ···························· 232
합자조합과 유한책임회사의 도입 ·· 236
사외이사제도의 재정립 ·· 240
증권투자자의 주의의무와 자기책임의 원리 ····························· 243

제4장 일반 서민 보호의 법　　　　　　　　　　　247

근로기준법상 근로자의 범위 확대 ··· 249
연예인의 전속계약을 어떻게 볼 것인가 ································· 253
하청업체의 파견근로자의 보호 ··· 257
결격사유로 임용취소된 공무원의 퇴직금은 ····························· 260
대졸학력을 미기재한 취업자 해고는 타당한가 ························ 264
비등기임원이 근로기준법의 보호대상자인가 ··························· 267
불법금융사기 피해를 방지하려면 ·· 271
국제스포츠판정에 대한 이의신청절차의 필요성 ······················· 275
고지의무 위반자가 보험금을 받을 수 있는가 ·························· 278
보험사기방지를 위하여 ·· 282
사행성보험은 권장할만한가 ·· 286

정신질환자 자살면책약관에 관하여 ·············· 290
운전(보조)자가 자배법상 보호받는 타인인가 ·············· 293
보험약관의 무면허운전면책조항의 효력 ·············· 297
심신박약자의 사망을 보험사고로 한 보험계약의 허용 ·············· 300
고수익보장을 약속하는 금융투자권유의 함정 ·············· 303

제5장 형사상 개인 보호의 법　　　　　　　　　307

연필살인과 허위자백 그리고 억울한 감옥살이 보상 ·············· 309
불심검문은 어디까지 허용되는가 ·············· 313
운전자의 음주측정거부죄는 어떤 경우 성립하는가 ·············· 317
인터넷상 저작권침해와 삼진아웃제도 ·············· 321
범죄피해자구조제도의 적극적 활용 홍보 ·············· 325
흉악범과 사형제도 ·············· 328
LBO 거래에서의 배임죄의 문제 ·············· 331
교통사고처리특례법상 중상해에 관한 판결 시비 ·············· 335
명예훼손죄에 대하여 ·············· 339
사실적시 명예훼손죄에 대한 논쟁 ·············· 343
피고인에게 유리한 증거공개의무 ·············· 347
경미한 저작권을 침해한 청소년 보호의 필요성 ·············· 350
교통사고 발생시 뺑소니범이 되지 않으려면 ·············· 353
폭력으로부터 청소년 보호 ·············· 358
성희롱 판단기준의 변화 ·············· 361

최정식 리걸 에세이
공정의 법, 사랑의 법

제1장 공정의 법, 사랑의 법

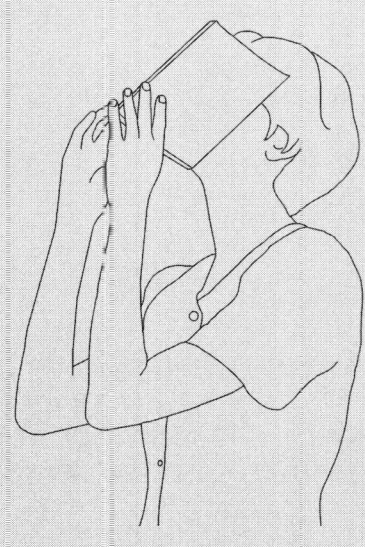

"우리 헌법은 성별, 종교 또는 사회적 신분에 의하여 정치적·경제적·
문화적 생활의 모든 영역에 있어서 모든 국민이 차별을 받지 않는
'법 앞의 평등'을 선언하고 있다. 여기에서의 평등은 법의 적용에 있어서
합리적 근거 없이 차별을 해서는 안 된다는 상대적 평등을 의미한다."

/ 제1장 공정의 법, 사랑의 법 /

로또복권과 사랑 그리고 심순애

　사람들이 사랑과 돈 가운데 어느 하나를 선택하여야 할 상황이라면 어떤 선택을 할 것인지 궁금하다. 일본의 금색야차(金色夜叉)를 번안한 소설 '장한몽'에서 심순애는 갑부인 김중배의 돈과 다이아몬드 반지에 맘이 기울어 가난한 약혼자인 이수일을 멀리한다.

　대동강가 부벽루에서 이수일이 심순애에게 매달리면서 애원을 하지만 한번 황금에 눈이 어두워진 여자의 맘을 돌릴 수는 없었다. 그래서 이수일은 "김중배의 다이아몬드가 그렇게도 좋더란 말이냐?"며 가난한 자신의 신세를 한탄한다. 영화로 상영되기도 하였던 사랑과 돈에 관한 유명한 이야기이다.

　결혼한 여자에게 중요한 것을 손꼽으라고 하면, 돈, 공부 잘하는 자식, 건강이며, 남편은 경제력을 뒷받침해주는 수단으로서 중요할 뿐 그 이상은 아니라는 농담을 들은 적이 있다. 한 순간에 행복을 꿈꾸는 사람들의 갈증을 채워줄 것 같은 로또복권이 서민들의 관심을 끌고 있다. 어떤 택시기사는 수입 중 일부를 로또구입비로 따로 모아둔다고 하며, 은행의 창구에는 매주 수십만원 상당의 복권을 정기적으로 구입하는 사람들이 있다고 한다.

당첨될 확률을 생각하면 힘든 노동의 대가로 얻은 수입을 허무하게 날려버리는 것은 아닌가라는 생각이 들기도 하지만 힘든 세상에서 로또복권이 행복과 꿈을 실현해 줄 수 있을 것으로 믿는 것을 탓할 수는 없다.

그런데 아이러니하게도 로또복권에 당첨되면 꿈과 행복을 모두 얻을 것 같지만 그 반대로 꿈과 사랑이 깨어지는 경우가 많다고 한다. 그래서 결혼을 약속하고 동거하던 커플이 수십억원 상당의 로또당첨금 때문에 사랑이 깨어지고 분배의 문제로 소송까지 한 사건이 있었다.

남자가 여자에게 구입할 로또복권의 번호를 적어주고 5만원을 건네주면서 복권을 구입하라고 하였고, 여자가 구입한 그 복권이 당첨되었다. 그런데 여자가 복권이 당첨된 사실을 숨기다가 나중에 실토하였으나, 당첨금을 친정어머니에게 맡겨놨는데, 찾아오겠다고 한 후 가출을 하여 남자가 당첨금 반환청구소송을 제기하였다. 여자가 처음부터 당첨금을 독식하려고 하였는지 아니면 친정식구들이 교사를 하였는지 알 수 없지만 로또당첨금이 사랑까지 갈라놓은 것이다.

또 5년간 사실혼 관계에 있던 남편이 부인을 상대로 로또당첨금을 반환하여 달라는 소송을 제기한 사건도 있었는데, 남편은 자기 돈으로 로또를 구입하였으며 당시 신분증을 소지하지 못하여 당첨금을 부인통장에 넣었다고 주장한 반면 부인은 일확천금의 꿈을 꾸고 나서 남편에게 돈을 주어서 복권을 사도록 하였기 때문에 당첨금은 부인의 소유라고 주장하였다.

법원은 당첨금은 남편의 소유이지만 부인이 남편과 전처 사이의 딸을 양육하고 생활비도 혼자서 부담하였는바, 남편은 부인의 경제적 도움에 대한 대가 및 향후 자녀에 대한 양육비 등의 명목으로 당첨금의 일부를 증여하려는 묵시적 의사가 가지고 있었으며 또 부인과 공동으로 사용할 의사로 당첨금을 부인에게 맡긴 것으로 볼 수 있기 때문에, 그 후 사정이 바뀌어 사실혼 관계가 깨어졌다고 하더라도 당첨금을 두 사람이 나누어 가지는 것이 합당하다고 하였다. 로또당첨금이 행복을 가져다 주기는 커녕 사랑을 파탄시키는 단초를 제공하였다는 점에서 뒷맛이 씁쓸하다.

부벽루 강가에서 심순애의 순정에만 호소하는 무능력한 이수일이 되기보다는 김중배처럼 경제력을 갖추어야 사랑도 얻을 것이다. 엄청난 로또당첨금을 혼자 독식하려는 이기심과 욕망 때문에 사랑하는 사람을 속이거나 야밤 도주를 하는 것은 너무 야박하지 않은가? 로또복권 때문에 사랑과 행복이 더욱 돈독해졌다는 미담도 듣고 싶다.

/ 제1장 공정의 법, 사랑의 법 /

불효자방지법이 필요한가

효(孝)는 노인(老)을 자식(子)이 잘 받드는 것이다. 중국 진나라 효자 오맹은 아버지가 모기에 물리지 않도록 자신이 맨몸으로 누워 모기를 물리게 하였다는 자문포혈(恣蚊飽血)의 예화가 있고, 삼국사기에는 노처녀가 시집을 가지 않고 날품을 팔아 맹인인 모친을 보살피다가 흉년이 들자 먹을 양식을 마련하기 위해 부잣집 노비로 팔려갔다는 효녀 지은의 설화가 있다. 유교 영향권에 있던 우리나라에서의 불효는 윤리적 차원을 넘어 범죄행위로 여겨 고려사의 문언에 의하면 부모 공양을 소홀히 하면 징역형을, 부모를 구타하면 참형이나 귀향을 보냈다는 기록이 있다.

그런데 부모가 자식을 상대로 제기한 부양료청구소송이 연간 수백건에 이르고, 부모를 학대하는 신고가 수천 건에 이른다고 한다. 드라마 '가족 간에 왜 이래'에서 부모가 자식들에게 재산을 증여하였으나, 불효를 하자 인생을 잘못 살았다면서 자식들에게 쏟은 인생을 회수하고 싶은데 시간을 되돌릴 수는 없으니 증여한 재산이라도 회수하겠다며 소송을 제기하는 장면이 나온다.

하지만 부양의무를 소홀히 한 때에 증여계약을 취소한다는 별도의 합의를 부모와 자식이 명문으로 하지 않는 한 증여재산을 돌려받을 수 없다. 우리나라 정서상 부모와 자식이 그러한 내용의 합의서를 작성하는 경우가 거의 없을 터이니 증여재산을 되돌려 받기는 매우 힘들 것이다.

우리 민법은 부모가 자녀에게 재산증여를 약속한 경우 자녀가 부모에게 범죄행위를 하거나 부양의무를 이행하지 않은 때에는 증여를 해제할 수 있으나(민법 제556조) 증여를 이미 행한 때에는 해제할 수 없다(민법 제558조)고 규정하고 있는바, 증여행위가 이미 완료된 후에는 부양의무를 이행하지 않더라도 증여재산을 반환받을 수 없다.

그래서 재산을 증여받은 자녀가 부모를 부양하지 않을 때에는 증여재산을 환수할 수 있도록 하는 이른바 '불효자 방지법'을 제정하자는 주장이 있다. 패륜아가 늘어가고 있고, 최소한의 가정의 질서가 무너져 가는 오늘날 경제적 무능력으로 몰리는 노인들을 보호하기 위하여 불효자방지법을 입안하려는 취지에 공감하는 사람들이 늘어가고 있다. 그러나 부모와 자식 사이의 관계를 사법권력이 개입을 하고 가족 간의 도덕적 가치를 법률이 판단하는 것은 지나친 처사라는 비판도 있다.

자녀가 부모를 학대하면 형사처벌을 하고 있으며, 부모에게 일정한 범죄를 저질렀을 때에는 증여를 취소할 수 있으니 별도의 법까지 만들 필요는 없다고 본다. 증여는 증여자의 자유로운 의사에 의하여 이루어지는 만큼, 위험부담이 있으면 증여를 하지 않으면 될 것이고, 훗날 자식의 태도가 변할 수 있을 것이라 예상되면 조건부 증여를 하면 될 것이다. 그리고 민법상의 증여의 취소사유를 현행 규정보다 더 폭넓게 규정하는 방안도 모색할 필요가 있다. 또 사법부가 자식의 부모에 대한 부양의무 불이행을 이유로 한 증여행위의 취소판결을 폭넓게 허용하면 좋을 듯하다.

구약성서 출애굽기에는 '부모를 공경하라 그리하면 네 하나님 여호와가 네게 준 땅에서 장수한다'고 기록하고 있고, 신명기에는 '부모를 경홀히 여기는 자는 저주를 받는다'고 기록하고 있다. 그리고 자기 가족을 돌보지 않는 사람은 믿음을 저버린 사람이라고 사도 바울이 책망하는 기록도 있다.

국가의 사회보장이 불완전한 오늘의 현실에서 부모의 부양을 자녀가 1차적으로 책임을 져야 한다. 그러나 젊은이들이 생활여건이 점점 힘들어지고 있는 상황에서 국가와 지방자치단체가 노인들의 삶과 복지를 일정 부분 떠맡아야 하지 않을까 하는 생각이 든다.

/ 제1장 공정의 법, 사랑의 법 /

육법당과 법률가의 정치참여

　오래전 육법당(陸法黨)이라는 용어가 사람들 사이에 회자된 적이 있었다. 과거에 사관학교 출신의 군인과 법률가가 중심이 된 정당을 비유하여 사용된 말이다. 군인은 상명하복의 명령체계를 따라야 할 뿐만 아니라, 국가를 수호하는 본래의 임무를 수행하기 위해서는 기존체제의 수호에 앞장서는 것이 자연스럽다. 법률가도 현재의 법률과 질서체계를 따르고 지키는 보수주의적인 태도를 취하면서 새로운 시도나 개혁에 대하여 거부감을 가지고 있는 것이 보통이다. 당시 사관학교 출신 정치인과 S대 법대출신의 법률가들이 의기투합하여 같은 정당에서 당시의 유신체제수호에 앞장을 선 일이 있었다.

　쿠데타로 민주적인 정치체제를 무너뜨리고 권력을 쥔 군인들이 법률가를 선택하여 자신의 체제수호에 동참하도록 하였던 것이었다. 법치주의는 사람에 의한 지배를 배격하고 법에 의한 지배가 민주주의 발전에 도움이 된다는 신념이다. 그래서 악법도 법이므로 지켜야 한다고 한다. 한편 악법은 국민을 괴롭히는 등 악영향을 주므로 이에 대하여 저항하여야 한다는 주장도 만만치 않다.

법률가의 정치참여에 대하여는 의견이 분분하다. 정치는 국민의 삶에 막대한 영향을 미치며, 법치주의를 확대하기 위해서는 법률가들이 의회정치에 참여하여 올바른 법, 형평성을 가지는 법을 만들고, 이러한 법을 통하여 국민의 생활에 선한 영향을 끼쳐야 하므로 법률가의 정치참여는 필요하다는 주장이 있다. 미국의 상원의원과 하원의원의 상당수가 법률가들이며, 주지사나 대통령도 상당수가 법률가 출신임을 보더라도 이러한 주장은 설득력이 있다고 볼 수 있다.

하지만 법률가의 과도한 정치참여는 법률가의 이익을 지나치게 보호하여 다른 직역에 있는 사람들이 희생을 당하거나 보수적인 법률가의 성향 때문에 진보적인 발전이나 미래지향적인 정책들을 기피하는 등 역기능 때문에 법률가의 정치참여는 일정 부분 제한되어야 한다는 주장도 제기되고 있다.

예일대학 법과대학 교수 프레드 로델은 그의 책 '저주받으라 법률가여'에서 법률가를 다음과 같이 비난한다. "고대에는 주술사가, 중세시대에는 성직자가, 대중의 우두머리로 군림하기 위해서 자신의 비밀을 몰래 감춰둔 채 자기 시대의 문명을 좌지우지하는 독재의 성을 구축하였다. 그리고 오늘날은 법률가가 법률을 제정하고,

관리하며, 집행하면서 우리 시대의 문명을 운영한다.

그래서 미국의 정부는 시민(people)의 정부가 아닌 법률가의 정부이다. 또 법률가는 전문용어를 사용함으로써 보통사람을 격리시키고, 자신들의 세계만 구축하는 고등사기술(high class racket)을 사용한다."고 하였다. 프레드 로델이 조금 과장하여 법률가들을 비난하였지만 어느 정도 타당한 비판임은 부인할 수 없다.

법률가들이 법의 이념인 정의를 구현하고 법적 안정성을 추구하면서 사회적 안정을 이루려고 하며, 사회나 국가 공동체의 목적달성을 위하여 법을 통하여 정의를 구현하려는 합목적성을 지향한다고 믿는다. 그런데 공의 내지는 공평은 그 잣대에 따라 달라질 수 있고, 법적 안정성을 추구하느라 현실의 체재유지만을 고집하다가 변화의 흐름을 방해하거나 상식이나 이성과 동떨어진 결정을 내릴 위험도 있다. 나아가 법률가들의 지나친 아집으로 인하여 분쟁의 일상화가 발생할 수도 있으며, 선량한 사람들을 의심하고 추궁하는 법률 우월주의에 함몰될 수도 있다.

오늘날 주위를 둘러보면 법률가들의 과도한 자기중심적 발언과 우월적 사고는 보통사람들의 상식이나 이성과 동떨어질 수 있음을 느끼게 한다. 법률가들이 너무 많으면 분쟁과 다툼이 더 증가할 것 같은 생각이 드는 것이 나만의 기우인지 모르겠다.

제1장 공정의 법, 사랑의 법

/ 제1장 공정의 법, 사랑의 법 /

영화 슬리퍼스의 신부의 위증과 정의

1996년 미국영화 '슬리퍼스'를 소개하고자 한다. 슬리퍼스는 소년원의 아이들이라는 의미로서, 이 영화는 소년시절 비행으로 인하여 소년교도소에 복역한 사람들의 이야기를 다루고 있다. 뉴욕의 슬럼지역인 헬스키친(Hell's kitchen)에서 갱단 두목의 심부름을 하면서 뒷골목 생활을 하는 4명의 소년(존, 토미, 마이클, 세익스)은 핫도그를 파는 아저씨를 골려 주려고 하였으나 우발적으로 죽이게 되어 소년원에 투옥된다.

그들은 수명의 교도관들로부터 조직적인 성폭행과 린치를 당하는 처참한 수감생활을 하면서 훗날에 복수를 하겠다고 다짐을 한다. 그들은 소년원에서 출소하면서 모든 것을 잊자고 다짐을 하였지만, 유년의 불행한 기억을 지우지 못하고 복수를 결심한다. 그로부터 14년이 지난 후 갱단원이 된 존과 토미는 레스토랑에서 과거 교도소에 수감 중 자신들을 성폭행한 녹스 교도관을 발견하고 권총으로 살해하여 재판을 받게 된다.

 소년원에 복역한 소년들 중 한 사람인 마이클은 출소 후에 검사가 되었다. 그는 상관에게 이 사건을 맡게 해달라고 간청하여 담당검사가 되었고, 복역소년 중 다른 한 사람인 세익스는 기자가 되어 친구인 존과 토미를 돕게 된다. 검사 마이클은 친구들을 석방시키려는 주도면밀한 계획을 세워서 살해의 동기를 밝히지도 아니하고, 무능하고 늙은 변호사 스나이더를 선임하도록 유도하는 등 소극적 자세로 사건에 대처하면서 다른 교도관을 증인으로 법정에 세워 녹스의 성폭행사실을 증언하게 한다.

 살해현장을 목격한 여인의 증언에 의하여 이들의 유죄선고가 확실해 보였으나 기자인 세익스는 바비 신부에게 알리바이의 위증을 부탁한다. 바비 신부는 소년들의 불행한 유년시절을 잘 알고 있었으며 그들이 소년원에서 성폭행당한 사실을 전해 듣고 고민을 한다. 신부는 종교인의 신분에도 불구하고 이들을 구해내야겠다는 생각으로 법정에서 범행 당시에 존과 토미와 함께 야구장에 갔다고 위증을 한다.

 이 영화가 주는 교훈을 생각해본다. 소년원 복역시절 교도관들로부터 당한 성폭행 상처는 평생 잊을 수 없는 형벌이 되어 이들의 정상적인 성장을 방해하였고 정신적 장애인이 되도록 하였다. 교도관에 대한 복수를 감행한 친구들이 무죄로 석방된 후 검사 마이클은 불우한 소년원 시절의 상처를 잊고 성공을 하였지만 검사직을 사임하고 평생 독신으로 살아가고 있다는 코멘트가 영화 말미에 있었는데, 상처를 잊고 산다는 것은 쉽지 않으며, 평생의 상처로 남는 것 같다.

그리고 정의가 무엇인지를 다시 생각하게 한다. 만일 소년원 복역 중 교도관들의 조직적 성폭행을 당시에 발견하고 교도관들이 응징을 당하였더라면 훗날 살인이라는 비참한 결과에 이르지는 않았을 것이다. 이 영화는 사회의 부조리와 제도적 범죄에 대한 고발이다.

또 바비 신부는 증언대에 서기 이전까지 고뇌를 하였지만, 결국 소년들의 복수극을 완성시키는 조력자가 되어 사법적 진실을 은폐하였다. 그리고 검사 마이클과 기자 세익스도 범인은닉의 죄를 범하였다. 시민배심원들은 살해현장을 목격한 여인의 증언보다 거짓말을 하지 않을 것으로 믿어 의심치 않는 신부의 적극적 알리바이 증언을 더욱 신뢰하고 오판을 하였다. 이와 같이 중범죄의 유·무죄 판단이 고의적인 위증이나 변호사의 적극적 연기에 의하여 오도될 수 있다는 것은 배심제의 맹점을 보여주고 있으며, 가장된 연기를 통하여 정의는 가려질 수도 있다는 것을 느끼게 하였다.

어른들의 범죄, 악행, 잘못된 사회악의 구조로 인하여 청소년의 일생을 망치는 비극을 목격하면서, 실제로 발생한 사건을 바탕으로 만들어진 영화 슬리퍼스는 사법시스템의 정비, 소년보호소 등 교정시스템의 개선 등의 필요성을 일깨워주고 있다.

/ 제1장 공정의 법, 사랑의 법 /

법관의 언행과 법정의 공정성

　형사재판의 증인으로 출석한 60대 여성 피해자가 법정에서 애매모호한 태도로 신빙성이 의심스러울 정도로 진술을 몇 차례 번복하자 재판장은 참다 못하여 혼잣말로 "늙으면 죽어야지"라며 중얼거렸는데, 마침 법정마이크가 켜져 있어 방청석은 물론이고 증인까지 이 말을 듣게 되었다. 이 '판사 막말파문'이 언론을 통하여 일반인에게 알려져 판사의 태도에 비난이 가해지자, 해당 판사는 증인에게 한 말이 아니라 혼자 중얼거린 것이라고 해명을 하고 증인에게 사과를 하였다. 그럼에도 불구하고 사회적 여론이 악화되자 사법부의 수장인 대법원장까지 나서서 법관의 부적절한 언행이라면서 사과를 하기에 이르렀고, 해당 사건은 다른 재판부에 재배당을 하였다.

　법정에서 부적절한 법관의 언행이 문제가 된 사례는 여러 가지가 있다. 예컨대, 공판기일에 법관이 피고인에게 불쾌한 태도로 대하는 것이 눈에 보이거나 피고인에 대한 나쁜 선입견을 갖게 하는 말로 재판의 공정성을 훼손시키는 경우가 있는가 하면, 법정에서 증인이나 피고인에게 '귀가 어두우냐'며 모욕적인 말을 한 사례도 있다고 한다. 형사 법정에서 증인의 일관성 없는 태도를 못마땅하게 여긴 재판장이 변호인이 증인심문을 하는 과정에 끼어들어 증인에게 '당신이 거짓말하는 것을 내가 모를 줄 알아 그만 거짓말을 해라'는 발언을 하는 것을 필자도 법정에서 직접 목격한 적이 있었다.

한편 이혼을 조정하는 법정에서 법관이 여성 피고에게 만일 법원의 조정결정을 따르지 않고 이의신청을 하면 피고에게 불리한 판결을 하겠다는 협박성 발언을 하여, 이혼을 당하는 것도 억울한데 불리한 결정에 항의할 기회조차 빼앗기는 것 같은 여성이 울며 슬퍼하였던 적도 있었다. 아직 사회적 경험이 많지 않은 젊은 판사가 결혼 파탄의 고난과 역경을 충분히 이해하기를 기대하기는 어렵지만 그렇다고 그 피해자에게 불안감과 모욕감을 주는 언행을 쉽사리 하는 것은 참으로 민망한 처사였다.

위 첫번째 사례에서 증인은 당해 사건의 피해자로서 고소인이었는데 법정에서 수차례 증언을 번복하자 재판장이 상당히 못마땅하게 여겼을 것으로 생각된다. 그렇지만 증인에 대한 신뢰성과 신빙성에 의심이 가면 증인의 증언을 믿지 않으면 될 일이지, 나이가 들면 죽어야 한다는 표현으로 증인을 자극한 것은 잘못된 것이다. 그리고 재판 도중에 어느 일방이 유리하다는 취지의 법관 발언은 재판의 공정성을 흔드는 일이므로 삼가해야 하고, 법관이 고압적인 자세로 당사자나 변호인을 압박하는 것도 공정한 재판을 받을 권리를 침해하는 것이다.

　법관도 한 인간으로서 자기의 감정을 표현할 수 있겠지만, 국민은 공정한 재판을 받을 권리가 있고, 이를 구현하는 법정에서의 법관의 언행은 개인의 범주에서 벗어나서 공적 영역에 속한다. 따라서 법관은 법정에서 비속어, 반말, 비난, 선입견을 암시하는 언행을 삼가해야 한다. 이러한 잘못된 언행을 시정하기 위한 대책으로서 재판과정을 촬영하여야 한다거나 모든 판결을 공개할 필요가 있다는 주장도 있다.

　재판의 공정성을 담보하기 위한 외국의 사례를 살펴보자. 미국은 재판의 중계를 허용하고 있는데, 주법원의 재판진행 장면을 TV로 볼 수 있다. 미국은 민·형사 사건에서 시민으로 구성된 배심원들이 판결에 결정적 영향을 미치는 배심재판제도를 채택하고 있어 중계로 인한 판사의 부담은 크지 않은 편이라고 한다. 1976년 앨라배마주와 워싱턴주가 TV 중계를 허가하였고, 그 후 다른 주들이 뒤따랐다. 현재는 인터넷 스트리밍 방송을 포함해 컴퓨터와 휴대전화 등을 통한 녹음과 촬영이 허용된다.

　다만 성폭력과 청소년 사건은 방송과 녹화가 금지되며, 일부 중계가 허용되는 경우에도 그 규정에 따라야 한다. 영국은 1심 재판에서는 재판의 중계를 금지하고 있는데, 이는 '무죄추정의 원칙'을 위반할 우려가 있기 때문이다. 항소심 법원에서는 재판장이 판결문을 낭독하고 선고하는 과정만 공개되고, 대법원에서는 재판의 전체 과정이 생중계된다.

반면에 독일·프랑스는 전통적으로 피고인의 인격권과 방어권을 중요시하여 녹음이나 촬영을 통한 재판중계는 원칙적으로 금지된다. 다만 헌법재판은 제한적으로 라디오·TV 방송을 허용하고 있는데 이는 헌법재판의 특성상 피고인의 인격권이 침해될 우려가 크지 않기 때문이다.

우리나라의 대법원 재판은 '대법원에서의 변론에 관한 규칙'에 의하여 변론의 중계를 허용하고 있으나, 1·2심 재판은 세월호 사건처럼 인명피해가 크게 발생한 사건의 경우에 한정하여 재판장의 명령에 의하여 재판중계를 허용하는 이외에는 공판이나 변론의 개시 이전에 한정하여 재판중계를 허용하여 왔었다.

그리고 2017년 8월 1일 대법원이 '법정 방청 및 촬영 등에 관한 규칙'을 개정·시행하여 1·2심 주요사건에서 판결선고 시에도 피고인이나 원·피고의 동의 없이 재판중계방송이 가능하도록 하였다. 재판중계의 확대 여부는 소송당사자의 변론권과 방어권 등의 침해 내지 제한과 관련된 문제이지만, 중계를 확대하는 것이 사법부의 신뢰회복에 도움이 될 것이다.

이미 시행되고 있는 변호사회 등 시민단체가 재판의 모니터링을 통하여 '훌륭한 법관'을 선발 공개하고 아울러 나쁜 법관을 공개하는 것도 공정한 재판을 위한 의미있는 노력이라고 본다. 법관의 부적절한 언행이 반복되거나 편파적인 재판 진행으로 인하여 국민의 신뢰를 잃으면 판결에 대한 신뢰도 사라질 것이고 나아가 사법부 전체가 비난을 받게 된다.

다수의 법관은 정직하고 공정하게 재판을 진행하고 공정한 판결을 내린다. 하지만 극소수의 법관은 여전히 당사자나 변호인을 비하하거나 내려다보는 과거의 관행에서 벗어나지 못하고 있는 것도 사실이다. 법정을 신성시하는 것은 국민의 재판받을 권리의 보호를 위한 것이지, 법관의 프라이버시나 권위의 보호를 위한 것이 아니다. 신중하고 공정한 재판의 진행만이 사법부의 신뢰를 가져다 줄 것이다.

/ 제1장 공정의 법, 사랑의 법 /

한센병 환자에 대한 강제수술의 위법성

어느 시대나 인권의 사각지대에서 고통을 겪는 사람들이 있다. 한센병(일명 나병) 환자들이 오랜 기간 동안 육지와 격리되어 소록도에서 살게 된 것은 일본의 한반도 침략시대부터 였다고 한다. 일본은 1916년 조선총독부령으로 '도립 소록도 자혜의원'을 설치하고 우리나라 전역의 한센병 환자들을 끌어모아 소록도에 강제로 수용하였다. 그러면서 강제노역을 시키고 아이를 갖지 못하도록 남성에게는 불임수술을, 여성에게는 낙태수술을 강제하는 등 인권유린을 자행하였다.

해방된 이후 우리나라는 1954년 전염병예방법을 제정하면서 한센병을 비교적 전염성이 약한 제3종 전염병으로 분류하였다. 하지만 다른 3종 전염병인 결핵, 성병과는 다르게 한센병에 대해서만 강제격리정책을 유지하면서 소록도 격리시설을 계속 운영하였다. 격리 수용된 한센병 환자들이 남녀동거를 희망하는 경우에는 정관절제수술을 조건으로 허용을 하였고, 여성환자가 임신을 한 경우 낙태를 하지 않으면 수용기관에서 퇴소조치를 취하였다. 결국 사회복귀에 두려움을 느낀 환자들은 본인의 의사와 달리 임신중절수술을 받아들일 수밖에 없었다.

이런 이유로 소록도 병원에서 단종 및 임신중절수술을 한 200여 명의 환자들이 국가를 상대로 손해배상청구소송을 제기하였는데, 1심 법원은 정관절제수술을 받은 피해자들에게는 각 3,000만 원씩, 임신중절수술을 받은 피해자들에게 각 4,000만 원씩을 배상하도록 선고하였으나, 2심 법원은 배상액을 일률적으로 1인당 2,000만 원씩으로 감액하는 판결을 선고하였다. 대법원은 피고의 상고를 기각하고 원심판결을 확정했는데(대법원 2017. 2. 15. 선고 2014다230535 판결) 판결 요지는 다음과 같다.

첫째로 의료행위의 주체가 설명의무를 소홀히 한 것은 환자의 의료행위에 대한 자기결정권을 침해한 행위로 불법행위에 해당된다. 한센병은 1950년대 치료가 가능한 것으로 밝혀졌고 정부도 3종 전염병으로 분류했기 때문에 환자를 격리 수용할 필요가 없음에도 불구하고 사회적 인식이 나쁘다는 판단 아래 격리 수용했을 뿐만 아니라 자녀를 낳지 못하도록 강제불임시술을 시행했다. 임신한 경우 중절수술을 요구했으며, 거절한 경우에는 수용기관에서 퇴소시키는 등 사실상 수술을 강요했다.

아울러 환자들의 교육수준이 낮고 의학적 지식이 부족한 상태에서 수술을 하기 전에 한센병이 유전병이 아니며 전염성도 거의 없다는 충분한 의학정보를 제공해야 함에도 이를 제공하지 않아 정확한 자기 판단을 할 수 없는 상태에서 형식적인 동의를 받아 시행한 정관절제수술이나 임신중절수술은 환자의 자기결정권을 침해한 것이다.

나아가 헌법의 신체를 훼손당하지 않을 권리, 태아의 생명권, 행복추구권, 사생활 자유 등을 침해하고, 궁극적으로 인간의 존엄과 가치를 훼손한 것으로서 행위자인 국가는 불법행위로 인한 손해배상의무가 있다.

둘째로 불법행위로 인한 손해배상청구는 단기소멸시효기간인 3년을 넘을 수 없다. 하지만 한센인피해사건법에 따라 2010년 6월 24일부터 2012년 6월 27일 사이 원고들에 대한 피해자 결정이 이뤄졌고, 한센인피해사건 진상규명위원회도 2013년경에 발행한 보고서에서 한센인피해사건법의 개정 등을 통한 피해자들에 대한 실질적인 보상을 촉구한 사실 등이 인정되므로, 원고들은 피해자 결정 시까지는 객관적으로 권리를 행사할 수 없는 장애사유가 있었으며, 장애기간 동안에는 소멸시효가 진행되지 아니하는바, 원고들이 한센인피해사건 피해자 결정일로부터 3년이 경과하기 전에 소를 제기했으므로 소멸시효의 완성으로 배상청구권이 소멸됐다는 국가의 항변은 이유가 없다고 했다.

한센병 환자들이 오랫동안 입은 인권유린이나 사회적 냉대를 생각하면 좀 더 일찍 국가가 피해자들에 대하여 피해보상을 하였더라면 좋았을 것이다. 특히 많은 피해자 중 소송을 제기한 피해자들만 배상금을 받고 나머지는 아무런 구제도 받지 못한 것은 안타깝다. 국가의 역할은 국민의 인권을 보장하고 행복추구권을 적극적으로 보호해야 하는 것이 당연한데도 오랫동안 배상책임을 부인하면서 소송을 이어온 것은 비난받아 마땅하다.

/ 제1장 공정의 법, 사랑의 법 /

국민참여재판의 성공적 안착을 위하여

　우리 법조는 커다란 변화의 물결 속에 있는데, 그중 하나는 시민의 사법참여를 가능하게 하는 형사재판에서의 국민참여재판, 즉 배심제의 도입이다. 이 제도를 도입하기 전에는 형사재판에서 유무죄 판단과 형량의 결정은 전적으로 법관의 권한이었다. 그런데 국민의 사법 참여에 대한 요구가 수용되어, '국민의 형사재판참여에 관한 법률안'이 2007년 4월 30일 국회를 통과하여 다음 해부터 시행되었는데, 국민이 형사재판의 배심원으로 참여하여, 피고인의 유무죄에 대한 평결을 내리고, 유죄 평결을 받은 피고인에게 부과할 적정한 형벌을 토의한다. 물론 피고인이 원하는 경우에만 배심원이 참여하는 재판이 행해진다.

　우리나라 국민참여재판은 미국의 배심제도를 도입하였는데, 미국은 배심원이 결정한 유무죄 평결을 법관이 따라야 하지만 우리는 배심원의 평결이 법관을 구속하지 않는다는 점에서 서로 다르다.

다만 법관이 배심원의 평결과 다른 판결을 선고하는 때에는 법정에서 피고인에게 그 이유를 설명하고, 판결서에도 그 이유를 기재하여야 한다.

역사적으로 살펴보면 근대적 의미의 배심제는 13세기 영국에서 탄생하였으며, 미국으로 이주한 청교도들에 의하여 미국 독립을 전후로 일반의 상식을 법에 반영하는 제도로 정착되었고, 유럽대륙에서는 18세기 계몽주의 사상가들이 이를 적극적으로 주장하였는바, 세계 여러 나라가 시민의 사법참여를 허용하고 있다.

12명의 머리가 1명보다 낫다는 가정하에서 배심제도가 출발하였지만 배심원들의 사실관계 오판과 법적 무지, 합리성 결여, 배심원 중 특정인의 여론몰이에 의한 판단의 착오, 지역, 학연, 혈연에 의한 공정성 상실 등의 우려가 있는 것이 사실이다.

1995년 10월 전 미식축구선수인 흑인 심슨의 전처 살해사건에 대한 형사재판에서 배심원 전원이 무죄평결을 하였으나, 1996년 9월 전처의 가족이 제기한 손해배상소송에서는 3,350만 달러를 지불하라는 평결이 내려졌다.

그런데 무죄 평결을 한 형사재판은 9명의 흑인과 1명의 히스패닉 남자, 2명의 백인여자가 배심원으로 참여하였고, 손해배상재판은 백인 9명, 흑인 1명, 히스패닉 1명, 아시아계 1명이 배심원으로 참여함으로써, 흑인이 다수 참여한 형사재판에서는 무죄평결이, 백인이 다수 참여한 민사재판에서는 배상평결이 나왔다는 점은 인종적, 감정적 편향성을 드러낸 것으로서 배심제도의 불완전성과 불공정성을 여실히 보여주는 것으로 생각된다. 갤럽의 여론조사에 의하면 미국 국민의 74%가 심슨의 살인죄를 확신하거나 가능성이 있다고 응답하였으며 단 6%만이 무죄를 확신하였다고 하였다.

배심제도에 대한 비판에도 불구하고 우리나라가 도입한 국민참여재판을 성공적으로 안착시키려면 무엇보다 배심원의 자발적인 참여가 필요하다. 그런데 법원이 실시한 배심모의재판에서 배심원으로 참여할 의사가 권유자 중 10%에 불과하였다고 한다. 위 심슨 사건에서 250여 일간의 재판진행 중 배심원들은 외부와 접촉할 수 없었다. 일반적으로 배심재판에서는 하루 내지는 이틀 등 단기간에 결론을 도출함으로써 가능한 한 배심원들의 생업에 방해가 되지 않도록 운용하고 있다.

미국의 경우 변호사가 배심원의 선정 과정에서 자신들에게 유리한 성향을 가진 배심원을 선택하기 위하여 많은 돈을 지불하면서 소송컨설턴트를 고용한다. 그리고 배심재판에 참여하는 변호사나 법관, 검사는 불공정하다고 의심되는 배심원에 대하여 기피할 권한이 주어진다. 결국 공정한 배심원을 확보하여야만 배심제도가 성공할 것이다.

아울러 배심원에 대한 개인정보를 보호하여야 한다. 배심원 선정기일에 출석한 배심원 후보자들이 공정하게 평결할 자격이 있는지 여부를 확인하기 위하여 낙태의 경험이 있는지, 고정된 성적파트너가 있는지, 마약을 해본 경험이 있는지 등의 각종 질문을 할 수도 있는데, 이때 허용되는 질문의 범위가 어디까지인지 그리고 개인의 중요한 사생활에 관한 답변 결과를 어떻게 보호할 것인가의 문제를 신중하게 검토하여 합리적인 방안을 마련하여야 할 것이다.

영화 '12명의 성난 사람들'은 1957년 시드니 루멧 감독의 작품으로서 배심원 12명의 평결에 관한 열띤 논쟁이 주제이다. 아버지를 칼로 살인한 소년에 대한 재판에서 배심원 중 11명은 유죄를 주장하고 1명이 무죄의견을 냈다. 그런데 무죄의견을 낸 배심원이 시신의 상처와 소년의 키를 비교하는 등 세심한 상황을 재현하면서 끈질기게 무죄에 대한 합리적인 의심의 정황을 소명함으로써 11명의 배심원을 설득하여 최종평결을 무죄로 만든다.

그래서 여론몰이에 따르지 않고, 건전한 상식과 합리적인 의심을 포기하지 않는 배심원이 존재하여야만 배심제가 성공할 수 있다. 존속살인죄를 저지른 아들에 대한 성난 11명의 배심원의 분노를 누그러뜨리고 차가운 이성으로 사건의 진실과 실체를 직면할 수 있도록 설득할 수 있는 영화의 주인공처럼 말이다.

사법정의를 위하여 시간과 금전을 희생하는 각오로 배심원의 부름에 시민들도 적극적으로 응하여야 하고, 배심원이 되면 합리적인 의심을 포기하지 않는 자세로 진실발견을 위하여 노력을 할 때 국민참여재판은 성공할 것이다.

/ 제1장 공정의 법, 사랑의 법 /

법 앞에서의 평등과 자의적 사면권 제한

　우리 헌법은 성별, 종교 또는 사회적 신분에 의하여 정치적·경제적·문화적 생활의 모든 영역에 있어서 모든 국민이 차별을 받지 않는 '법 앞의 평등'을 선언하고 있다. 여기에서의 평등은 법의 적용에 있어서 합리적 근거 없이 차별을 해서는 안 된다는 상대적 평등을 의미한다.

　그리고 차별의 합리적 근거는 그 차별이 인간의 존엄성 존중이라는 헌법 원리에 위반되지 않으면서 정당한 입법목적을 달성하기 위하여 필요하고 또 적정한 것인가이다. 그러나 상대적 평등의 개념이나 차별의 합리적 근거는 각자의 인생관과 사회가 추구하는 가치 등에 의하여 견해가 천차만별이어서 모두가 동의하는 기준을 찾기는 사실상 어렵다.

　국가인권위원회는 식품의약품안전청의 특별채용 응시자격을 자격증, 연구, 근무경력 등 다른 응시기준을 두지 않고 석사학위 이상의 소지자라는 학력만으로 제한을 한 것은 학력에 의한 차별로서 평등권을 침해하였다고 결정하였고 또 남성보다 여성에게 얼굴 흉터의 산업재해등급을 높게 책정하여 보상금을 차등하여 지급하고 있는 산업재해보상보험법 시행령은 의학적 타당성이 없으며, 상대방에게 혐오감을 주는 상처는 남녀 모두에게 고통과 피해라는 점 등을 감안하여 산업재해보상보험법 시행령을 개정해야 한다면서 평등권에 대한 침해라는 결정을 하였다.

미국에서 흑인 중등공립학교에 다니는 흑인학생이 흑백분리교육은 평등권침해라는 소송을 제기하였는데, 당시 워렌(Warren) 연방대법원장은 흑인학교와 백인학교의 시설, 교과과정, 통학수단, 교사의 질과 봉급 등 유형적인 요소가 동일하더라도 구형적인 요소까지 동일하여야만 평등하다고 하였다. 즉 공립학교에서 흑백분리교육은 분리 자체로부터 흑인아동에게 열등의식을 심어주고 이들의 학습동기에 악영향을 미칠 뿐 아니라 흑백인 학생이 함께 토론하고 의견을 교환할 수 있는 기회를 박탈하기 때문에 흑백을 '분리하면 무조건 불평등'하다는 법리가 탄생하였다.

그리고 신체적 장애의 사유로 승진 시 불이익을 받거나 장애인의 신체적 특성을 고려하지 아니한 운전면허시험도 평등권을 침해할 소지가 있다. 또 대학입학시험에서 동점자처리기준으로 연소자 우선원칙이나 교육공무원 임용자격시험에서 나이제한 등도 헌법상 평등권의 침해가 될 수 있다.

이처럼 평등권의 논쟁은 남녀, 종교, 인종 등 거의 모든 분야에서 전개되고 있다. 그 가운데 필자는 법 집행과정에서 평등권이 침해되는 사례로서 '사면권의 남용'을 지적하지 않을 수 없다. 법의 집행과정에서 공정성을 훼손하는 행위는 관련자들에게 참을 수 없는 고통을 안겨준다. 유죄가 확정된 정치인이나 기업인에게 사회통합이나 화해 또는 경제 살리기 등 명분으로 특별사면을 남용하는 것은 합리적 근거 없이 경제력이나 신분에 의한 특혜를 주는 것이다.

또한 인신구속의 기준이 당해 범죄의 내용이 아니라 피의자의 사회적 지명도 등 다른 요소에 의하여 좌우된다면 법 앞의 평등은 구현되기 어려울 것이고 또 공정하고 합리적인 기준을 벗어난 법의 집행이나 사면권의 남용은 헌법정신을 훼손할 뿐만 아니라 국민의 정서에도 부합하지 않는다.

다수의 국민은 경제력이나 사회적 신분에 의하여 특별사면권이 남용되는 것을 바라지 않으므로 사면권 행사의 요건과 범위가 법에 명시되어야 한다. 교도소에 수감된 수형자가 신병을 이유로 형집행정지신청을 하였는데 법원이 피해금액의 크기와 미합의 등을 이유로 신청을 기각하였고, 그로부터 2개월이 지난 후 수형자가 패혈증으로 사망한 사고가 발생하였다. 그가 형집행정지신청을 할 무렵에는 이미 욕창으로 몸을 움직이기 어려운 상태였는데도 법원은 신청인의 신체를 살펴보지 않고 신청을 기각하는 결정을 함으로써 귀중한 사람의 생명을 앗아간 것이다.

만일 신청인이 유명 정치인이나 기업인으로 유력한 변호사를 선임하여 신청을 하였다면 이를 무시하였을까? 값싼 자전거를 훔친 절도범과 수십억 원을 횡령한 기업인 중 후자는 특별사면을 받고 전자는 사면을 받지 못하면, 누가 이를 수긍할 것인가? 국민들에게 법과 제도의 존중을 요구하고 사법부의 신뢰를 기대하고자 하려면 자의적인 사면권의 남발은 절제되어야 한다.

/ 제1장 공정의 법, 사랑의 법 /

친절한 법정, TV에 중계되는 법정

　오래전 은행으로부터 융자받은 기업이 재개발사업을 하다가 부도를 내서 그 책임을 묻는 형사사건에 필자가 변호인으로 참여한 적이 있었다. 담당판사가 재판진행 중에 모든 방청객들에게 소지한 물건을 신고하라고 하면서, 작은 소리만 들려도 재판을 중단하고 일어나라고 하는 등 훈계를 반복하느라 재판진행이 제대로 이루어지지 않았다.

　그리고 증인을 신문하는 도중에 변호인의 신문내용이 잘못되었다고 하면서 수시로 증언을 중단시키고, 2명의 변호인을 선임한 피고인에게는 돈 자랑하느냐며 핀잔과 모욕을 주었다. 매우 강압적이고 안하무인격인 법관의 태도가 맘에 거슬려 변호사 사임계를 내려고 하였으나 의뢰인이 불이익을 당할지 모른다는 염려 때문에 참았던 적이 있었다.

석궁테러를 다룬 영화 '부러진 화살', 법정에서 '늙으면 죽어야지'라면서 독백한 재판장, 고학력 여인과 결혼한 남자에게 '마약을 먹여서 결혼했느냐'면서 힐난한 판사의 발언 등으로 재판의 공정성과 사법부의 이미지가 실추될 대로 실추되었다. 그렇지만 우리나라 사법부의 청렴성이나 업무의 공정성은 다른 공공기관과 비교해 볼 때 뒤쳐지지 않는다고 생각한다. 다만 일부 사법부 구성원의 잘못된 인식과 고압적인 자세로 인하여 사법부 전체가 매도를 당하고 있는 것이다.

대법원이 형사사건에 대한 공개법정을 개최하면서 TV를 통하여 생중계를 한 적이 있었다. 대검찰청 공판부장이 피고인의 유죄를 주장하는 진술을 하고 피고인 측 변호사가 반대변론을 하며 양측의 참고인에게 대법관이 직접 묻고 답변하는 모습이 방영되었다. '법관은 판결로만 말한다'면서 언론과 국민을 멀리했던 과거의 법원 모습과는 상당히 달라진 모습이었다.

법정에서 피고인의 진술이나 증인의 증언이 법관의 맘에 들지 않으면 불쾌한 표정을 지으며 힐난하는 경우도 종종 있는데, 생중계 되는 법정에서는 그러한 불상사가 일어날 리가 없을 뿐만 아니라 소송관계자들이 세련된 매너로 재판에 임하는 모습이 인상 깊었다.

법원이 시범적으로 로스쿨에 찾아가서 재판을 진행하기도 하였는데, 서울행정법원은 은행의 현금인출기 관리사업을 하는 회사가 세무당국을 상대로 제기한 부가가치세부과처분 취소소송을 특정

법학전문대학원에 찾아가서 개최하고 재판 후에는 재판부가 직접 방청객들과 질문을 받고 답변을 해주는 시간을 가진 적이 있었다. 로스쿨 학생, 지역주민들이 실제로 재판에 접하고 법관과 대화할 수 있는 자리를 마련함으로써, 사법부에 대한 국민의 신뢰를 증진하려는 취지로 마련된 것이라고 하였다. 한편 서울고등법원은 전라남도 고흥까지 내려가 '찾아가는 법정 프로그램'을 실시하기도 하였다.

이처럼 국민에게 친근하게 다가서려는 법원의 노력은 바람직하다. 그렇지만 이 법정이 모의 법정이 아니므로 한쪽 당사자가 이를 거부하면 법정 외의 재판이나 중계되는 재판은 지양되어야 한다. 그리고 로스쿨 법정처럼 교육적인 목표를 강조하다 보면 본연의 재판 업무를 소홀히 할 우려가 있으므로 재판절차를 종료한 이후에 별도의 자리에서 재판에 대한 의견교환이나 재판장과의 대화를 추진하여야 할 것이다.

사법부나 재야 법조는 모두 국민에게 법률서비스를 하는 기관이고 그 서비스는 친절하고 편안하여야 한다는 기본원칙에 충실하다 보면 사법의 신뢰는 회복될 것으로 여겨진다. 무엇보다 법원이 소송당사자를 진정한 인격의 주체로서 존중하여야 하고, 특히 형사재판에서는 무죄추정원칙에 입각하여 사람이 존중받는 법정을 만들어 가도록 노력해야 할 것이다.

/ 제1장 공정의 법, 사랑의 법 /

말의 실수가 없는 온전한 자는

　말 한마디로 천냥 빚을 갚는다는 속담이 있듯이 말의 중요성은 아무리 강조해도 지나치지 않는다. 말로 입은 상처는 칼로 입은 상처보다 크다는 속담이 있다. 우리 사회에서 말의 실수로 인하여 망신을 당하는 것을 넘어서 주어진 직책을 벗어야 하거나 법적 책임까지 부담하는 경우를 자주 목격하면서 우리 입과 혀가 무섭다는 생각을 하게 된다. 우리 입에서 나오는 말은 그 사람의 마음 상태를 나타낸다. 따라서 맘이 따스한 사람은 위로의 말을 할 것이고, 마음이 얼음장처럼 차가운 사람은 냉소와 비판의 말을 서슴치 않는다.

　어떤 정치인이 여대생들을 상대로 '아나운서를 하려면 다 주어야 하는데 할 수 있겠느냐'는 말을 하였다가 성희롱 및 아나운서에 대한 명예를 훼손하였다는 비난과 더불어 그가 속한 정당에서 출당을 당하고 명예훼손으로 고소를 당한 적이 있었다.

또 어떤 여학생이 자신이 생각하는 일정 이하의 키를 가진 남자를 '루저(패배자)'라고 방송에서 발언을 한 일로 시끄러웠던 적도 있었다. 외모지상주의의 세태를 반영하는 것이지만, 외모에 예민한 청소년들이 자살을 하고 싶다고 하였고 젊은 한 남성은 방송사를 상대로 집단소송으로 배상을 받겠다는 소동을 벌이기도 하였다.

50년간 백악관을 출입한 기자인 89세의 토머스는 자선행사에서 '이스라엘 국민들은 팔레스타인을 떠나 홀로코스트로 박해받던 독일과 폴란드로 돌아가라'라며 유태인을 비하하는 발언을 하였다가 결국 언론계에서 퇴출되었다.

말의 실수는 그 말로 인하여 정신적 피해를 입은 당사자들이 피해사실과 피해금액을 입증하여 민사상 손해배상소송을 제기할 수 있고, 그 말이 성적 차별이나 성희롱에 해당되거나 모욕 등이 되면 형사적 책임을 제기할 수도 있다. 이러한 법적 책임을 지지 않더라도 사회적 비난을 감당하지 못하여 해당 직위나 직업을 그만두어야 하는 등 그 치루게 되는 대가는 혹독하다.

그렇다면 말의 실수나 잘못을 범하지 않으려면 어떻게 하여야 할 것인가? 말을 함부로 하는 습관을 고쳐야 한다. 말을 하기 전에 생각을 먼저 하고, 화가 나더라도 심호흡을 하는 등 자기만의 비책을 마련하여야 할 것이다. 그리고 한번 입에서 떠난 말은 다시 주어담을 수 없으므로, 많이 듣고 경청하되, 말은 가능한 적게 하여야 할 것이다.

고대 그리스의 장군 데모테네스는 언어장애가 있었으나 각고의 노력 끝에 웅변가가 되었는데, 그가 마케도니아 전쟁에 나갔을 때 그 상대방인 마케도니아의 필립왕은 '그리스군보다 데모테네스의 세치의 혀끝은 매우 두렵다'고 하였다. 그의 말의 위력이 얼마나 위대한지를 보여주는 것이다.

생각나는 대로 우선 말을 던지는 사람은 지혜롭지 못한 자이다. 말을 잘하는 사람은 많은 갈을 하는 사람이 아니라 상대방의 눈높이에 맞추어 적절한 언어와 비유를 구사하는 자이다.

성서(Bible)는 '사람이 실수가 많으나 만일 말의 실수가 없는 자라면 곧 온전한 사람이라'고 하였고, '혀를 능히 길들일 사람은 없나니 쉬지 아니하는 악이요 죽이는 독이 가득하다'고 기록하고 있다. 말은 인격이다. 말은 인격을 담는 그릇이다. 그러므로 말의 실수에서 벗어나려면 먼저 사람의 내면에 담긴 인격을 수양해야 할 것이다.

/ 제1장 공정의 법, 사랑의 법 /

품위있는 죽음, 안락사에 대하여

프랑스에서 세 아이를 둔 여인이 코에 종양이 생기는 희귀병으로 얼굴이 흉하게 일그러지고, 시력마저 상실하여 더 이상 생명을 유지할 필요를 느끼지 못해 법원에 안락사를 허용해달라는 신청을 하였으나 거부당하자 이틀 만에 숨진 채 발견된 사건이 발생하였다.

우리나라에서 안락사 논쟁을 처음 촉발시킨 2004년 '보라매 병원 사건'은 의식불명의 뇌출혈 환자를 부인이 병원비의 과중한 부담을 염려한 나머지 남편을 퇴원시켜 숨지게 한 사건으로서, 퇴원시킨 부인은 살인죄, 퇴원에 동의한 의사는 살인방조죄를 선고받았다. 그 이후 지방법원에서도 인공호흡기를 떼어내 아들을 숨지게 한 부모에게 집행유예를 선고한 적이 있었다.

또 기관지 내시경 치료를 받던 중 식물인간 상태에 빠진 75세의 환자와 그의 가족이 법원에 치료중단가처분을 신청함과 동시에 존엄사에 관한 법률을 제정하지 않은 국가의 입법부작위로 말미암아 헌법상의 권리를 침해당했다면서 헌법재판소에 위헌소송을 제기한 적도 있었다.

일반적으로 안락사는, 연명할 수 있으나 인위적인 방법으로 죽음에 이르게 하는 적극적 안락사, 소생 가능성이 작은 환자를 방치하여 사망하게 하는 소극적 안락사, 뇌사자처럼 소생 불가능한 환자에게 무의미한 연명치료를 중단하는 존엄사로 분류된다.

존엄사는 임종을 앞둔 환자가 본인 또는 가족의 동의로 연명의료를 중단하는 것으로서, 심폐소생술, 혈액 투석, 항암제 투여, 인공호흡기 착용 등의 치료를 하더라도 효과가 없고, 임종 과정만 연장하는 의학적 시술을 법적으로 중단하는 방식이다. 그러나 통증 완화를 위한 의료행위와 영양분, 물, 산소의 단순 공급은 중단할 수 없다. 우리나라는 2018년 2월부터 연명의료결정법(일명 존엄사법)이 시행되고 있다.

네덜란드는 2002년 4월 최초로 안락사법을 제정 시행하여 적극적인 안락사를 허용하고 있으며, 룩셈부르크는 특정 말기 환자에만 적극적인 안락사를 허용하고 있다. 한편 독일은 소극적 안락사를 죽음에 있어서의 도움으로 규정하고, 이러한 도움은 환자의 의지에 따라 받을 수 있다고 봄으로써 환자의 요청이 있는 경우, 영양공급 등 생명 유지에 필요한 치료를 중단하는 것을 허용하고 있다.

한편 미국 오리건주는 1994년과 1997년 각각 주민투표를 거쳐 미국 최초로 '품위 있는 죽음에 관한 법(Death with Dignity Act)'을 제정하였다. 또 1983년 낸시 크루젠 사건에서 연방법원은 사전에 환자가 자신의 연명치료 중단에 대한 명백한 의사표시를 했고 이를 증명할 수 있는 경우에는 치료중단을 허용할 수 있다고 판시하였다.

안락사의 허용을 주장하는 견해에 의하면, 인간은 인간다운 삶을 누릴 권리가 있는데, 그 이면에는 인간답게 죽음에 이를 수 있는 권리도 내포되어 있다고 한다. 즉, 인간은 자기 운명을 스스로 결정하고 수행하는 자율성을 향유할 수 있는 인격자로서의 정체성을 주장할 자기결정권이 있으며, 그에 기초하여 무의미한 연명행위를 거부하고 자신의 신념과 삶의 질의 유지를 위해 자연사에 이를 수 있는 권리가 있다고 주장한다.

한편 안락사를 부정하는 견해에 의하면, 환자의 존엄사의 권리 및 자연사를 할 권리는 우리 헌법 해석상 허용되지 아니하며, 인간의 존엄과 가치 및 자기결정권 등 헌법상 기본권이 생명권을 침해할 수 있는 근거라는 주장은 자기모순이라고 한다. 앞의 가처분 사건에서 만일 치료중단처분이 허용되면 즉시 환자는 사망에 이르러 생명을 회복하는 것이 불가능하고, 의료인은 조금이라도 회생의 가능성이 있는 경우에는 환자의 생명을 보호할 의무가 있으므로 환자의 퇴원 요구에 응할 수 없다고 주장한다.

생각건대, 인간의 존엄과 가치가 다른 가치, 즉 경제적 가치나 타인의 평안 등을 이유로 훼손되어서는 안 되기 때문에 쉽사리 안락사를 인정하기는 어려울 듯하다. 더욱이 생명이 경시되는 오늘날 인간의 생명이 범죄에 이용되는 현상이 발생하고 있다. 또 식물인간이 되기 전에 환자가 치료중단이라는 명시적 의사를 표시한 사실이 없음에도 타인의 의사만으로 안락사가 인정된다면, 타인의 이해관계에 의하여 환자의 생명이 결정되어 버릴 것이다.

하지만 현실에서는 의료인이나 가족이 떠안아야 할 문제는 여전히 남는다. 식물인간을 둔 가족은 모든 가산을 탕진하면서 병원비를 부담하여야 하고, 가족이 병원비를 부담하지 못하면, 병원이 결과적으로 치료비를 부담하여야 하는 현실을 무시할 수만도 없다.

따라서 국가가 직접 관여하고 그 치료비를 보전해주는 등 현실적인 대안을 마련하야 할 것이다. 단지 위법의 잣대만 적용할 것이 아니라 그 해결방안도 마련해야 한다. 나아가 의학적으로 소생가능성이 거의 0%이고, 뇌사상태가 일정기간 이상 경과하는 등 일정한 요건을 충족하는 경우에 한정하여, 존엄사의 허용여부를 국가의 권위 있는 기관에서 판정하는 방안을 마련하는 것도 하나의 방법일 것이다. 품위 있는 죽음(death with dignity)은 이제 남의 문제가 아닌 우리 자신의 문제로 다가오고 있다.

/ 제1장 공정의 법, 사랑의 법 /

미네르바 사건과 표현의 자유의 한계

　미네르바라는 필명을 가진 사람이 인터넷사이트 아고라 토론방에 '드디어 외환보유고가 터지는구나'라는 제목으로 외환보유고가 고갈되어 외화예산 환전업무가 중단된 것처럼 허위 내용의 글을 작성 게시하여 수만명이 열람함으로써 정부의 외환정책 및 대외지급능력에 대한 신뢰도, 경제신인도를 저하시키는 등 공익을 해할 목적으로 전기통신설비에 의하여 공연히 허위의 통신을 하여 전기통신법 제47조 제1항 위반으로 기소된 사건에서 미네르바는 헌법재판소에 동조에 대한 헌법소원심판을 청구하였다.

　'공익을 해할 목적으로 전기통신설비에 의하여 공연히 허위의 통신을 한 자는 5년 이하의 징역 또는 5천만 원의 벌금에 처한다'고 규정한 동법 제47조 제1항의 '공익'과 '허위'의 개념이 죄형법정주의의 '명확성의 원칙', '과잉금지의 원칙'에 위반되며, 헌법의 표현의 자유를 침해하였다고 주장하였다.

일제시대의 전신법이 폐지되고, 건국 이후 최초로 1961년 12월 30일 제정 공포된 전기통신법은 전기통신이용자에게 합리적인 역무를 제공하며, 헌법이 보장하는 국민의 법률상 평등의 원칙, 통신의 자유 및 비밀보장을 실현하기 위한 사업의 사회공공성을 강조한 법이다.

1999년 6월 나우누리 게시판에 "서해안 총격전, 어설프다 김대중!"이란 제목으로 올려진 글을 삭제당한 대학생이 자기 글을 삭제했던 근거인 전기통신사업법 제53조에 대하여 헌법소원심판을 청구하였다.

헌법재판소는 2002년 6월 27일 6:3으로 동 조항이 위헌이라는 판결을 하였다. 동법 제53조 제1항은 '전기통신을 이용하는 자는 공공의 안녕질서 또는 미풍양속을 해하는 내용의 통신을 하여서는 아니된다'고 규정하는바, 동 조항의 '공공의 안녕질서 또는 미풍양속을 해하는'이라는 '불온통신'의 개념이 너무나 불명확하고, 법집행자의 통상적 해석을 통하여 그 의미 내용을 객관적으로 확정하기도 어려워서, 명확성원칙과 과잉금지의 원칙에 위배된다고 판시하였다.

그 이후에도 우리 사회에서 표현의 자유는 다방면으로 사회적 이목을 끌었는데, 연극배우의 누드나 외설적인 표현방식과 유명축구선수의 골 세레모니 등이 표현의 자유의 보호대상인가에 대하여 논쟁이 끊이지 않고 있다.

미네르바사건에 대한 헌법재판소의 판결내용은 다음과 같다. 전기통신법 제47조 제1항은 표현의 자유의 제한 입법이면서, 동시에 형벌조항이므로 명확성의 원칙이 준수되어야 하는데, 동조의 '공익을 해할 목적'이라는 개념은 형법구성요건으로서 구체적인 표지를 정하지 않은 불명확하고 추상적인 개념이다.

또 어떤 표현행위가 공익에 반하는 것인지 여부는 사람의 가치관, 윤리관에 따라 달라지고 현재의 다원적이고 가치 상대적인 사회구조하에서 공익이 하나로 수렴되지 않으며, 나아가 허위의 명의를 이용한 통신을 규제하려는 것이 이 법의 취지에 비추어 볼 때, '허위의 통신' 가운데 어떤 목적의 통신이 금지되는지에 대하여 불명확하여 국민이 무엇이 금지된 행위인지 알 수 없기 때문에 범죄의 성립 여부를 법관의 자의적 해석에 맡기는 결과가 초래되므로 표현의 자유와 죄형법정주의의 명확성 원칙에 위배된다고 판시하였다.

이에 대하여 합헌이라는 소수의견에 의하면 공익의 개념은 국민 대다수와 국가사회의 이익으로서 우리 사회의 핵심적 공익을 해할 목적의 허위통신을 규제하겠다는 것이며 공익의 추상성은 법관의 통상적 해석작용으로 보완될 수 있고, 허위의 개념도 내용이 진실에 부합하지 않는 것으로서 그 진위 여부가 객관적으로 밝혀지는 것을 전제로 하므로 명확성의 원칙에 위배되지 않는다고 하였다.

과거 2002년 헌재 판결도 불온통신의 개념이 명확성 원칙과 과잉금지의 원칙에 위배된다는 것인데, 이번 미네르바 사건에도 동일하게 적용되었다. 인터넷에서 익명성을 이용하여 특정인의 인격을 모욕하는 행위가 정당하지 않음은 두말할 나위가 없다.

그래서 '실명확인제'나 피해자가 인터넷에 기재된 내용의 삭제를 요구하면 삭제하도록 하는 '강제차폐'제도 그리고 친고죄인 모욕죄를 반의사불벌죄로 하는 '사이버모욕죄'의 도입을 주장하는 견해도 있으나 신중하게 다루어야 할 문제이다.

헌법정신에 근거하여 국가권력의 감시역할을 하는 표현의 자유를 불확정개념의 법으로 제한해서는 안 된다. 그러나 인터넷상의 허위사실의 게재가 표현의 자유에 위반되지는 않을지라도 이를 남용하여서는 안 되며, 윤리와 도덕적 비난을 받으면서까지 이를 게재하는 것은 자제되어야 할 것이다.

/ 제1장 공정의 법, 사랑의 법 /

세월호 침몰사고와 법규준수

2014년 4월 16일 세월호가 인천항을 출발하여 제주도로 항해 도중 진도 앞바다에서 침몰하였다. 탑승자 476명 중 구조자가 180여 명이고, 사망자 및 실종자는 300여 명에 이르며, 상당수의 시신을 찾지 못하였다. 선박이 한쪽으로 기울기 시작할 때 탈출한 선장 등 선원과 일부 승객은 구조되었으나, 그 후 선박이 침몰되기까지 애석하게도 승객을 구조하지 못하였다.

이 사건은 생명의 경시, 안전의무소홀, 기업의 탐욕, 기업과 공무원 간의 부정유착, 해난구조 시 행정부처 간의 영역 다툼 등 우리 사회가 안고 있는 가능한 병폐를 모두 보여주었다고 해도 과언이 아니다.

자본주의 사회에서 기업이 영리를 추구하는 것은 당연하고 비난받을 일이 아니지만, 부당하고 불법한 방법으로 타인의 안전과 재산을 침해하면서 이익을 추구하는 것은 막아야 한다. 그런데 선박 운행에서의 안전조치의무 불이행이나 위법사항을 발견하면 시정을 해야 할 감독공무원들이 경제적 대가를 받거나 퇴직 이후 자리보전을 염두에 두고 기업과 유착되어 세월호 참사의 발생에 이르도록 방조하였다는 사실이 뒤늦게 밝혀져 국민들을 분노하게 하였다.

육지와 떨어진 바다에 있는 선박에까지 국가의 통치력이 미치지 않기 때문에 선장에게는 국가의 권한인 선박권력(船舶權力)이 주어진다. 그러므로 선장은 국가의 공권력인 경찰권, 행정명령권 등 일부를 행사할 수 있는바, 여객과 화물의 안전한 운항을 위하여 해원의 감독, 선박의 안전을 유지하기 위한 각종 권한을 행사할 수 있다.

또 선박이 출항하기 전에 평형수(ballast)의 상태와 구명정의 작동 여부, 화물량의 적정 여부와 화물의 안전한 적재상태 등을 검사하고 선박이 항해에 적합한지 여부, 안전운행에 필요한 감항능력을 보유하였는지 여부, 구명경비정을 포함한 구조장비의 가동여부 등을 검사할 의무가 있다. 이러한 선장의 권력과 의무는 원 선장의 위임을 받아 임무를 수행하는 대행선장에게도 주어진다.

그런데 세월호는 적재 가능한 적정량을 훨씬 초과하여 화물과 승객을 실었고 나아가 신고하지 아니한 사람까지 승선시키는 불법을 저질렀다. 선박에 적재한 트럭 등 차량이 한쪽으로 휩쓸리지 않도록 단단하게 고정을 하여야 함에도 불안정한 상태로 적재하였다. 그리고 기상악화로 다른 여객선들이 출항을 포기하였음에도 불구하고 출항하지 않으면 입게 될 손해를 피하기 위하여 위험을 감지하면서 출항을 감행하였다. 또 화물적재량을 늘이기 위하여 배의 안전을 담보하기 위해 배의 바닥에 넣는 평형수(ballast)를 적정량 아래로 채웠다고 한다.

나아가 대행선장은 선박안전에 위험이 생길 염려가 있는 때에는 직접 조종을 할 의무가 있음에도 불구하고(선원법 제9조), 조류가 빠른 위험지역을 통과할 때 침실에 머무른 채 이 배에 처음 탑승하여 경험이 없는 항해사에게 선박의 조종을 맡김으로써 직접조종의무를 위반하였다. 또한 안전도구인 구명정은 겨우 한두 개만 작동을 하고 그 나머지는 고장으로 실제 사고시에 사용할 수 없었다고 한다.

나아가 법규준수 여부를 검사하는 공무원들은 출항 당시에 평형수의 적정 여부를 검사하고 과다한 화물의 적재를 막아야 함에도 이를 소홀히 하여 사고에 이르게 하였다. 또한 사고가 났을 때 선장은 승객이 전부 내릴 때까지 선박에 머물러야 할 재선의무를 어기고 자신만 살아남기 위하여 승객들에게는 선실에 남아있도록 반복하여 방송을 하면서 빠져나왔다고 한다. 세월호 사건은 선장 및 일부 선원의 목숨과 수백 명의 학생 및 민간인의 생명을 바꾼 치욕적인 사건이다.

세월호의 충격이 가시기도 전에 2014년 5월 전남 장성의 요양원에서 방화로 환자 20여 명이 사망하는 사고가 발생하였다. 요양원 3층에 거주하는 치매환자들은 거동이 불편하여 스스로 위험에서 벗어날 능력이 없었다. 소방법에 의하면 치료가 필요한 노인성·만성질환 환자가 이용하는 요양병원은 스프링클러와 방화셔터를 설치할 의무가 있지만, 치매의 정도가 가벼운 노인환자들이 이용하는 요양원은 스프링클러나 방화셔터를 설치할 의무가 없다고 한다.

요양원 사업을 하는 기업들의 이윤을 보장해주기 위하여 치매환자들의 생명을 가볍게 여긴 것이다. 이는 생명보다 돈이 중요하다고 생각하는 관료와 기업가들이 의기투합하여 만들어낸 산물이다. 외형적 성과주의에 집착하는 우리 사회에서 안전을 위한 투자나 점검은 매력적인 일이 아니라고 생각하고 있다.

과다한 화물을 싣고 출항하는 배를 눈감아준 공무원은 처벌을 받아야 하고 국민의 안전을 담보삼아 사리사욕을 채우는 기업은 문을 닫아야 하며, 그 지배주주는 혹독한 대가를 치러야 한다. 믿을 수 있는 나라, 신뢰받는 공무원, 양심적인 기업이 우리의 목표가 되어야 한다.

/ 제1장 공정의 법, 사랑의 법 /

바람직한 인사청문회 제도의 정립

청문회 제도는 영국 대헌장(Magna Carta)의 '당사자는 청문의 기회를 부여받지 아니하고는 신체의 자유와 재산권을 침해당하지 아니한다'는 조항에 근거를 둔 사법적 청문제도로부터 유래하였고, 이 제도가 행정작용에 관한 행정청문제도로 발전하여 오늘날 의회의 청문회제도가 탄생한 것이라고 한다.

미국의 인사청문회는 권력분립의 제도적 실천을 위하여 상원에 부여된 권한으로서 대통령의 고위직 공무원 지명이 있는 경우 지명의 타당성 여부를 검증하기 위하여 열리며, 상원의 각 위원회는 관할에 속하는 공무원에 대한 대통령의 지명에 대하여 인사청문회를 개최한다.

우리나라는 2000년 6월 인사청문회법을 제정하여 대통령이 임명하는 고위공직자를 대상으로 국회가 청문회를 통하여 국정수행

능력과 자질 등을 검증하고 있다. 대법원장, 헌법재판소장, 국무총리, 감사원장, 대법관 등 고위공직자는 인사청문회를 거쳐 20일 이내에 국회 본회의 표결로 처리하고, 국무위원(장관), 국가정보원장, 검찰총장 등은 청문회를 개최하지만 표결을 하지는 않는다.

미국 영화 '컨텐더(contender)'가 인사청문회제도를 다루고 있는데, 민주당 대통령 임기 말년에 부통령이 유고되자, 여성 상원의원 레이니 핸슨을 부통령후보로 지명하고, 하원 법사위원회가 인사청문회를 개최하게 된다. 여성부통령을 원하지 않는 공화당의원은 레이니 핸슨의 대학 시절 섹스파티를 폭로하고, 정치적 야망이 있는 의원과 위선족 정치가들이 가세하여 청문회는 후보의 적합성보다는 섹스 스캔들에 포커스가 집중되었다. 2000년 10월 앨고어 부통령이 대선에 출마하면서 이 영화가 개봉되어 정치적 의도가 있다는 비판을 받기도 하였다.

우리나라에서 인사청문회법을 제정한 후 다수의 고위공직자들이 위장전입, 이중국적 등 다양한 이유로 청문회에서 낙마하였고, 어떤 총리후보는 청문회를 개최하지도 못한 채 여론을 수렴하는 과정에서 낙마를 하는 일이 발생하자 청문회제도의 문제점을 개선하여야 한다는 여론이 비등하였다.

민주주의는 국민을 위한 정치이며, 국민의 의사에 부합하는 사람이 고위공직자가 되어야 하고, 대의정치기구인 의회가 청문회를 통하여 적합한 자질의 공직자를 선별하는 청문회제도는 필요하다. 미국식 대통령제를 도입한 우리나라에서 대통령의 독선을 견제하기 위한 의회의 기능을 청문회를 통하여 수행하는 것은 지극히 타당하다. 그러나 청문회가 후보자의 공무적합성과 무관하게 후보자나 그 가족의 사생활을 무차별적으로 공개하는 것은 문제가 있다.

그렇다면 청문회제도는 어떻게 개선을 할 것인가? 첫째로 후보자의 업무적합성에 집중하여 후보의 자질 검증을 하여야 한다. 예컨대 경제장관 후보자가 청렴하고 결백하지만 경제 경험이 부족하거나 특정한 계층만을 대변한다면 부적합하다고 할 것이다.

그러나 후보자가 주민등록법을 위반하였더라도 그 단순한 사유 하나만으로 부적합 판정을 하는 것은 생각해볼 문제이다. '3개월 이상 거주하는 국민은 주민등록을 거주지로 이전해야 한다'는 것이 현행 주민등록법 규정이다. 그런데 현실적으로 지방에 3개월 이상 거주하면서 건설업을 하는 근로자들이 주민등록을 이전하는 예가 거의 없고 지방에서 서울로 학교를 온 학생들이 기숙사에 거주하면서 주민등록을 이전하는 경우도 많지 않다. 이러한 현실을 감안하면 사실상 사문화된 주민등록법을 위반한 사실 하나만으로 중요직책 수행의 부적합판정의 사유가 되어야 하는지는 의문이다.

둘째로 국민의 여론과 건전한 상식에 부합하는 일정한 가이드라인(guide line)을 만들어서, 그 가이드라인을 통과한 후보자를 업무적합성 이외의 사유로 부적합 판정을 하여서는 안 될 것이다. 셋째로 후보자와 그 가족은 구별하여 후보자 본인에게는 엄격한 기준을 적용하되 가족이나 친지는 상대적으로 중대한 사안에 한정하여서만 시비를 가리고 그 나머지는 문제 삼지 않았으면 한다. 아울러 근거가 없는 의혹 제기로 후보자의 명예를 훼손한 경우 그 책임을 물을 필요도 있다.

국민은 유능하고 모범적인 고위공직자를 원한다. 아울러 후보자에 대한 근거 없는 인신공격으로 청문회장이 정치인들의 야합의 장으로 변질되는 것을 원하지 않는다. 원칙을 지키는 품위 있는 인사청문회제도가 확립되었으면 한다.

/ 제1장 공정의 법, 사랑의 법 /

민주주의의 발전과 토론문화의 정착

수사학은 원래 웅변술로 자기의 생각을 효과적으로 전달하는 기술(art)이다. 수사학은 기원전 4~5세기 그리스 아테네에서 발달하였으나 언어의 마술로 대중들을 홀리는 궤변술이라는 비난을 받으면서 플라톤 등으로부터 홀대를 받았다.

그러나 플라톤의 제자인 아리스토텔레스는 수사학이 단순한 말하기나 설득의 기술이 아니며, 사실과 정의를 도출할 수 있도록 도와주기 때문에 유용한 것이라면서 수사학을 옹호했다. 아리스토텔레스의 수사학은 현대 민주주의 발전에 큰 공헌을 했다.

필자는 2016년 8월부터 2017년 8월까지 연구년 차 미국 U.C. Berkely 대학에 머물면서 텔레비전을 통하여 연방의회나 상임위원회의 각종 토론과 지방 의회와 교육위원회의 멤버들 간의 열띤 토론을 자주 접할 기회를 가질 수 있었다. 어떤 케이블 방송에서는 저자가 자신의 책에 관해 주제를 발표하고 청중들로부터 질문을 받는 모습을 방영하기도 하였다.

U.C. Berkely 로스쿨 학생들이 매주 점심시간에 특정한 이슈에 대하여 전문가·언론인·저자들을 초청해 의견을 듣고 토론에 참여하는 모임에 자주 참여하였다. 우리나라 대학에서는 교수의 강의가 차지하는 비중이 절대적이고 외부전문가 강의를 들을 수 있는 기회가 그리 많지 않은 반면, 미국 학생들은 다양한 분야의 전문가들의 의견을 듣고 질문하는 방식의 토론문화를 수시로 체험할 수 있는 것이 매우 부러웠다. 이러한 토론문화 정착이 오늘날 미국의 민주주의를 정착시키는 원동력이 되었을 것으로 생각되었다.

과거 대통령이 국무위원들에게 '대면보고'가 꼭 필요하냐고 반문을 하자 국무위원들이 멋쩍게 웃어넘기는 장면을 방송에서 본 적이 있는데, 경제부처장관이나 청와대 수석들이 2년 수개월 동안 한 번도 대통령과 일대일 대면을 한 적이 없다고 하였다. 그 부처는 어떤 방향키를 잡고 일을 하여 왔는지 의심스러울 뿐이다.

국내 정치가 요동칠 때 대통령은 정무수석 비서관을 만날 필요를 전혀 느끼지 못한 것일까? 북한의 핵미사일 발사실험이 반복되었는데 외교안보수석의 의견은 필요없다는 것인가? 전언에 의하면 청와대회의에 참석한 고위공직자들은 정해진 순서에 따라 미리 올린 자료를 읽을 뿐이고 토론은 거의 하지 않았다고 한다. 이처럼 실질적인 토론이 배제된 형식적인 회의나 의견수렴의 결과는 그 내용이 빈약할 수밖에 없다.

미국 오바마 대통령 시절 참모나 보좌진은 소파에 앉아 있고, 대통령은 일어서서 의견을 주고받는 모습을 방송에서 본 적이 있다. 그는 대학생이나 시민과의 만남을 피하지 않고, 미리 마련된 원고가 아닌 즉석 토론과 연설을 하였는데, 그의 퇴임을 앞둔 때 지지율 60%를 넘기는 인기를 누렸다.

수사학을 과거 궤변술로 불렸던 만큼 감미로운 언어로 청중을 잘못된 길로 오도할 수도 있어, 토론이나 논쟁이 늘 합리적인 결과를 도출한다고 보기는 어려울 것이다. 그래서 토론 당사자들은 토론의 기술적인 측면을 중요시하기보다는 정직성과 상대방을 배려하는 감성 그리고 논리적이면서도 사실에 근거하여 정의에 합치되는 결론을 도출하려고 노력하여야 한다.

토론을 권장하는 사회는 그렇지 않은 사회보다 더 건강하고 합리적인 사회다. 자유롭고 합리적인 토론문화를 통하여 우리나라 민주주의가 한층 더 성숙하였으면 한다.

/ 제1장 공정의 법, 사랑의 법 /

4차 산업혁명과 법률가의 역할

4차 산업혁명이란 사물인터넷(IoT; Internet of Things)을 통해 생산기기와 생산품 간의 상호 소통 체계를 구축하고 전체 생산과정의 최적화를 구축하는 산업혁명을 말한다. 1차 산업혁명에서는 증기기관을 발명하였고 2차 산업혁명에서는 대량 생산과 자동화를 이룩하였으며, 3차 산업혁명에서는 IT와 산업의 결합을 이루었는바, 이에 연이어 사물인터넷을 통하여 4차 산업혁명을 일으킬 것으로 예견된다.

그런데 4차 산업혁명을 구현하기 위해서는 스마트센서, 공장자동화 로봇, 빅데이터 처리, 스마트물류 보안 등 여러 요소가 요구된다. 따라서 인간의 노동력은 줄어들 것이고 지금까지 인간이 차지한 많은 일자리가 로봇과 자동화된 무인공장으로 대체됨으로써 많은 일자리가 감소할 것으로 예측된다.

특히 저임금 단순노동자의 일자리가 현저하게 감소할 것이 예상되고, 투자자와 주주 등 지적·물적 자본을 제공하는 사람들은 수혜를 입을 것인데, 그렇게 되면 노동자와 자본가 사이의 빈부격차는 더욱 커질 것이다. 무인자동차가 운행이 되면 운전을 직업으로 하는 사람들이 실직하게 된다. 증권투자의 예측을 하는 펀드매니저나 투자상담사의 역할은 수많은 데이터를 단시간에 분석·평가하는 슈퍼컴퓨터로 대체될 것이다.

미국의 로커앤드호스테틀러라는 법률회사는 세계 최초로 인공지능(AI) 변호사 '로스'를 채용했다. 슈퍼컴퓨터를 기반으로 한 로스 변호사는 1초에 80조 번 연산을 하고 10억 장의 문서를 검토한다고 하니 그동안 견습 변호사들이 맡았던 판례분석과 검토는 더이상 필요가 없을 듯하다.

고정화된 저성장의 늪에서 벗어나기 위해서는 4차 산업혁명을 거부할 수 없는바, 법률 분야에서도 능동적으로 대처하여 4차 산업혁명이 안겨줄 혜택을 누릴 필요가 있다. 인간의 지능을 가진 로봇이 손해액을 예측할 수 있을 것이고, 한발 더 나아가 다량의 데이터를 분석하고 종합하여 적절한 배상액을 제시하고 피고인의 형량을 예측할 수 있을 것이다.

하지만 형사 피고인이 자신의 잘못을 뉘우치는지 여부와 피고인의 내심에 범죄의 고의성이 있는지 아니면 고의는 없으나 과실로 인한 것인지를 로봇이 알아낼 수는 없다. 즉, AI 컴퓨터가 법률가의 예측을 보조할 수 있으나 판사나 검사·변호사의 역할을 대체할 수는 없다.

이제 법률가들은 4차 산업혁명의 변화에 대한 두려움에서 벗어나 법률가만이 할 수 있는 분야에 집중할 필요가 있다. 고도의 지능을 가진 기계가 사람과 똑같이 사고할 수 없을 것이고, 기계적 평등을 예측할 수는 있을런지 모르나 배분적 평등과 정의를 실현하는 일을 담당할 수는 없을 것이다.

과학기술의 혁신으로 대체할 수 없는 법률가의 역할이 무엇인지, 변치 않아야 하는 사법의 가치는 무엇인지에 대한 고찰을 통하여 4차 산업혁명시대에 법률가의 적절한 역할을 찾아야 한다. 그래서 4차 산업혁명의 시기에도 인간의 고뇌와 철학이 담긴 감동을 주는 판결과 변론문서가 나와야 한다.

/ 제1장 공정의 법, 사랑의 법 /

기업가의 사회적 책임

기업이 스스로의 노력으로 이익을 창출하지만 그 이익은 기업이 속한 사회와 그 구성원의 도움을 받아서 획득된다. 그래서 기업은 문화사업을 지원하거나 연구기금을 제공하기도 하며, 저소득층 자녀에게 장학금을 제공하는 등 다양한 방법으로 그가 속한 사회에 공헌을 한다.

그런데 기업의 이러한 노력에도 불구하고 기업과 기업가에 대한 사회적인 평가는 매우 인색한 것이 현실이다. 그 이유는 기업가들이 증여세나 상속세 부담을 낮추기 위하여 탈법수단을 사용하거나 본질가치보다 낮은 가액으로 비상장회사의 주식을 증여한다든가 또는 경영권지배를 통하여 지배주주나 경영자가 기업자산을 횡령하거나 배임을 하기 때문이다.

우리나라가 오랫동안 기업가의 불법행위에 대하여 사법기관이

지나치게 관대한 처분을 하여왔기 때문에 다수의 국민들은 기업가에 대한 과다한 편애가 공정한 사회로 가는데 장애가 된다고 생각한다. 한 여론기관의 발표에 따르면 국민 70% 이상이 돈과 권력 때문에 법이 불평등하게 집행된다고 믿는 반면 법이 공정하게 집행된다고 믿는 국민은 30%에 불과하다고 한다. 그리하여 법 앞의 평등이라는 헌법적 가치는 그호에 불과하고 '유전무죄 무전유죄'를 사실로 받아들인다고 한다.

미국의 경우, 2001년 에너지 기업인 엔론사의 최고경영자가 파생상품투자로 입은 손실 15억 달러를 분식회계의 방법으로 주주와 투자자를 속였다가 24년 6개월의 형을 선고받았고, 2005년 통신회사인 월드컴은 비용으로 계상할 38억 달러를 이익으로 속였다가 그 CEO가 25년형을 선고받았다.

이처럼 선진국에서는 분식회계나 기업가의 횡령·배임을 자본주의와 자유시장경제의 중대한 도전으로 간주하여 강력한 처벌을 하여 왔다. 그에 비하여 우리나라는 국민경제에 미치는 영향력, 근로자 고용축소의 불안, 대외경쟁력의 약화 등을 이유로 유사한 사안으로 기소된 기업가들에 대하여 집행유예 등 관대한 처벌을 하여 온 것이 사실이다.

모 재벌회장이 분식회계와 횡령으로 실형을 선고받은 적이 있었는데, 전국경제인연합 등 재계가 재벌회장에 대한 실형선고로 인하여 기업의 활동이 위축될 것이라는 우려의 뜻을 정부에 전달하였다고 한다. 그런데 불법행위에 대한 온정주의를 취한 결과 발생하는 피해가 일반 주주, 기업이해관계자들에게 전가되므로 기업가에 대한 사법 온정주의가 타당한지는 의문이다.

그렇다면 기업은 어떻게 하여야 할 것인가? 기업 스스로 분식회계나 횡령·배임이 발붙이지 못하도록 예방책을 마련해야 한다. 이를 위하여 적법한 기업경영을 위한 내부통제기준을 마련하고, 준법지원인이나 감사 등으로 하여금 준법기준의 준수를 엄격하게 확인하게 하며, 사외이사 등을 통한 견제와 균형의 감시시스템을 구축하여야 한다.

그리고 불법행위를 자행하는 경영자나 기업가에 대하여는 엄중한 책임을 물어서 기업 스스로 불법행위의 유혹에서 벗어나도록 해야 할 것이다. 오히려 사법부의 엄격한 판단은 장래 발생할 여지가 있는 위법행위를 감소시킴으로써 기업의 신뢰를 회복시키는 계기를 마련할 것이다. 이제 기업은 준법경영을 통하여 과거의 어두운 관행에서 벗어나 신뢰를 회복하여야 한다.

/ 제1장 공정의 법, 사랑의 법 /

국제 지적재산권 분쟁의 심화와 대응방안

과거에 삼정전자와 애플 간의 스마트폰, 태블릿 PC 등의 특허침해로 인한 소송이 전방위적으로 확산되는 것을 보면서 지적재산권의 중요성을 더욱 실감할 수 있었다. 작가 베르나르베르베르는 그의 소설 '파라다이스'에서 상표권분쟁을 다루면서 다국적기업은 장차 하나의 나라를 이루고 전통적 국가의 개념을 대체한다고 주장하였다.

코카콜라 총매출액이 스페인의 국민총생산량보다 많고, 마이크로소프트의 총매출액이 아프리카의 모든 국가 총생산액과 비슷한 것으로 미루어 보더라도 다국적 기업의 위력을 짐작할 수 있는바, 한 개인은 국가의 보호보다 기업의 보호를 선호하고 특정 국가에 속한 국민으로서 보다 특정 기업에 속한 사람으로서의 존재가치를 더 중시할 수도 있다는 생각이 든다. 베르나르의 주장이 조금 과장된 면이 있기는 하지만 한편으로 설득력이 있다는 생각도 든다.

2011년 9월 미국 버지니아주 리치먼드 지방법원에서 심리된 코오롱 인더스트리와 미국 화학기업인 듀폰 간의 영업비밀침해사건에서, 배심원단은 코오롱인더스트리가 듀폰의 아라미드 섬유의 업무상 비밀을 도용한 점이 인정된다면서 그로 인하여 발생한 듀폰의 손실액 한화 약 1조 원을 배상하라는 평결을 하였다. 미국 법정의 자국기업 보호주의의 평결이고 코오롱의 성장에 위기를 느낀 듀폰이 미국 시장에서 코오롱을 몰아내려는 전략적 의도로 특허권을 악용한다는 의심을 저버릴 수 없었다.

코오롱은 그 이후 미국 검찰이 제기한 영업비밀침해 모의 혐의 한 가지에 대해서만 벌금 8,500만 달러를 납부하고 절도 및 사법방해 혐의는 검찰이 취하하는 유죄인정합의(Plea Agreement)를 통하여 형사소송을 종결하고, 듀폰에 2억 7,500만 달러의 합의금을 지급하기로 하면서 사건을 종결하였다.

그런데 이와 같은 국제적 지적재산권 분쟁이 점차 중소기업으로까지 확대될 것으로 전망된다. 체결된 한·유럽연합 자유무역협정(EU FTA) 등을 통하여 국내 중소기업들의 해외진출이 크게 확장되면서, 이들에 대한 경쟁기업의 특허소송의 공격은 상당히 늘어날 것이다. 그래서 상대적으로 지적재산권의 관리에 취약한 우리 중소기업들이 방심을 하게 되면 회사가 존폐의 기로에 설 수도 있으므로 지적재산권 관리를 강화하기 위한 노력을 하여야 할 것이다.

우리 기업을 겨냥한 글로벌 기업들의 지적재산권 공격이 과거의 불공정거래나 반덤핑규정 등을 활용하여 견제하던 것과 다른 양상을 띠고 있다. 예를 들면 자신의 권리를 지키려는 특허권 본연의 목적보다는 소송을 통하여 경쟁기업을 퇴출시키려는 방향으로 악용되어 가고 있다는 것이다. 또 원천기술을 놓고 벌어지는 특허공격은 우리 기업들의 존립기반을 위협할 수 있다는 점에서 매우 심각하다.

이에 대한 대비책으로 기업들이 확보가 가능한 지적재산권의 종류를 파악하고 한국과 진출예정국에서 적극적으로 권리를 출원할 필요가 있다. 또한 기업들은 전문가를 영입하여 지적재산권을 보호하려는 노력을 기울여야 한다.

/ 제1장 공정의 법, 사랑의 법 /

연비조작차량과 집단소송의 필요성

　독일의 자동차 기업인 폭스바겐이 연비가 우수한 것처럼 속여 자동차를 판매하였다. 미국 샌프란시스코 연방지방법원에서 공개된 합의서에 따르면, 차주들은 사건이 알려지기 전인 2015년 9월 전미 자동차딜러협회(NADA) 중고차 가격으로 차량을 되팔거나 배출가스 장치 개선을 위하여 무상으로 차량수리를 받는 것 중 어느 하나를 선택할 수 있으며, 또 환불이나 수리와 관계없이 2.0 L TDI 디젤엔진을 장착한 아우디, 폴크스바겐차 소유주 47만 5천 명에게 1인당 5천 100달러부터 1만 달러의 배상금을 지급하기로 하였다.

　나아가 디젤 사태가 불거진 2015년 9월 18일 이후 차량의 매도자와 매수인에게도 절반의 배상액을 지급하기로 하였다고 한다. 위의 배상액의 일부는 환경악화에 대한 부담금과 배기가스 저감장치 개발비로도 사용된다. 근래 외제차 선호현상이 두드러져 많은 외제차를 우리가 구매하고 있는 실정이고, 특히 실용적이며 연비가 좋은 것으로 평판이 난 폭스바겐이 상당한 점유율을 차지하고 있다고 한다.

그렇다면 우리나라 소비자들도 미국 소비자처럼 충분한 배상을 받을 수 있을까? 폭스바겐측은 미국에서의 합의안이 미국 밖의 나라의 소비자에 대하여 폴크스바겐이 법적의무를 부담하는데 그 영향을 미치지 않을 것이라고 하였다. 그 이유는 자동차의 질소산화물(NOx) 배출한도어 대한 미국의 규정이 다른 나라보다 엄격하며, 배출가스의 해결책도 한국에서는 소프트웨어 업그레이드를 통하여 해결할 수 있지만, 미국에서는 배출가스시스템을 전면적으로 교체해야 하는 등 서로 다르므로, 한국의 소비자에게는 연비조작에 대한 도덕적 책임은 느끼지만 법적 배상책임은 없다고 주장하고 있다.

참으로 안타까운 일이다. 연비조작 차량을 구입한 미국소비자는 최고 1만 달러의 배상을 받으면서 차를 되팔 수도 있는데, 우리 소비자들은 아무런 권리도 없다고 하니 말이다. 그런데 우리나라가 소비자 집단소송법을 제정하였더라면 미국 소비자처럼 배상을 받을 수 있을 것이다.

미국은 모든 분야에서 집단소송(class action)을 판례상 인정되고 있는데 비하여 우리나라는 2005년 제정 시행된 증권관련집단소송법에 의하여 증권분야의 손해에 한정하여 집단소송이 인정되고 있다. 이 법을 제정할 당시 다수의 학자와 시민단체가 집단소송의 적용분야를 소비자 피해 등 다른 분야로 확대할 것을 주장하였으나, 전경련 등 기업 측의 반대로 인하여 증권분야에 한정하여 법이 제정되었고, 그 법조차 거의 실효성을 상실한 사문화된 법으로 방치되고 있다.

미국의 소비자집단소송은 다수의 소비자가 소송을 제기할 필요가 없다. 20~50명 정도의 소비자가 대표자를 정하여 소송을 제기하고 합의된 배상액은 소송에서 특별히 제외하여 달라는(opt out) 신청을 하지 않는 모든 해당 소비자에게 배상액이 분배된다. 미국의 집단소송에 의하면 피해 배상뿐만 아니라 근본적인 치유책을 마련할 수도 있다. 위 사안에서도 배상액의 일부를 배기가스 저감장치 개발을 위한 연구기금으로 사용하며, 환경개선을 위한 기금으로도 사용되었다.

우리나라는 위법행위와 관련하여 상당한 인과관계가 있는 손해만을 손해배상액으로 인정하는데 비하여, 미국은 특정한 위법행위에 대하여는 재발을 방지하기 위하여 실제 손해액을 훨씬 능가하는 배상을 명하는 '징벌적 손해배상'제도를 인정하고 있다.

우리나라 소비자들이 충분하고 적절한 배상을 받으려면, 소비자 피해도 집단소송을 통하여 배상을 받을 수 있도록 법을 제정해야 하고, 나아가 징벌적 손해배상제도의 도입도 필요하다.

집단소송법도 점차 확대하여 적용하려는 입법안이 국회에 제출되고 있는 실정이다. 위법행위를 방지하고 서민들이 안전한 제품을 구입하여 사용할 수 있도록 감시자 역할을 수행할 일반 분야에 적용될 집단소송법의 제정이 필요하다.

/ 제1장 공정의 법, 사랑의 법 /

법조에 대한 신뢰를 회복하려면

성인 300명을 대상으로 실시한 설문조사의 결과에 따르면 '법보다 재산이나 권력의 위력이 크다'고 믿는 사람이 퍽 많다고 한다. 돈과 권력을 소유하면 법의 준수는 그다지 중요하지 않게 생각하는 것 같다. 그래서 법 앞의 평등과 정의의 실현은 그 생명력을 점차 잃어버리고 훗날에는 법전 속에만 존재하는 장식물로 전락할지도 모를 일이다.

법에 대한 불신을 해소하는 방안은 무엇이 있을까? 우선 법의 이념 또는 법의 존재의 목적을 살펴볼 필요가 있다. 플라톤은 법의 이념은 정의를 원천으로 하는 도덕생활을 실현하는 것이라고 하였으며, 루소는 개인의 자유와 평등을 확보하고 이를 발전시키는 것이 법의 존재목적이라고 하였다.

한편 독일의 법철학자 라드부르흐는 법의 이념에는 정의, 합목적성, 법적 안정성의 3요소가 필수적으로 존재하여야 하며, 그 가운데 정의는 실정법의 가치표준이자 입법자의 목적이고, 절대적 가치이기 때문에 법의 이념은 정의로부터 출발한다고 하였다.

그리고 정의는, 인간은 동일한 가치를 가지므로 평등하게 다루어져야 한다는 평균적 정의와 개별 인간은 각자 상이한 능력과 가치를 가지고 있기 때문에 그 차이에 따라 달리 취급할 수 있는 실질적 평등의 원리인 배분적 정의로 구분된다고 하였다. 요컨대 법의 존재 목적은 정의를 실현하는 것이고, 이를 위해서는 개인 간의 평등이 이루어져야 하는바, 정의와 평등 또는 형평이 그 요체라고 할 수 있다.

오늘날 일반인의 법에 대한 불신은 법적 영역에서 정의와 형평이 제대로 실현되지 않기 때문에 생긴 것이다. 보통사람이 수사기관이나 법정에서 경제적, 사회적 영향력이 월등한 사람에 비하여 불리하고 부당한 대우를 받게 되거나 대규모 경제사건의 비리관련자가 일반 피고인보다 현저하게 관대한 처분을 받는 현상들이 반복되면 일반인들은 돈과 권력 등의 부당한 간섭으로 말미암아 법 앞의 평등은 이루어지지 않고 정의가 왜곡된다고 느낄 것이다.

따라서 재판에서의 신뢰를 얻기 위해서는 법관은 당사자 간 또는 피고인과 수사기관 간의 절차적 공정성을 충실하게 지켜야 하고, 소송당사자의 진솔한 이야기를 진지하게 경청함으로써 그들의 응어리를 풀어주면서 사건의 결과에 대하여 설득하도록 노력해야 할 것이다. 재판을 시작하기 전에 클래식 음악을 틀어주어 피고인의 맘을 가다듬게 하고, 재판장으로서 최선을 다하여 재판을 진행하겠다고 다짐을 하면서 재판을 시작하는 재판장도 과거에 있었다.

이같이 재판을 정성껏 진행하면 이른바 '석궁테러사건' 같은 불미한 일은 예방할 수 있을 것이다. 법정에 서는 피고인이나 소송당사자는 상당한 정도로 맘의 상처를 입은 사람들이므로 이들을 따뜻하게 배려하는 맘을 가져야 할 것이다.

한편 소송 의뢰인이 사건을 변호사에게 위임하면서 자기 의사를 직접 변호사에게 전달하기를 원한다. 그런데 변호사가 시간적 여유가 없어서 많은 시간을 할애하여 의뢰인을 대화할 수 없는 경우가 많지만, 의뢰인과의 대화의 통로를 열어두어야 신뢰를 얻을 수 있을 뿐만 아니라 소송 진행에 필요한 도움을 받을 수 있다. 일반 국민과 법률가 사이의 간극을 좁히고, 법적 신뢰를 회복하기 위한 세밀한 법률가들의 노력이 요구된다.

/ 제1장 공정의 법, 사랑의 법 /

분쟁해결을 위한 조정제도의 효율적 운영

　분쟁을 해결하는 방법은 여러 가지가 있을 수 있다. 분쟁당사자끼리 원만한 대화를 통하여 해결하는 것이 서로에게 이익이 되지만 상당수의 분쟁은 법원을 통하여 해결을 시도한다. 그런데 소가 제기되면 법원은 곧바로 사안을 심리하는 대신에 먼저 변론준비절차를 통하여 쟁점의 정리와 동시에 당사자 간의 조정(mediation)과 화해를 시도하게 된다.

　민사조정절차는 조정담당판사 또는 법원에 설치된 조정위원회가 분쟁당사자로부터 주장을 들은 후에 조정안을 제시하고 양보와 타협을 통하여 합의에 이르게 함으로써 분쟁을 간이·신속하게 해결하는 제도이다. 소송은 판결에 의하여 승패가 가려지는 것이 일반적이지만 판결을 선고하기 전에 당사자와 법원이 협력하여 조정과 화해가 성사되면 소송비용과 시간을 절감시킬 뿐만 아니라 당사자 사이에 신뢰도 회복될 수 있으므로 조정과 화해는 매우 바람직한 분쟁의 해결방안이다.

미국은 실제로 소 제기된 사건의 약 5% 이하만이 판결로 종결되고 그 나머지 사건은 화해, 중재, 조정 등 대체적 분쟁해결(alternative dispute resolution)제도에 의하여 종결된다고 한다. 이러한 대체적 분쟁해결제도는 법원의 과중한 업무부담을 완화시켜주는 한편, 원·피고의 소송비용을 절감시켜주므로 소송의 초기 단계에서 권장할 만한 가치가 있다. 우리나라의 법원도 가사사건은 필요적 조정을 거치도록 하고 있고, 일반 민사사건도 가능한 한 조정절차를 권장하며 이를 통한 분쟁의 합리적 해결을 시도하고 있다.

사전적 분쟁해결방법인 조정과 최종 판결로 사건을 종료하는 방식은 서로 다른 구조를 가지고 있다. 판결에서는 실체적 진실이 밝혀져서 그 결과가 반영될 것으로 믿는다. 따라서 소송당사자는 증거개시절차(discovery)와 대리인비용을 감수하면서 실체적 진실을 입증하기 위하여 최선의 노력을 한다. 그러나 조정이나 화해는 실체적 사건의 쟁점 본안(merits)과 무관하게 당사자들이 동의할 수 있는 한도 내에서 합의한 액수나 합의안을 도출한다.

그런데 사건의 실체적 내용과 상관없이 화해금액이나 화해안이 결정되게 되면 오직 화해금을 받을 목적으로 소송의 가치가 없는 소송을 제기할 수도 있고, 대기업 등을 협박할 목적으로 하는 위협소송(strike suit)을 저지를 수도 있어서 소송이 남용될 우려가 있다.

한편 막대한 손해를 입은 피해자가 화해나 조정에서 불충분한 배상을 받아서 억울할 수도 있고 반대로 피해가 크지 않은 피해자가 피해액 이상의 과다한 이득을 얻게 되는 경우도 있어서, 조정이나 화해가 정당한 손해배상체계에서 벗어날 수도 있다는 비판이 있다.

필자는 과거 변호사 시절에 이혼소송을 위임받아 진행한 소송에서 담당 법관이 당사자의 의사를 고려하지 않고 무리하게 조정을 강요하는 것을 경험한 적이 있었다. 이혼을 결심하게 된 당사자의 심리적인 고통은 말할 필요도 없거니와 경제적 궁핍 때문에 자녀양육권을 포기하는 여인에게 법원이 제시하는 조정금액을 따르지 아니하면 재판에서 상당한 불이익을 주겠다고 위협을 함으로서 당사자에게 깊은 상처를 주었다. 심리적으로 불안한 소송당사자의 입장을 배려하지 않고 조정을 강요하는 것은 정당한 재판을 받을 권리를 침해하고 법관이 무성의한 사건 종결에 집착하는 결과가 되어 바람직하지 않다.

일반적으로 조정이나 화해가 이루어지면 비용이 절약되고 당사자 간의 나쁜 감정을 해소시키고 화해를 하는 경우가 많으므로 보기에도 흐뭇하다. 하지만 경제적인 가치로 환산할 수 없는 명예나 신념에 어긋나는데도 법관이 반강제적으로 조정의 결과를 도출하려고 집착하는 것은 부적절하다. 법과 제도는 사람을 위하여 존재하는 것이지 그 반대가 될 수는 없다.

/ 제1장 공정의 법, 사랑의 법 /

미국대통령 선거와 연방대법관의 구성

　미국 연방대법원은 대통령이 지명하고 상원의 권고와 동의로 임명되는 대법원장과 8명의 대법관으로 구성되며, 대법관으로 임명이 되면 종신직으로서 사망, 사직, 은퇴, 탄핵에 의해서만 물러난다. 그동안 연방대법원은 미국의 입법부와 행정부를 견제하였을 뿐만 아니라 1954년 '공립학교의 인종분리는 위헌'이라는 판결처럼 미국 사회의 근본을 결정하는 중대한 역할을 수행하였다.

　필자는 2016년 8월부터 2017년 8월까지 미국 캘리포니아 소재 U.C. Berkeley 대학에 연구년 차 머무르면서 미국 대통령선거의 진행과정을 TV와 각종 언론매체를 통해 지켜볼 기회를 가졌다. 당시 새로 선출되는 대통령은 연방대법관 1명을 임명하게 되는데, 그 임명된 대법관의 철학과 사상에 따라 미국의 사법제도와 미래 모습이 상당히 달라질 것으로 예상되었다.

민주당의 진보정책에 제동을 건 보수성향의 앤터닌 스캘리아 대법관이 2016년 10월 세상을 떠나자, 오바마 대통령이 메릭 갈랜드를 대법관으로 지명했으나 상원을 장악하고 있는 공화당이 그의 인준을 거부하였고, 그 후에 당선된 도널드 트럼프 대통령이 보수성향의 닐 고서치(Neil Gorsuch) 콜로라도 연방항소법원 판사를 대법관으로 임명하였다.

그리고 2020년 루스 베이더 긴즈버그 대법관이 암 투병 끝에 세상을 떠나자, 트럼프 대통령은 우여곡절 끝에 보수성향이 강한 백인여성인 에이미 코니 배럿 연방항소법원 판사를 대법관에 임명함으로써 현재 미국대법원은 보수파가 우위를 점하고 있다.

미국에서는 커다란 정치적 쟁점이 상당부분 법률적 쟁점이 되곤 한다. 2000년 대통령선거에서 민주당 후보 엘 고어는 총 투표수에서 이겼지만 부정선거 의혹이 있는 플로리다 주에서 부시 후보의 동생인 주지사가 수개표를 중단시키는 바람에 공화당의 부시 후보가 대통령에 당선되었다. 연방대법원의 승인하였기에 플로리다 선거개표중단이 가능하였다는 점에서 미국 사법부가 정치에 미치는 영향은 실로 막강하다.

그리고 동성결혼에 대하여 2015년 5월 연방대법원이 예상을 깨고 찬성 5, 반대 4로 합헌판결을 함으로써, 주(state)에 따라 금지된 동성결혼이 전면적으로 허용되기에 이르렀다. 동성결혼의 합헌판결에 대하여 오바마 대통령이 환영의 성명을 냈다.

이처럼 민주당은 동성결혼을 적극적으로 지지하는 반면에 보수적인 공화당은 전통적인 결혼관을 옹호하면서 동성결혼을 반대하여 왔다. 그 후 대통령선거에서 공화당의 트럼프 후보는 대통령에 당선되면 새로 지명되는 대법관을 통하여 동성결혼의 위헌판결을 이끌어내겠다는 공약을 하기도 하였다. 이러한 트럼프 후보의 입장 때문에 미국 기독교인의 다수가 트럼프의 성추문과 탈세 등 악재에도 불구하고 그를 지지하는 것으로 여겨진다.

2016년 미국 대통령선거에서는 낙태허용 여부가 중요한 관심사였는데, 1973년 로우 대 웨이드 판결(Roe v. Wade)에서 연방대법원은 여성이 임신 후 6개월까지 낙태를 선택할 수 있는 헌법상의 권리를 갖는다고 판시함으로써 그전까지 미국 다수의 주에서 시행되던 낙태의 금지 또는 제한 법률이 폐지되었다.

대통령선거 3차 TV토론에서 힐러리 클린턴 후보는 낙태 여부는 산모의 사생활에 관한 권리로서 산모 스스로가 결정할 권리를 가진다고 주장한 반면에 트럼프 후보는 낙태는 태아의 인권을 침해하므로 허용할 수 없다는 주장을 하였다. 그 후 보수적인 존 로버츠 대법원장이 진보의 편에 섬으로써 여성의 낙태권을 제한하는 루이지애나 주법을 철회하라는 판결을 하였다.

그리고 총기소지의 허용여부에 대한 쟁점도 선거 이슈가 되었다. 필자가 미국에 머무는 동안 대학가 근처에서 총기에 의한 살해가 발생한 사실을 목격하기도 하였는데, 많은 미국인들은 날이 어두워지면 집 밖으로 돌아다니지 않는데 이는 누군가가 총기를 소지하고 공격을 할지 모르기 때문이라고 한다.

트럼프 후보는 미국 국민의 무기 소유를 합법화한 수정헌법 제2조를 지켜야 한다는 입장이고, 클린턴 후보는 총기 소지권을 포함한 수정헌법 제2조를 지지하지만 총기구매자의 신원조회강화 등 합리적인 방법으로 총기규제를 강화해야 한다고 주장하였다.

외국인인 나로서는 자신의 신변을 스스로 지킬 수 있도록 개인의 총기소지를 합법화하는 것이 쉽게 이해가 되지 않았다. 교통신호를 위반한 자가 도주하면 경찰관은 도주범이 총기를 가지고 반격을 할지 모른다고 생각하여 조금만 이상한 행동을 하더라도 곧바로 총격을 가하는 사고가 자주 발생하여 사회적 문제가 되었는데, 이러한 사고는 총기소지를 허용하지 않으면 일어날 수 없을 것이다.

이처럼 정치와 뗄 수 없는 연방대법원의 중요판결은 미국 사회의 기본골격을 형성하는데 중대한 역할을 하여 왔기 때문에 역대 대통령들은 자신의 정책을 지지하는 대법관을 임명하려고 노력을 하였다. 장차 시간이 지날수록 미국이나 우리나라에서 사법의 정치적 영향력은 확대될 것으로 생각되는데, 양심적이고 소신 있는 법률가가 대법원의 구성원이 되어야 국민의 장래가 편할 것 같다.

/ 제1장 공정의 법, 사랑의 법 /

미국의 사형집행에 관한 논쟁

사형은 국가권력이 범죄자에게 내리는 법정 최고의 형벌이다. 성문화된 최초의 법인 함무라비 법전이나 구약성서 등에 살인죄 등 중대 범죄인에 대하여 사형의 선고를 규정하고 있다. 그런데 18세기 이후 인간의 존엄성을 중시해야 한다는 맥락에서 사형제도에 대한 폐지 논쟁이 시작됐다.

2012년 기준 105개 국가가 사형제도를 폐지했고, 35개국은 최근 10년 이상 사형을 집행하지 않은 사실상 사형 폐지국이라는 것이 국제 엠네스티의 조사결과이다. 그리고 2014년 기준 OECD 국가 중 사형제를 시행하는 국가는 미국과 일본 뿐이다.

미국 아칸소 주가 2005년 이후 미뤄왔던 사형수 8명에 대한 집행을 2017년 4월 말까지 서둘러 마치려고 하였지간 주 법원과 연방법원이 제동을 걸었다. 아칸소 주가 사형집행을 서두르고 있는 이유는 사형집행용 주사약물인 미다졸람의 사용기간이 4월 말로 종료되고, 제약회사도 앞으로 교정 당국에 해당 약물을 판매하지 않기로 정하였기 때문이라고 한다.

그런데 아칸소 주는 사형수 마취에 미다졸람을, 호흡을 정지시키는데 베큐로니움 브로마이드를, 심정지 약물 주사제로 포태시움 클로라이드를 사용하여왔는데, 이 가운데 미다졸림이 수차례 부작용을 일으켰다는 보고가 있었다.

즉 미다졸림이 마취작용을 원활하게 수행하지 못하면 사망 이전에 사형수는 심한 고통을 겪게 되어, 잔혹하고 비정상적인 형벌을 금지하는 수정헌법 제8조에 위반된다. 그러나 연방대법원은 범인의 인권을 침해하지 않는 방법으로의 사형의 집행방법을 주 정부가 결정할 수 있으므로, 사형제도가 수정헌법 제8조에 위반되지 않는다고 하였다.

사형수 제이슨 맥기히에 대하여 주 가석방위원회에서 감형 가능성에 대한 의견진술의 기회를 부여해야 한다는 이유로, 브루스 워드와 돈 데이비스는 재판 과정에서 독립적인 정신감정이 생략됐다는 이유로 법원이 사형집행을 중단하였다. 강간죄로 사형을 선고받고 무죄를 주장한 스테이시 존슨은 새로운 DNA 조사 기법이 필요하다는 이유로 사형집행을 중단하였다.

그리고 사형수 리델리의 사형집행 정지신청에 대하여 아칸소 주지방법원은 약물의 한시적 사용정지명령을 내렸고, 연방지방법원은 사형집행 정지명령을 내렸는데, 이에 대하여 아칸소 주 검찰총장이 연방대법원에 상고를 하였는바, 대법원은 리델리의 사형집행금지 가처분신청을 5대4로 기각 결정을 내렸고, 결정 직후에 사형이 집행되었다. 이전까지 연방대법원은 진보와 보수가 균형을 이루고 있었는데, 새로 임명된 닐 고서치 대법관이 기각 결정에 가담함으로써 사형이 집행된 것이었다.

아칸소 주 사형수들에 대한 사형집행계획은 약물판매 중단 때문에 이뤄진 것으로 '컨베이어 벨트 사형'이라는 비난을 받고 있다. 사형집행을 반대하는 입장인 스티븐 브라이어 연방대법관은 이번 사형집행의 시도가 자의적이고, 사형집행 여부를 구작위적으로 결정한 것이라며 비판했다. 한편 캘리포니아 주는 조만간 사형집행을 주민투표에 부칠 계획이라고 발표하기도 하였다.

자유와 평등을 중시하는 미국이 사형제도를 유지하는 이유는 사형폐지에 대한 국민적 합의가 이뤄지지 못하였기 때문이기도 하지만, 다른 한편 극악한 범죄의 발생을 예방하려는 의도도 있는 것으로 추측된다.

우리나라에서도 대통령후보 간에 사형제에 대하여 찬반논쟁이 있었는데, 폐지 입장은 사형이 범죄예방의 효과가 없으며, 오판을 하는 경우 무고한 인간의 생명을 빼앗게 되고, 사형을 집행하는 관리들의 인권을 침해한다는 것이다. 반면에 사형제도를 찬성하는 입장은 흉악 범죄자에 대한 응징을 위하여 사형이 필요하다는 것이다.

　국가의 질서 유지를 위하여 법과 규율을 위반하는 자에게 형벌을 가하는 것은 사회적 합의이다. 하지만 인간의 생명을 앗아가는 사형제도는 교화가 아닌 응징에 초점을 맞추고 있다. 오늘날 교정시설이 발달하고 있고, 범죄인 격리 시 소요되는 비용을 감당할 수 있는 능력이 있기 때문에 사형 폐지국가의 입장을 취하는 우리나라의 입장은 타당하다고 생각한다.

/ 제1장 공정의 법, 사랑의 법 /

산동대 한중일포럼과 중국법학의 발전

필자는 2015년 10월 하순경 중국법학회(Chinese law society)의 초청을 받아 '한·중·일 FTA를 대비한 법률포럼회의'에 참석할 기회를 가졌다. 그 이전까지만 해도 중국 법학의 수준이 우리에 미치지 못한다고 생각하였으나 이번 포럼에 참석하면서 중국의 법학발전이 상당한 수준에 이르렀음을 실감하였다.

당시 산동대 법과대학과 법학원은 학부생 1,500여 명, 대학원생이 1,000명가량이고 교수진은 85명이었다. 그리고 산동대 방문을 할 때 필자가 근무하는 숭실대 법과대학과 산동대 법학원이 학생들과 교수진의 상호교류에 협력하기로 하는 업무협약(MOU)을 맺는 결실을 거두었다.

산동대학 법학원이 한 학기동안 개설된 영어강좌가 수십여 개 이상이고, 다수의 학생이 영어에 익숙하다고 한다. 우리 학생들도 영어강의에 익숙하므로 양 대학 간의 학점교류로 중국법을 배울 좋은 기회라고 생각하였다.

산동대학 법학원 부원장의 안내를 받아 법학도서관을 방문했는데, 학생들이 열람실 좌석을 꽉 메우고 전공서적을 탐독하며 열심히 공부하는 모습을 보고 깜짝 놀랐다. 학생들에게 시험공부를 하느냐고 물어봤는데, 시험과 상관없이 평소에도 늘 공부를 한다고 하였다.

산동성은 중국 성(省) 가운데 세 번째 경제규모를 자랑할 만큼 부유하고, 1억 명 이상의 인구 숫자만큼이나 학생들의 학구열이 높아 우수한 학생들이 이 대학에 입학하며, 중국도 우리처럼 취업이 쉽지 않아서, 사법시험이나 공무원시험의 경쟁률이 매우 높다고 하였다. 중국 학생들이 장래의 꿈을 이루기 위하여 정말 열심히 공부를 하고 있다는 생각이 들었다. 나를 안내해 준 학생도 학교기숙사에 머물며 방학 이외에는 집에 가지 않고 공부만 한다고 하였다.

중국정부는 과거와 달리 학생들이 학문에 전념할 수 있도록 상당한 수준으로 대학과 학자들을 대우하고 있으며, 과거 문화혁명 시절에 학자들을 매도하고 책을 태우는 등 학문의 침체기를 경험한 이후에는 그에 대한 반성으로 학자들에 대한 지원도 아끼지 않는다고 중국교수들이 말하였다.

중국법학회는 중국 법학자들의 연구단체로서 그 산하에 수십여 개의 학회를 두고 있다. 눈에 띄는 점은 중국정부가 직접 중국법학회를 운영하면서 경제적 지원을 아끼지 않고 있어서, 우리나라 학회보다 더 생기있어 보여 부러웠다. 중국은 중국법학회가 학술대회를 주관하고, 학술대회에 공산당 서기 및 관료들이 참석하여 사회를 보는 방식으로 정부관료와 학자가 함께 학회를 이끌어간다고 하였다. 학자의 입장에서는 영역을 침범당하는 불리함을 감수하여야 하지만, 경제적 지원이 이뤄지기 때문에 장점도 된다고 하였다.

산동대학교 법학원에서 개최된 '제1회 한·중·일 법률포럼'에는 중국 전역의 법과대학 및 법학원에서 200여 명의 학자들이 참석하였고, 한국과 일본에서는 학자 50여 명이 참석했으며, 그 밖에 중국법학회 간부 다수가 참가해 규모가 상당하였다.

포럼은 한·중·일 세 나라가 상호간 교역량에 비하여 법률적 교류가 미흡한 상황을 점검하고, 공동연구를 통해 상호 발전에 기여하고자 하는 취지에서 개최되었다. 포럼에서는 민법과 상법 등 각 나라의 법률개정 현황이 논의되었고, 해상법 등 기타 분야에 대한 논의도 있었다.

필자는 '대한민국 상법상 이중대표소송의 도입의 필요성'이란 논제의 발표를 하였으며, 8명의 학자가 논문을 발표하는 한 세션을 맡아서 사회도 보았다. 첫날 환영식 만찬에서는 한국학자를 대표하여 한·중·일 동시통역으로 '한국법학의 소개'와 축사를 하는 등 즐겁고 유익한 일정을 보냈다.

중국 위안화의 위력이 점점 커지고 한중 FTA로 인하여 중국이 차지하는 비중이 점점 높아지는바, 우리나라와 중국 간의 법률 교류도 활발해질 것으로 생각된다. 중국에 뒤지지 않도록 법률 분야에서의 우리의 노력이 더욱 필요할 것 같다.

최정식 리걸 에세이
공정의 법, 사랑의 법

제2장 사적분쟁 해결의 법

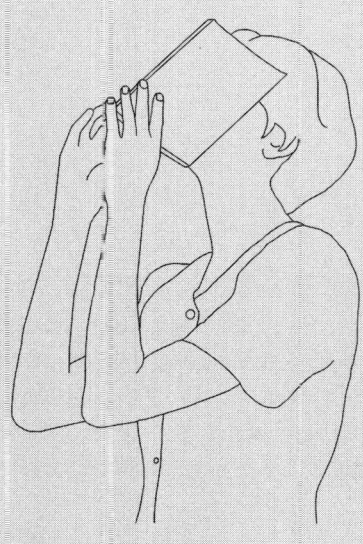

"보증계약은 보증인이 자발적으로 책임을 부담하겠다는 의사에 의하여 체결되므로 특별한 사정이 없는 한 보증책임을 지게 된다. 그러므로 아무리 친한 친구가 부탁하는 보증이라도 거절하는 것이 경제적 파탄을 막는 지름길이다. 돈을 떼일 각오라면 모르되 설마 보증책임을 질 리가 없으리라는 안이한 생각으로 보증을 섰다가 패가망신할 수도 있다."

/ 제2장 사적분쟁 해결의 법 /

가족관련 법률의 변천과 적응

　우리나라는 조선시대부터 내려온 유교적 전통에 의하여 엄격한 가부장제와 남성 중심, 특히 장남을 중심으로 하는 가족제도가 반영되어 가족법이 제정되었으나 점차 서구적인 남녀 평등사상에 힘입어 가족관련법이 개정을 거듭하였다.

　1960년 처음 시행된 가족법은 부계승계(父系繼承)의 원칙, 타성혼인(他姓婚姻)의 원칙, 가족의 공동체성을 특징으로 하고 있다. 그런데 이러한 가족법의 특성은 가부장제, 봉건제, 중국 종법제 잔존의 발로라는 이유로 여성단체가 적극적인 개정을 주장하였다.

　그리하여 1989년 말 친족의 범위를 부계 8촌과 모계 4촌의 혈족의 범위로 규정하였던 기존 법을 부계와 모계의 양계혈족주의(兩系血族主義)로 변경하여 외척(외가, 고모가, 이모가)의 8촌도 혈족으로 인정하기에 이르렀고, 1997년 7월 16일 동성혼 금지조항을 헌법재판소가 헌법불합치 판단을 함으로써 타성혼(他姓婚)의 원칙을 수정하였다. 그 이후 한국성씨총연합회와 성균관유도회 등의 적극적인 반대에도 불구하고 호주제 폐지안이 2005년 3월 2일 국회에서 통과되었다.

이러한 일련의 법 개정에 대하여 일부 학자들은 비판을 하였다. 즉 가족제도는 다른 법률제도와 연계된 중층적·유기적 제도인 동시에 우리의 역사·문화·제도 등과 더불어 깊은 민족적·종합적 가치체계를 내포하고 있는 규범체계로서 한국사회를 안정시키고 존속시키는 사회적 안정장치의 기초라고 할 수 있다.

그러므로 가족법은 국민의 생활영역에 관련된 보편적 가치체계 속에서 그 규범의 내용이 결정되어야 하는 객관적 제도보장 장치임에도 불구하고 개인주의적 판단을 기초로 하는 개인적 행복추구권이나 자기결정권에 의하여 가족제도를 거부하는 것은 잘못이라고 주장하였다.

그러나 인간의 존엄과 양성평등원칙의 이념은 가족관계법 개정에서 더욱 공고해졌고, 2007년 4월 27일 국회는 '호적법 폐지안'과 '가족관계의 등록 등에 관한 법률'을 통과시켰다. 그 결과 '호적부' 대신에 '가족관계등록부'가 작성되고, 과거 호주 중심으로 편제하던 방식에서 벗어나 개인별로 등록기준지에 따라 편제되며, 가족관계증명서는 본인을 기준으로 부모와 배우자, 자녀 등 3대만이 기재되어 할아버지나 형제, 손자는 나타나지 않는다.

나아가 가족의 신분사항도 이름과 출생연월일 등 개인을 특정하는데 필요한 사항만 기재되며, '본적' 대신 '등록기준지' 개념이 도입되었다. 또한 본인이 등록하고 싶은 장소를 자유롭게 선택할 수 있어 같은 가족이라도 등록기준지를 달리할 수 있으며, 등록지의 변경도 자유롭다.

한발 더 나아가 혼인신고를 할 때 어머니의 성과 본을 따르도록 협의를 할 수 있고, 자녀의 복리를 위하여 법원의 허가를 받아 성과 본을 변경할 수도 있다. 그러므로 모가 이혼을 할 경우 전 남편의 동의 없이 법원의 허가를 받아 모의 성과 본으로 자녀의 성과 본을 변경할 수 있다.

또한 전 남편의 자녀를 양부가 친양자(親養子)로 삼을 수도 있다. 이 경우 자녀의 연령이 15세 미만이어야 하고, 친아버지의 동의가 필요하다. 친양자 재판이 확정되면 친생부모와는 법적 관계가 종료되고, 양부의 성과 본으로 변경되어 입양자는 혼인 중의 자로 간주된다. 따라서 부도가 수차례 재혼할 경우 자녀가 그때마다 성을 변경하는 경우도 생길 수 있다.

비단 가족법만이 아닌 다른 분야에서도 법이 개정되고 변화를 한다. 시대의 정신과 사상의 변화에 따라 제도와 법도 변경된다. 유교 정신의 발로인 호주제도와 전통가족제도의 우월성을 주장할 수도 있지만, 남녀평등과 인간 개인의 존엄을 더 중요한 가치로 여기는 현대에 사는 우리는 법의 변화에 적응해야 할 것이다. 사회과학에 속하는 법률에서 영원한 가치를 지닌 제도는 존재하지 않는다. 그 시대와 다수의 사람들이 받아들이는 가치를 담고 있는 제도와 법을 따라야 할 것이다.

/ 제2장 사적분쟁 해결의 법 /

성년후견인제도와 노약자 보호

　급격한 산업사회의 고도화와 과학기술의 발달로 인한 고령화 사회가 도래하고, 각종 산업 및 교통사고로 인하여 장애인의 증가는 사회적 문제를 야기하고 있다. 우리나라의 노령인구가 약 650만 명에 이르고 독거노인도 증가하고 있는 실정이어서 홀로 법률행위를 하기 힘든 노인들을 보호하기 위한 성년후견인의 역할은 점점 더 중요해지고 있다.

　일본에서는 70년대부터 고령자의 재산을 노리는 범죄가 증가하여 사회 문제로 대두되자 2000년 4월 성년후견법을 제정하여 시행하였는데, 후견인의 신청 건수가 연간 2만여 건이 넘을 정도로 적극적으로 활용되었고, 가족이 아닌 제3자가 후견인이 됨으로써 부모의 재산관리를 둘러싼 가족·친족 간의 분쟁을 쉽게 해결할 수 있었다.

과거 우리나라는 장애인과 노인의 복지를 위하여 민법에 금치산·한정치산 제도를 두고 있었다. 그런데 행위능력을 제한하거나 금지되는 자를 한정치산자 또는 금치산자라는 부정적인 용어를 사용함으로써 그들에 대한 사회적 편견을 야기시킬 뿐만 아니라 한정치산 또는 금치산 선고의 공시가 호적부에 기재되어 인권침해의 소지가 발생하는 등 문제점이 있어서 한정치산·금치산 제도가 제대로 활용이 되지 않았다.

그래서 한정치산자·금치산자 제도를 보완하여 성년후견인제도를 도입한 민법 일부 개정안이 2011년 2월 18일 통과하여 2013년 7월 1일부터 시행되고 있다. 성년후견인은 후견의 법률적 요건을 갖춘 다음에 법원에 신청을 하여 지정되는 법정후견인과 법적인 후견의 요건을 충족하지 않더라도 개인과 후견계약을 맺어 후견인이 되는 임의후견인이 있다.

임의후견인제도는 현재의 정신 상태가 정상이더라도 장차 위급한 상황이 발생할 경우를 대비하여 후견인을 선임하는 제도로서 노인이나 병약자에게 필요한 제도이다. 즉 질병이 있는 자나 장애인 또는 고령자는 혼자의 힘으로 자산의 운용 등 중요한 경제활동을 하기 곤란하다.

그래서 본인이나 친족, 검사 등이 가정법원에 후견인의 선임신청을 하면, 피성년후견인의 건강, 생활관계, 재산상황과 성년후견인이 될 사람의 직업과 경험 등을 고려하고 피성년후견인의 정신상태를 확인한 후 법원이 후견인을 선임할 수가 있다. 이렇게 선정된 후견인은 피후견인의 재산을 관리하고, 그의 법률행위의 대리권·동의권 등을 행사할 수 있다. 그리고 임의후견이 개시되더라도 피후견인이 독자적으로 법률행위를 할 수 있다.

임의후견계약은 공정증서에 의하여 체결되어야 하고 등기를 하여야 하는데, 그 이유는 후견계약을 체결한 후에 계약의 위·변조를 방지하고, 후견계약의 체결과 존속 여부를 등기함으로써 추후의 분쟁을 방지하려는 것이다. 또 임의후견계약은 법원이 계약의 내용 등을 검토한 후 임의후견감독인을 선임한 때부터 그 효력이 발생토록 함으로써, 후견인의 업무를 관리·감독하는 안전장치를 두고 있다.

개정 법률은 과거의 가족후견인 중심에서 전문후견인 중심으로 변경되었는바, 정신적 장애자나 노인의 필요를 충족시킬 수 있는 질적으로 우수한 전문후견인을 공급할 수 있느냐에 따라서 후견인 제도의 성공 여부가 결정될 것으로 생각된다. 일본에서는 변호사회, 법무사회, 사회복지사회 등 전문단체가 후견 임무에 적합한 직업적 후견인을 공급하고 있다고 한다.

그리고 성년후견인 제도가 노인과 장애인의 사회복지를 향상하기 위한 차원에서 도입된 만큼 후견인의 양성과 선정이 각종 이익단체에 휘둘리지 않도록 제도적 장치를 마련해야 할 것이다. 나아가 경제적 능력이 부족한 자도 이 제도를 활용할 수 있도록 사회적 구조가 필요한 빈곤층에게는 국가복지예산으로 후견인의 보수를 지급하는 방안 등도 검토할 필요가 있다.

/ 제2장 사적분쟁 해결의 법 /

혼전 출산이 혼인의 취소사유인가

　　혼인은 남녀 사이에 애정을 바탕으로 생활을 영위하기 위한 결합이다. 민법 제816조 제3호는 부부 일방이 사기나 강박으로 인하여 혼인의 의사표시를 한 때에는 혼인의 취소를 청구할 수 있다고 규정하고 있다. 이는 기망에 의한 혼인의 해소와 책임추궁을 함으로써 혼인의 의사결정 자유를 보장하고 개인의 존엄을 기초로 한 혼인질서를 확립하기 위한 것이다.

　　그런데 사기를 이유로 혼인을 취소하려면 혼인의 본질적 내용에 관한 기망이 존재하여야 하는데 보통의 재산관계나 경제적 능력, 집안의 내력, 직업 등에 대한 기망은 혼인의 본질적 내용이 아니어서 혼인 후에 거짓임이 발견되더라도 혼인의 취소사유가 되기 어렵다.

　　혼인을 취소하더라도 혼인 이전의 상태로 되돌아가기 어렵고 취소의 효력이 소급되지 않기 때문에 혼인이 성립한 당시의 사유를 들어 뒤늦게 혼인의 효력을 상실시켜야만 할 불가피한 사정이 있는 경우에만 극히 예외적으로 혼인의 취소를 인정한다.

혼인의 취소사유가 '사기'에 해당되는지 여부는 당해 사항이 혼인의 의사결정에 미친 영향의 정도, 그 취소사유가 부부의 신뢰 형성에 필수적인지 여부, 개인의 명예나 사생활의 보호영역인지 여부, 사회 일반의 인식과 도덕관, 윤리관 등을 종합적으로 고려하여 판단한다.

한국인 남자가 베트남 여자와 국제결혼을 했는데 부인이 작성한 혼인상황확인서에 '혼인신고를 한 적이 없음', '독신'이라고 기재되어 있고 맞선을 볼 때도 혼인 여부를 묻지 않아 부인이 초혼이고 출산경력이 없는 것으로 믿고 결혼을 하였다. 그리고 혼인 후에 부인에게 혼인 및 출산경력이 있는지를 물었으나 없다고 하였다. 그리고 재판의 과정에서 남편은 부인이 베트남에서 출산한 사실을 알게 되었다.

부인은 13세 무렵 베트남의 소수민족인 타이족 남성에게 납치되어 강간을 당하고 임신을 하였으며, 그 남성이 자주 술을 마시고 폭력을 행사하자, 이를 피하려고 친정집으로 돌아와 아들을 출산했다. 그리고 그 이후 그 아이를 남성이 데리고 갔다는 것이었다.

원심법원은 혼인 당사자의 혼인경력과 출산경력은 혼인 의사를 결정하는 데 매우 중요한 요소인데, 이를 속이고 결혼을 한 것은 결혼의 신뢰를 무너뜨린 것으로 혼인을 취소하고 부인에게 위자료를 부담하도록 판시하였다(전주지방법원 2015. 1. 19. 선고 2014르445(본소), 2014르452(반소) 판결).

그런데 대법원은 부인이 성폭력 피해를 당하여 임신과 출산을 했으나 곧바로 그 자녀와 관계가 단절되고 그 이후 8년 동안 양육을 하지 않았다면 단순히 출산을 고지하지 않았다는 사실만으로 혼인취소의 사유로 단정할 수 없다고 했다. 그래서 자녀를 임신하고 출산하게 된 경위 및 혼인의 풍속과 관습이 다른 국제결혼에 이르게 된 경위 등을 더 심리할 필요가 있다면서 원심을 파기 환송했다(대법원 2016. 2. 18. 선고 2015므654,661 판결).

이 판결은 강간으로 인하여 임신과 출산을 했다면 이는 부인의 의사와 무관하게 이루어진 행위이므로 수치심 때문에 밝히는 것을 꺼릴 수 있어 임신과 출산 사실을 알리지 않은 부분을 혼인취소의 사유인 사기로 인정하기 곤란하다는 것이었다.

어떤 사람을 배우자로 받아들일 것인가는 전적으로 그 상대방의 독립적인 의사에 의하여 결정되어야 하고 만약 부인이 억울한 사유로 임신과 출산을 했더라도 남편은 그 사실을 알고 혼인의사를 결정할 기회가 주어져야 한다고 생각한다.

부부가 상대방의 아픈 상처를 감싸주고 살 수 있다면 좋겠지만 부부간의 신뢰가 깨진 상태에서 혼인을 유지하라고 요구하는 것은 지나친 것으로 여겨진다. 법원의 판결은 보통 사람의 상식에 부합하여야 한다.

/ 제2장 사적분쟁 해결의 법 /

혼인 파탄에 의한 예물반환청구권

    약혼이나 결혼을 할 때 주고받은 예단이나 예물은 사랑의 징표이면서 청혼의 응답에 대한 감사의 표시이다. 그런데 예물이나 예단의 규모나 종류에 따라 결혼 이후 갈등이 생기고 시비가 일어나 파혼이나 이혼을 하는 경우가 발생하는데, 이때 예물을 당연히 반환해야 하는가?

    하나의 사례를 살펴보자. 부유한 가문끼리 결혼을 하면서 예단비로 신부가 10억 원, 신랑은 2억 원을 마련하여 상대방에게 전달하였고, 신부는 신혼집의 인테리어비용으로 4,000만 원을 사용하였으며, 시어머니로부터 6,000만 원 상당의 클럽회원권을 받았다. 그러나 이 부부는 갈등을 이기지 못하고 결혼 5개월 만에 신랑이 가출하였고, 각자 이혼소송을 제기하였다.

    법원은 예물·예단은 혼인의 성립을 증명하고 양가를 두텁게 하기 위하여 주고받는 것으로서 혼인이 깨지면 해제되는 조건의 증여와 유사하여, 혼인이 단기간 내에 파탄된 경우에는 예물증여가 혼인 불성립에 의하여 해제되므로 받은 예단을 반환해야 한다고 하였다.

그래서 파탄의 책임이 있는 신랑은 신부에게 위자료 3,000만 원과 예단비 8억 원(10억 - 2억), 인테리어비 4,000만 원을 합한 8억 4천만 원을 반환하고 이혼을 하되, 가출을 한 신랑이 청구한 위자료는 기각하고, 6,000만 원 상당의 회원권의 반환청구를 기각하였다. 5개월 정도의 혼인기간은 상당기간 혼인이 존속되었다고 볼 수 없기 때문에 증여계약이 해제되었다면서 예물의 반환을 인정한 것이었다.

그렇다면 약혼 때 수수한 예물은 어떠한가? 약혼예물의 수수는 혼인의 불성립을 해제조건으로 하는 증여와 유사한 성격을 가지는 것이고, 일방 당사자가 혼인을 계속할 의사가 있고 상당기간 혼인생활을 지속한 이상 그 후에 이혼을 하더라도 예물의 반환을 청구할 수 없다는 것이 판례의 입장이다.

신랑 A와 신부 B가 혼인신고를 하고 외국에서 1년 6개월간 결혼생활을 하던 중 B의 부정행위 때문에 이혼소송 판결이 확정되었다. B는 시어머니에게 맡겨 놓은 예물의 반환을 청구하였는데, 법원은 혼인파탄의 원인이 부정한 행위를 한 B에게 있다고 하더라도 1년 6개월이라는 상당 기간 혼인생활이 계속되었으므로 예물소유권은 B에게 있으며, 시어머니는 예물을 반환하여야 한다고 하였다.

요컨대 예물은 혼인의 성립을 전제로 수수되는 것이므로 파혼으로 혼인이 성립하지 않거나 혼인 후 단기간 내 이혼을 하였다면 예물을 반환해야 하지만, 그러하지 않고 혼인생활이 상당기간 지속이 되었다면 그 후의 사정으로 이혼을 하더라도 예물의 소유권이 변동되지 않는다는 것이다. 근래 결혼 이후 단기간 내에 이혼하는 사례가 증가하고 있어 예물반환에 대한 분쟁이 늘어날 것으로 보인다.

조선시대에는 시집가고 장가갈 때 재물을 이야기 하는 것은 오랑캐나 하는 짓이라며 비하를 하였다고 한다. 경제적 능력이 부족하다고 사랑이 부족한 것은 아닐 것이며, 예단은 혼인 당사자보다는 그 부모나 가문의 능력을 과시하는 측면이 강하다. 사랑을 상품화하는 예단문화는 폐지되는 것이 좋을 듯하다.

/ 제2장 사적분쟁 해결의 법 /

이혼 전 재산분할 포기약정은 유효한가

 부부가 1년 전에 이혼을 합의한 후 재산분할의 지분을 협의하던 중 남편이 가장 노릇도 잘못하고 재산은 많이 달라고 한다며 아내가 비난하자 격분한 남편이 아내의 목을 졸라 숨지게 하여 징역 10년을 선고받은 사건이 있었다. 이처럼 전통적 가치관의 붕괴와 경제적 어려움 등의 이유로 이혼하는 부부가 증가하고 있으며, 이에 따라 재산분할을 둘러싼 갈등과 범죄가 빈번하게 발생하고 있다.

 이혼을 할 때 재산의 분할은 혼인기간 동안 부부 쌍방의 협력으로 이룩한 실질적인 공동재산의 청산을 하는 것인데, 재산의 명의자가 누구인가와 상관없이 혼인의 기간과 각자의 직업, 수입 등 제반 요소를 참작하여 재산형성의 기여도에 의하여 분할의 비율이 정해진다. 그리고 재산분할청구권은 이혼한 날부터 2년이 지난 후에는 소멸한다.

분할대상의 재산은 혼인기간 중 부부가 노력하여 취득한 것이어야 하므로, 원칙적으로 결혼 전에 어느 일방이 취득했거나 결혼기간 중이라도 일방 배우자가 부모로부터 증여나 상속을 통하여 취득한 특유재산은 분할대상이 아니지만, 다른 일방이 적극적으로 특유재산의 유지에 협력하여 재산의 감소를 방지했거나 증식에 협력했다고 인정되는 경우에는 분할대상이 될 수 있다.

과거에는 퇴직금은 실제로 수령하는지 여부 그리고 수령을 하더라도 언제 수령하는지가 불확실하기 때문에 분할대상이 아니라고 하였으나, 배우자 일방이 직장 근무를 하는데 상대방이 협력을 하는 등 기여도가 인정되는 경우에는 분할대상이 된다.

그런데 장차 이혼할 것을 전제로 이혼 전에 재산분할을 포기하는 각서를 작성하였다면 그 각서가 유효한 것인지 의문이다. 아내가 남편과의 이혼을 합의하면서 "위자료를 포기합니다. 재산분할을 청구하지 않습니다"라는 각서를 작성하여 남편에게 건네주고 협의이혼을 하였다. 그 후 부인은 심경이 변하여 법원에 재산분할을 청구하였다.

이에 대하여 법원은 이혼으로 인한 재산분할청구권은 이혼이 성립한 때에 그 법적 효과로서 발생하는 것일 뿐만 아니라 협의나 심판에 의하여 구체적 내용이 형성되기까지는 분할의 범위와 내용이 확정되지 않기 때문에 구체적인 분할청구권이 발생할 수 없는바, 구체화되지 않은 재산분할청구권을 이혼 전에 포기하는 것은 그 성질상 허용되지 않는다고 하였다.

그러므로 공동재산의 전부를 분할대상으로 하여, 각자의 기여도, 분할방법 등에 대한 구체적인 협의를 거쳐서 분할포기약정서를 작성되었다는 사실이 밝혀지지 않는 한, 사전의 재산분할 포기약정은 효력이 없다.

그러므로 이혼을 결심하더라도 혼인관계를 가능한 빨리 마무리하고 싶은 심정에 심사숙고 하지 아니한 채 재산분할약정서를 작성하는 것은 바람직하지 않으며, 이혼 전에 부부 쌍방의 자유롭고 원만한 협의를 거쳐서 분할약정서를 작성하였는지를 돌아보아야 한다.

/ 제2장 사적분쟁 해결의 법 /

이혼 시 퇴직연금의 분배

　삭막한 현대 생활에서 단란한 가정을 이루고 살던 부부가 이혼을 하는 사례가 증가하고 있다. 이혼이 늘어가면서 상당한 법률적 문제들이 생기는데, 그 가운데 이혼을 할 때 배우자의 퇴직연금이 분할대상의 재산에 포함되는지 그리고 분할의 대상이라면 분할은 어떤 비율로 이루어지는지 알아보기로 한다.

　재산분할은 부부가 혼인 중에 취득한 실질적인 공동재산을 이혼을 할 때 청산을 하거나 분배를 하는 것이다. 그런데 공무원의 퇴직연금은 사회보장적 급여의 성격뿐만 아니라 임금의 후불적 성격도 가지고 있으므로 부부 공동의 협력으로 이룩한 재산으로서 퇴직금을 일시금으로 수령을 하는 경우에 재산분할의 대상이 되는 것은 당연하다.

　퇴직금을 일시금이 아닌 연금의 방식으로 받는 경우에는 어떠한가? 만일 퇴직금을 연금의 방식으로 수령하는 경우에 재산분할의 대상이 될 수 없다고 보면 수령자가 일시금이냐 연금이냐의 선택에 의하여 재산분할의 대상여부가 결정되므로 불합리하다.

그리고 국민연금법에 따른 급여 중 노령연금은 이혼한 배우자를 분할연금의 수급권자로 인정하여 혼인기간에 해당하는 연금액을 균등하게 나눈 금액을 지급받도록 규정하고 있는 점 등을 고려하면 매월 또는 매년 지급받는 연금도 재산분할의 대상이 된다.

그런데 공무원 퇴직연금의 수급권을 정기금 방식으로 분할하는 경우 연금수급권자인 배우자의 생존기간을 예측할 수 없어 그 가액을 특정할 수 없는 특성상 하나의 분할비율을 정하는 것이 형평에 부합하지 아니할 수도 있으므로 퇴직연금을 일반재산과 구분하여 분할비율을 달리 정할 수 있다. 그 분할의 비율은 전체의 재직기간 중 실질적인 혼인기간이 차지하는 비율, 당사자의 직업 및 업무의 내용, 재산형성의 기여도 등 제반 사정을 종합하여 결정된다.

실제로 퇴직연금의 분할비율을 정한 사례를 살펴보면, 혼인기간이 30년에 이르고, 부인이 경제활동을 하였으며, 이혼 후 부인이 자녀의 유학비를 지출한 경우에는 부인의 기여도를 높게 평가하여 남편의 퇴직연금 중 50%를 분할 받을 수 있다고 한 사례가 있다. 한편 남편이 공무원으로 재직한 26년 가운데 24년을 함께 산 전업주부가 가사와 양육에 전념한 경우에는 퇴직연금의 35%를 받을 수 있다고 판시한 예가 있다.

또 30년의 혼인기간 중 14년은 별거를 하였고, 남편이 수영장을 운영하면서 발생한 채무 2억 7,000만 원을 남편이 혼자서 상환한 경우에 부인은 30%의 퇴직연금을 받을 수 있다고 하였는데, 이는 상당히 긴 별거기간과 남편이 채무를 상환한 점을 참작한 것으로 생각된다.

한편 전직 교사부부가 이혼을 하는 경우 남편이 음주운전 등의 과실로 퇴직연금이 줄어든 때에는 남편의 잘못으로 연금이 줄어든 것이지 혼인생활과는 무관하므로 일반재산과 퇴직연금의 분할비율을 구분하여 정할 수 없고 현재 각자가 받고 있는 연금은 그대로 받는 것이 타당하다고 판시한 예도 있다.

요컨대, 이혼을 할 때 혼인기간에 협력하여 모은 재산은 그 기여도에 따라 분할을 하게 되는데, 일방 배우자의 공무원연금수급권은 혼인기간에 협력하여 형성한 재산으로 볼 수 있으므로 분할재산의 대상이 되고, 그 분할비율은 맞벌이 여부, 공무원 재직기간 가운데 혼인기간이 차지하는 비율, 별거의 기간, 재산형성에 기여한 정도 등을 종합하여 정해진다.

/ 제2장 사적분쟁 해결의 법 /

상속인간의 장례비분담과 부의금 분배

사람들의 이목을 끈 장례비 분담과 부의금사용에 대한 법원의 판결을 살펴보기로 한다. 혼외자녀인 A가 어머니를 홀로 부양하다가 어머니가 사망하여 장례비로 950만 원을 지출하였는데, 부의금으로 들어온 180만 원을 충당하고, 그 나머지 장례비 780만 원을 적자(嫡子)인 5명의 상속인 자녀들에게 청구를 하였으나 거절당하자 상속재산분할의 소를 제기하였다.

조리에 비춰볼 때 특단의 사정이 없는 한 장례비는 민법에 규정된 상속 순위에 의하여 가장 선순위에 놓인 자들이 각 법정상속분의 비율에 따라 부담하는 것이 원칙이다. 그리고 1순위 상속인 중 특정한 상속인이 상속을 포기하더라도 그의 장례비 부담의무가 면제되지 않는다.

장례비용은 상속재산의 일부로 취급되어 상속재산분할절차에서 고려되는 것은 사실이지만, 장례비용의 부담은 상속에 근거를 두는 것이 아니라 망인과의 친족관계에서 비롯된 것으로 보는 것이 타당하기 때문이다. 그러므로 순위 상속인들의 장례비 부담의무는 상속 여부와 상관없이 상속인들이 피상속인으로부터 양육을 받아왔다는 점에서 인정된다고 본다.

한편 부의금의 법적 성질을 장례비에 충당될 것을 전제로 한 금전의 증여라고 해석하는바, 들어온 부의금이 상속인 또는 상속인이 아닌 가족(부의금 피교부자)마다 서로 다르더라도 수집된 부의금에서 장례비용이 우선 충당되어야 한다.

또 부의금의 피교부자가 후순위 상속인이거나 또는 상속자격이 없더라도 그의 부의금도 장례비로 충당되어야 한다. 따라서 부의금의 합계액이 장례비를 치르기에 부족하면, 부의금은 모두 장례비로 충당되고, 그 부족한 장례비용은 장례비를 부담하여야 할 자들의 상속을 받을 경우 적용될 법정상속분에 의하여 분담하여야 한다.

한편 부의금의 합계액이 장례비용을 치르고 남는 경우에는 남은 부의금을 어떻게 분배할 것인가가 문제가 된다. 이때는 부의금의 피교부자별로 접수된 금액의 비율대로 각 금액에서 장례비를 충당하고, 그 나머지 금액은 각 부의금 피교부자에게 귀속시키는 것이 타당하다. 그러나 만일 각 부의금 피교부자별로 부의금이 확정되기 어려우면, 각 부의금 교부자의 지위에 상관없이 균등하게 분배를 하여야 할 것이다.

오래전에 필자가 상담을 한 사건을 소개한다. 불의의 사고로 모친이 사망하고, 상속인들은 법정 상속지분에 의하여 상속을 마쳤다. 그런데 상속인 중 한 자녀가 모친으로부터 생전에 다른 자녀들 모르게 비싼 다이아반지를 선물로 받은 사실을 드러났다. 그러자 다른 자녀가 미리 받은 다이아반지를 팔아서 상속의 지분대로 나누어 가져야 한다고 주장하였다.

상당한 유산을 남겼던 모친이 아들과 큰언니에게 상대적으로 많은 재산을 사전에 증여하였으므로 막내 자녀에게 사랑의 표시로 준 반지조차 분할을 하여야 한다는 주장은 납득하기 어려웠으나 합의가 이루어지지 않아 법정소송까지 이어졌다고 한다. 인간의 욕심은 혈연의 정도 어찌할 수 없는 것 같다.

그러므로 노년에 이르기 전 상속 문제에 대하여 미리 대처하여야 한다. 자필증서, 녹음, 공정증서, 비밀증서, 구수증서 중 하나를 선택하여 법률가와 상의하여 유언서를 미리 작성할 필요가 있다. 자녀들의 양심이나 형제들의 우의만을 믿고 부모가 사망 이후의 대비를 소홀히 하는 경우 유산상속의 분쟁으로 자녀들이 씻기 어려운 상처를 입을 수 있다.

/ 제2장 사적분쟁 해결의 법 /

아파트층간 소음으로 인한 분쟁

　연휴기간 내내 집에 있었는데 위층 집의 학생이 뛰어다니는 소리가 유난히 크게 들려 신경이 몹시 거슬렸다. 연휴를 맞아 자유롭게 시간을 보내는 학생으로서는 아래층 사람이 소음 때문에 고통을 받는 것을 예상하지 못하였을 것이다.

　공동주택 아래층에 거주하는 주민이 위층의 학생이 새벽 2시에 짐 정리를 하고 발소리가 크게 들리도록 걷는다면서 위층 학생에게 메시지를 보내기도 하고, 학생의 지도교수에게 전화를 걸어 컴플레인을 하며, 학교 정문에서 1인 시위를 하다가 학생이 소송을 제기하여 위층 주민으로부터 500만 원의 위자료를 배상받는 판결이 선고되었다는 기사를 보았다. 아래층 주민이 얼마나 괴로웠으면 모르는 학교 앞에 가서 1인 시위까지 할까 생각해보니 안타깝기도 하다.

　Y 부장판사가 층간소음 시비가 붙어 위층 사람의 멱살을 잡고

싸운 것이 화근이 되어 변호사개업을 상당 기간 하지 못한 적도 있었고, 로스쿨 학생이 기숙사에서 소음 때문에 위층 학생을 때려 상처를 입힌 일로 벌금형을 선고받은 사례가 있었는가 하면, 가스총을 분사하거나 흉기로 행패를 부리거나 심한 경우에는 살인사건으로 번진 사례도 있었다.

필자도 오래전 특정 아파트에 살았을 때, 아래층 거주자로부터 심하게 괴롭힘을 당한 적이 있었다. 걷는 소리가 들리지 않도록 카페트를 바닥에 설치하라고 하고, 발꿈치를 들고 다니라는 등 받아들일 수 없는 터무니없는 요구를 받았었다.

또 긴 막대기로 창문을 두드리거나 천정을 반복적으로 찌르는 등 참을 수 없는 행동을 하여 아파트 경비원에게 증인을 서달라는 등 강력하게 대응한 적이 있었는데, 다행히 아래층 거주자가 무례한 행동을 중단하였다. 노인분이 아래층에 거주하고 있었는데, 아마도 노이로제가 걸렸거나 환청 증세 등으로 고통을 받았던 것이 아니었나 싶기도 하였다.

이처럼 공동주택은 서로의 행동이 상호간에 영향을 미치기 때문에 주택을 건설할 때 방음시설을 설치하고, 벽과 바닥의 두께를 일정 기준 이상으로 하여야 함에도 많은 아파트를 건설하는 효율만에 초점을 맞추다 보니 주거의 안정을 위한 대비를 소홀히 하였던 것이다.

한편 정부는 공동주택에서 발생하는 층간소음의 피해를 최소화하고 분쟁을 사전에 방지하기 위하여 층간소음의 기준을 강화하였는데, 그 기준에 의하면 아이들이 뛰는 동작처럼 직접 바닥에 충격을 주는 소음과 텔레비전이나 피아노 소리처럼 공기로 전달되는 소음은 규제대상에 포함시키고, 욕실 등에서 발생하는 급배수 소음은 입주자가 제어할 수 없으므로 규제대상에서 제외하였다.

소음으로 인한 불만이 있더라도 타인의 집에 침입하거나 물리력을 행사하면 형사처벌의 대상이 되므로 분쟁조정위원회에 조정을 요청하거나 법원에 손해배상소송을 제기하는 등의 방법을 취하여할 것이다. 한편 공동주택 자체의 하자로 인한 소음 피해에 대하여는 주민들이 건설회사에게 배상을 청구하거나 하자보수를 요청할 수도 있다.

그런데 이웃 간에 발생하는 다양한 이익의 충돌을 법률에 의해서만 해결할 수 없으며, 법이 모든 문제의 해결책을 제시하지도 않는다. 따라서 이웃 간에 평화롭게 살아가기 위해서는 자신의 권리 주장으로 인하여 타인의 권리를 과도하게 침해하지 않는지를 살펴보아서 때로는 양보를 하기도 하고 양보를 받아내기도 하여야 할 것이다.

/ 제2장 사적분쟁 해결의 법 /

아파트 분양시 과장광고로 인한 손해배상

경기가 침체될 무렵 건설회사가 아파트를 건설하여 미분양이 되는 경우 회사의 손해는 매우 크다. 그래서 이러한 손해의 발생을 막고 분양의 실적을 높이기 위하여 회사는 아파트 주변의 학교 건립 및 쇼핑센터 유치 등 확정되지 않은 내용을 마치 확정된 사실인양 분양계획서나 홍보물에 기재하여 광고를 하는 경우가 많다.

그래서 아파트를 분양받은 사람들이 입주를 하였는데, 분양 시의 조건과 실제 상황이 다른 경우 이로 인한 손해배상을 청구하거나 분양의 취소 등을 주장하면서 법적쟁송으로 이어지기도 한다. 이에 관한 사례를 살펴본다.

A 건설회사가 화성동탄 복합단지에 주상복합아파트를 분양하면서 홈페이지 디지털홍보관의 동영상을 이용하여 2007년 5월 25일부터 2009년 7월 3일까지 복합단지 배치도에 벤처센터는 36층,

미디어센터는 56층으로 동고를 하였으나, 공동주택의 일조권 침해로 인하여 벤처센터는 36층에서 9층으로, 미디어센터는 56층에서 41층으로 변경하여 2006년 2월 24일 자로 확정되었다.

그럼에도 불구하고 A 건설회사는 홈페이지의 디지털홍보관에 변경된 내용을 알리지 않고 여전히 벤처센터는 36층, 미디어센터는 56층으로 광고를 하였다. 이러한 광고는 주택청약을 받은 자가 실제보다 편리한 주거환경을 갖출 수 있을 것으로 잘못 알게 오인할 우려가 있으며, 향후 분양받을 아파트의 투자가치가 높게 형성될 것으로 믿게 하여 분양신청자들의 합리적인 의사결정을 저해하고 나아가 공정한 거래질서를 저해할 우려가 있는 광고로서 표시광고에 관한 법률위반이라는 공정거래위원회의 심결이 내려졌다.

한편 부산의 아파트 시공자가 5개 동 286세대의 X 아파트와 인접한 13개 동 809세대의 Y 아파트를 동시에 분양하면서 분양안내서에 "금정산 자락의 1,095세대 명품 대단지"라고 광고를 하여 수분양자들로 하여금 마치 두 아파트가 공동사용 내지 공동관리가 된다는 인상을 갖게 함으로써 수분양자들이 1,000세대 이상의 대단지로서 누릴 수 있는 프리미엄 이익을 누릴 수 있을 것이라는 기대를 제공하고 평형별 동일한 분양대금으로 분양하였다.

그러나 두 개 단지 내 도로는 통과도로로서의 기능을 아파트의 주민들에게 제공하지 못하는 등 주민들이 아파트 내에 있는 두 단지 내 도로·부대복리시설·도로시설 등의 이익을 누리지 못하게 한 것은 수분양자들을 속이거나 잘못 알게 할 우려가 있는 표시광고행위로서 공정한 거래질서를 저해할 우려가 있는 과장광고에 해당하므로 그로 인한 손해를 배상해야 한다는 판시한 사례가 있다.

한편 홍보물에 아파트가 위치한 조감도에 공공청사가 입주한다는 표시를 하고 광고도 그렇게 하였다. 그리고 그 공공청사에 해당 시청도 포함될 수 있는 것처럼 홍보를 하였으나, 해당 시장은 시청사를 이전할 계획이 없다고 밝혔고, 그 외의 공공청사도 이전을 추진하지 않았는바, 이러한 광고가 표시과장광고에 해당되는지가 문제되었다.

이에 대하여 시청을 이전할 경우 도심공동화 현상이 우려되어 당장 시청사 이전계획은 없지만 해당 부지 내에 공적기능의 기관유치를 위한 구체적인 방안을 마련하겠다고 시장이 언급한 적이 있고, 행정기관도 건설회사에 대하여 지구단위계획 시행지침에 따라 공공청사용지 3개소의 기부채납을 사업계획의 승인조건으로 부과하였던 점 등을 고려할 때, 건설회사가 수분양자들을 속이려는 기망의사는 없다고 판시한 사례가 있다.

그리고 아파트분양 시 해양공원의 건립과 직선도로가 설치될 예정이라는 광고를 하였으나 실제로 이루어지지 않은 경우에 해양공원이나 도로는 별도의 시행 주체와 지방자치단체가 시행하는 것으로서 건설회사가 시행할 주체가 아니므로 설사 이루어지지 않았더라도 채무불이행이 아니며, 분양 당시 해양공원 조성사업이 실제로 추진되고 있었고, 부산시 교통영향평가 심의조건 상 직선도로가 계획되어 있다가 오류가 발견되어 수정된 점을 보면 건설회사가 수분양자를 기망하기 위하여 허위사실을 표시 광고하였다고 보기는 어렵다고 하였다.

요약하면, 아파트광고 시 아파트거래의 중요한 사항에 관하여 구체적 사실을 신의성실의 의무에 비추어 비난받을 정도의 허위로 고지한 경우에는 기망행위에 해당되지만, 그 선전 광고에 다소의 과장이나 허위가 수반되는 것은 일반 상거래의 관행과 신의칙에 비추어 시인될 수 있는 한 기망성은 없다고 본다. 따라서 아파트 분양을 받는 자는 광고의 내용을 표시된 대로 믿을 것이 아니라, 해당 관청에 쇼핑단지나 교육시설의 입주확정 여부를 직접 확인해볼 필요가 있다.

/ 제2장 사적분쟁 해결의 법 /

금융실명제와 적법한 예금반환청구권자

　남편이 아내의 명의를 빌려 금융기관과 예금계약을 체결한 경우에 실제 예금주로서 반환청구권자가 누구인지 의문이 제기된다. 예금계좌를 개설할 당시 작성된 예금거래신청서의 신청인 란에 아내의 성명과 주민등록번호가 기재되고 아내의 주민등록증 사본이 첨부되어 아내 명의의 예금통장이 발급되었고, 은행의 거래내역현황에는 아내를 예금계좌의 권리자로 기재되었다.

　한편 위 계좌에 입금된 돈은 다른 금융기관에 개설된 남편 명의의 계좌에서 인출되었으며, 예금거래신청서상의 거래인감으로 남편 인장을 사용하여 등록하였으며, 그 비밀번호는 남편의 다른 예금계좌의 비밀번호와 동일하고, 이건 예금계좌의 이자는 남편 명의의 다른 예금계좌로 자동이체가 되도록 하였다.

　이 사건은 남편이 아내 명의로 예금계좌를 개설하였으나, 예금된 돈이 남편의 돈이고 비밀번호가 남편의 다른 계좌의 비밀번호와 동일하고 거래인감도 남편의 인감이며, 남편이 예금거래신청서를 작성한 경우에 예금의 실제 주인이 누구인지가 다투어진 사건이다.

금융실명거래 및 비밀보장에 관한 법률은 예금계약에 의한 예금반환청구권을 갖는 예금주를 명확히 하기 위하여 예금계약을 체결하기 전에 실명확인절차를 거치도록 요구하고 있다. 그러므로 금융실명법에 따라 실명확인 절차를 거쳐 예금계약을 체결하고 그 실명확인 사실이 예금계약서에 명확히 기재된 경우에는, 그 예금계약서에 예금주로 기재된 예금명의자나 그를 대리한 행위자 및 금융기관의 의사는 예금명의자를 예금계약의 당사자로 보는 것이 경험법칙에 부합한다.

그런데 예금명의자의 의사에 따라 예금명의자의 실명확인 절차가 이루어지고 예금명의자를 예금주로 하여 예금계약서를 작성하였음에도 불구하고, 예금명의자가 아닌 출연자 등을 예금계약의 당사자라고 볼 수 있으려면 다음과 같은 경우라야 한다.

즉 금융기관과 출연자 사이에서 실명확인 절차를 거쳐 서면으로 이루어진 예금명의자와의 예금계약을 부정하여 예금명의자의 예금반환청구권을 배제하고, 출연자 등과 예금계약을 체결하여 출연자 등에게 예금반환청구권을 귀속시키겠다는 명확한 의사의 합치가 있어야 한다. 그리고 이러한 의사의 합치는 예금명의자와 금융기관 간의 예금계약서의 증명력을 번복하기에 충분할 정도의 명확한 증명력을 가진 구체적이고 객관적인 증거가 있을 때만 가능한 것이다.

그러므로 예금계약을 체결한 후에 출연자 등이 예금명의자에게 예금통장 및 거래인감도장을 교부하지 않고 자신이 소지하고, 예금의 이자나 원금을 자신이 인출하여 왔다는 사정만으로는 금융기관이 예금명의자와의 예금계약을 부정하고, 그 출연자와 예금계약을 체결할 의사가 있었다고 단정할 수는 없다.

즉 예금계약 체결 후의 예금통장과 도장 및 비밀번호의 관리와 예금의 인출 및 인출된 자금의 관리 등에 관한 사정은 예금명의자와 출연자 사이의 내부적 법률관계에 따라 그 내용이 달라질 수 있으므로, 그러한 사정만을 근거로 예금의 실주인을 출연자로 확정할 수는 없다(대법원 2009. 3. 19. 선고 2008다45828 전원합의체 판결).

위 판결의 의미를 살펴보면, 법원은 금융실명법 제3조 제1항의 '금융기관은 거래자의 실명에 의하여 금융거래를 하여야 한다'는 규정을 임의규정으로 해석하지만, 출연자가 실질적인 예금주가 되기 위해서는 예금명의자의 예금반환청구권을 배제하고, 출연자와의 예금계약을 체결하여 출연자에게 예금반환청구권을 귀속시키겠다는 명확한 의사의 합치가 명백하게 증명되어야 한다는 입장을 취하고 있다.

결국 금융실명제 하에서 예금계약의 실소유주로서 반환청구권자가 예금명의자가 아닌 출연자가 될 수 있는 길을 완전히 배제하지는 않지만, 이를 폭넓게 허용할 경우에는 금융실명법의 취지가 왜곡되거나 무력화될 수 있는바, 명백한 증거에 의하여 금융기관이 출연자가 예금소유주임을 알고 금융계약을 체결한 경우에만 예외적으로 출연자를 예금실소유자로 인정하고 있다는 점을 명심해야 할 것이다.

/ 제2장 사적분쟁 해결의 법 /

주위토지통행권에 관한 분쟁

 필자가 변론을 맡았던 기억나는 사건이 있다. 영등포구 비탈진 지역에 작은 주택들이 옹기종기 모여 있었는데, 그 마을의 도로는 대부분 개인 사유지이었다. 어느 날 마을 중앙에 사는 토지소유자가 도로로 사용되던 사유지에 철조망을 치고 사람의 통행을 차단하여 버렸다.

 20여 년 이상 사실상 도로로 사용된 길이 폐쇄되자 마을 주민들은 20여 분 이상 걸리는 뒤쪽의 좁은 사람만이 통행할 수 있는 길로 우회를 할 수밖에 없었다. 주민들이 기존의 도로로 사용되던 사유지로 통행할 권리를 주장할 수 있는가? 다행히 이 사건은 토지소유자와 주민들이 원만하게 합의가 이루어져 통행을 다시 할 수 있게 되었다.

 특정한 토지와 공공도로 사이에 특정 토지를 사용하기 위하여 필요한 통로가 없는 경우에 그 특정토지의 소유자는 주위의 토지를 통행이나 통로로 사용을 하지 아니하면 공공도로에 출입할 수 없게 되거나 또는 많은 비용이 들어야만 출입을 할 수 있게 되는 때는 그 주위의 토지를 통행할 수 있고 필요한 경우에는 그 토지에 통로를 개설할 수 있다(민법 제219조).

사례를 살펴보면, 이미 개설된 길이 150미터, 폭 2미터의 통로를 보행로로 이용하고 있는 상황에서, 주 1~2회 방문하는 별장을 출입하기 위하여 타인의 임야에 차량을 통행할 수 있는 통로의 개설을 요구하였다.

통행로의 길이가 약 150미터 가량으로 도보로 걸어도 불편하지 않을 정도이고, 별장에서 약 50미터 떨어진 곳에 주차공간이 있으며, 별장의 용도상 자동차의 통행을 허용하지 않더라도 그리 불편하지 않은 반면에, 차량도로를 확장하여 개설할 경우 상대방 임야의 중심부를 관통하여 상대방이 장차 콘도부지로 개발하려는 계획이 변경되는 커다란 피해발생과 토지효용의 감소가 예상되기 때문에 차량통행까지 용인할 의무는 없다고 하였다(대구지방법원 2011나22533 판결).

다른 사례로, K는 진입로가 없는 토지를 매입하여 아파트를 건설하기로 하였는데, 그러하기 위해서는 6미터 폭의 진입도로가 필요하였다. 그런데 도로 옆에 건설된 아파트는 준공검사를 마치고 옹벽을 설치하였다. K가 6미터 도로건설을 위하여 아파트 옹벽의 철거를 요구할 수 있을까?

만일 K가 연립주택을 건립하면 3~4미터의 도로는 이미 확보되어 있으므로 도로를 확장할 필요가 없다. 그런데 K가 더 돈을 벌 목적으로 연립주택이 아닌 아파트를 건축하기 위하여 6미터 도로의 확보를 요구하는 것은 타인의 기존의 권리를 지나치게 침해하는 것으로서 받아들이기 어렵다.

토지통행권자가 통로를 개설하는 경우 통행지의 소유자는 원칙으로 통행권자의 통행을 수인할 소극적 의무를 부담할 뿐이고 통로 개설 등 적극적인 작위의무를 부담하는 것은 아니다. 다만 통행지의 소유자가 통행에 방해가 되는 담장 등 축조물을 설치한 경우에는 주위토지통행권을 보장하기 위하여 통행지의 소유자가 그 철거의무를 부담하게 된다.

한편 주위토지통행권은 어느 토지가 타인 소유의 토지에 둘러싸여 공로에 통할 수 없는 경우뿐만 아니라, 통로가 이미 존재하더라도 그 통로가 당해 토지의 이용에 부적합하여 실제로 통로로서의 충분한 기능을 하지 못하고 있는 경우에도 인정될 수 있다.

그래서 별도의 통행로로 주장되는 도로는 여러 필지의 임야나 대지, 밭으로 구성되어 있고 그 부지 소유자들도 각기 다르고 그 위치와 경사도, 굴곡도, 주변 현황 등에 비추어 이 도로에 통로를 개설하려면 많은 비용이 소요될 것으로 보이고 또 개설이 된다고 하더라도 이용하기 부적합하여 통로로서의 충분한 기능을 수행하지 못할 것으로 판단되면, 토지의 가장자리 부분에 대하여 주위토지통행권이 인정된다고 하였다(대법원 2005. 12. 9. 선고 2004다63521 판결).

이웃 주민 사이에 도로통행에 대한 시비와 분쟁이 생기면 쉽게 풀기 어렵다. 우리 법이 이웃 간의 분쟁을 해결하기 위하여 상린관계를 규정하고 있지만, 법이 모든 갈등을 해결하지 못한다. 법의 취지를 존중하면서, 이웃 간에 서로 양보하고 존중하면서 합리적인 타협을 통하여 문제를 해결하여야 할 것이다.

/ 제2장 사적분쟁 해결의 법 /

보증인의 책임범위

　사람이 경제활동을 하면서 돈을 빌리는 경우가 있는데, 금전을 대여하는 금융기관이나 사채업자는 원금과 이자의 상환을 보장받기 위하여 담보를 요구한다. 채무자가 부동산 등 자기 자산이 있으면 이를 물적 담보로 제공하겠지만, 자기 자산이 없으면 어쩔 수 없이 보증인 등 인적 담보를 제공할 수밖에 없다. 따라서 채무자와 개인적인 친분이 있거나 친인척관계에 있는 사람이 어쩔 수 없이 보증인이 되는 경우가 많다.

　또 회사에 재직 중인 이사가 회사와 제3자 간의 계속적 거래로 인한 회사의 채무에 대하여 보증을 서는 경우도 있다. 이사나 임원은 회사와 위임 또는 고용관계에 있기 때문에 회사측의 보증요구를 쉽게 거절하기 어렵다. 이사나 임원이 회사의 재직 중에는 보증책임을 부담하는 것이 당연하겠지만, 회사에서 퇴직한 이후에도 여전히 보증인으로서 채무를 부담하는지에 대하여 논란이 있다.

일반적으로 보증인은 특별한 사정이 없는 한 보증기한을 정하지 아니하면 퇴직 이후에도 보증책임을 진다고 본다. 이사가 재직 중에 회사의 제3자 간의 계속적 거래로 인한 채무만을 책임진다고 주장하기 위해서는 그가 이사의 지위 때문에 연대보증을 서게 된 것이고, 또 거래상대방이 거래를 할 때마다 거래 당시에 회사에 재직하고 있는 이사 등의 연대보증을 받는 등 특별한 사정이 있어야 하며, 만일 그러한 사정이 없다면 이사는 퇴직 이후에도 보증인의 책임을 진다고 판시하고 있다(대법원 1993. 2. 12. 선고 92다45520 판결).

또 포괄근보증이나 한정보증처럼 채무액이 불확정적이고 계속적인 거래로 인한 채무에 대하여 보증을 서는 경우에 한정하여, 보증인이 재직기간 중에 발생한 보증채무만을 책임진다고 한다(대법원 1997. 2. 14. 선고 95다31645 판결).

한편 회사의 요구에 의하여 비자발적 의사로 회사채무에 대하여 보증을 선 이사나 직원이 퇴직을 하였다면 이는 보증계약 성립 당시의 사정이 현저하게 변경된 것이므로 사정변경을 이유로 보증계약을 해지할 수 있고, 설사 보증기간을 정하였다고 하더라도 그것이 퇴사 후 보증채무를 부담하기로 특약한 취지로 인정되지 않는 한 보증계약의 해지권을 행사할 수 있다고 한다(대법원 2002. 5. 31. 선고 2002다1673 판결).

요컨대 이사의 회사채무의 보증책임은 보증의사가 자발적이었는지 여부, 포괄근보증이나 한정보증이었는지 여부 등에 의하여 정해진다.

보증인이 주채무자와 경제적 이해관계가 있는 경우에는 보증책임을 부담한다고 보아야 할 것이지만 인간적인 정에 이끌려서 대가관계 없이 보증인이 된 경우까지 엄격한 보증책임을 묻는 것은 타당하지 않다.

따라서 대가 없이 호의에 의한 보증을 선 경우, 보증인의 경제적·정신적 피해를 방지하고, 금전채무에 대한 합리적인 보증계약의 관행을 확립함으로써 신용사회의 정착에 이바지함을 목적으로 '보증인보호를 위한 특별법'을 2009년 9월 23일 제정 시행하기에 이르렀다.

동 법에 의하면, 보증계약을 체결할 때는 보증채무의 최고액을 서면으로 특정하여야 하고 이를 어기면 무효로 본다. 또 3개월 이상 채무자가 채무의 원본이나 이자를 변제하지 아니하면 일반채권자는 보증인에게 이를 통지하여야 하고, 금융기관이 채권자인 경우에는 채무자가 1개월 이상 채무불이행을 하면 채권자는 보증인에게 이를 통지할 의무를 부과함으로써 보증인으로 하여금 채무불이행에 대하여 적극적인 대처를 할 수 있게 하였다.

또 근보증의 경우에는 채무최고액을 서면으로 특정하도록 하였고, 보증기간의 정함이 없으면 보증기간을 3년으로 한정하여 장기간 보증책임을 부담하는 것을 방지하고 있다. 특히 채권자인 금융기관은 종합신용정보 집중기관으로부터 채무자의 신용정보를 받아서 보증인에게 제공하도록 함으로써 위험한 채무자의 보증을 회피할 수 있도록 하였다.

나아가 보증인이 보증책임을 부담하는 경우에도 폭력이나 위계 등을 이용한 강압적 추심행위나 야간 전화나 야간 방문 등 보증인에게 공포심이나 불안감을 조장하는 방식의 추심행위를 처벌하도록 규정하고 있다. 하지만 동법에 의하더라도 근보증이 아닌 일반보증에서는 보증채무액의 최고한도를 서면으로 특정하지 않아도 처벌규정이 없으며, 채권자의 통지의무를 강제할 수단도 마련되어 있지 않다.

생각건대 회사의 임원이나 이사가 퇴직한 경우에 보증기간이 남아 있더라도 재직시 부담한 보증책임을 면제해 주는 것이 타당하다고 본다.

아무리 친한 친구가 부탁하는 보증이라도 거절하는 것이 경제적 파탄을 막는 지름길이다. 돈을 떼일 각오라면 모르되 설마 보증책임을 질 리가 없으리라는 안이한 생각으로 보증을 서면 가족과 자신에게 평생 후회가 될 것이다.

/ 제2장 사적분쟁 해결의 법 /

착오로 송금한 돈의 수취은행에 대한 반환청구

　P 주식회사가 현장소장으로 A를 임명하여 공사를 하던 중 B로 바꿨다. B가 공사에 필요한 전도금을 청구하자, P 주식회사의 직원이 현장소장이 바뀐 사실을 모른 채 광주은행에 대하여 K 은행 왕십리지점에 개설된 전 현장소장 A 명의 계좌로 송금을 요청하여 타행환 공동망시스템을 이용하여 A의 계좌로 송금하였다. 뒤늦게 잘못 송금한 사실을 안 P 주식회사가 K 은행에게 반환청구를 하였다. K 은행은 착오송금된 금원의 반환의무가 있는가?

　수취인 A와 K 은행 간의 예금계약 성립 여부는 송금의뢰인과 수취인 사이에 계좌이체의 원인인 법률관계의 존부에 따른다는 별도의 약정이 없는 경우에는, 송금의뢰인이 수취인의 예금구좌로 계좌이체를 한 때에는, 송금의뢰인과 수취인 사이에 계좌이체의 원인인 법률관계의 존부와 관계없이 수취인과 수취은행 사이에는 계좌이체금액 상당의 예금계약이 성립하는바, 수취인이 수취은행에 대하여 위 금액 상당의 예금채권을 취득한다. 즉 수취은행은 수취인 계좌에 입금된 금원이 자금이체의 원인관계의 존부 즉 송금의뢰인의 착오여부를 조사할 의무가 없다(대법원 2006. 3. 24. 선고 2005다59673 판결).

그러므로 송금의뢰인과 수취인 사이에 계좌이체의 원인이 되는 법률관계가 없음에도 불구하고, 계좌이체에 의하여 수취인이 계좌이체금액에 대한 예금채권을 취득한 경우에는, 송금의뢰인은 수취인에 대하여는 위 금액의 부당이득반환청구권을 갖는다.

그러나 수취은행은 이익을 얻은 것이 없으므로 송금의뢰인은 수취은행에 대하여 부당이득반환청구권이 없는바, K 은행은 P 주식회사에게 착오로 송금된 돈을 반환할 의무가 없다. 그러므로 A가 K 은행으로부터 대출받은 금원이 있는 경우라면 K 은행은 A에 대한 대출금채권과 착오로 송금된 A의 예금을 상계한다는 의사표시를 할 수 있으므로 A는 착오로 송금된 돈으로 K 은행에 대한 대출금채무변제로 사용할 수 있어 P 주식회사가 피해를 볼 수 있다.

그런데 P 주식회사가 K 은행에게 즉시 착오송금된 돈의 반환을 요구하고, A도 착오송금에 의하여 자기 계좌에 금원이 입금된 사실을 인정하여 K 은행에게 P 주식회사에게로의 반환을 승낙하는 의사를 밝힌 경우에도, K 은행은 입금된 돈으로 A의 대출금채권과 상계처리를 할 수 있는가를 살펴보자.

금융기관은 일반 영리회사와 달리 예금자의 재산보호와 자금중개기능 그리고 자금이체시스템의 운영에 참가하여 송금·입금의 용역업무 등 공적 역할을 담당한다. 이처럼 공공성을 갖는 자금이체시스템운영자가 그 이용자인 송금의뢰인의 실수를 빌미로 그를 희생시키고 애초 기대할 수 없었던 채권회수의 이익의 횡재를 취하는 것은 상계제도의 목적과 기능을 일탈한 권리남용일 뿐만 아니라, 송금의뢰인에 대한 관계에서도 신의칙에 위배되는 행위이다.

따라서 P 주식회사의 K 은행에 대한 착오 송금된 금원의 반환청구는 허용되며, K 은행이 임의로 상계처리할 수 없다(대법원 2010. 5. 27. 선고 2007다66088 판결). 나아가 착오로 송금된 사실을 알고 있으면서 수취인이 불법영득의 의사로서 그 예금을 인출하여 사용하면 형법상 위법행위이다.

실생활에서 거래나 매매 또는 금전대여 시 직접 현금이나 수표를 건네주기보다는 상대방의 금융계좌에 송금하는 방식을 주로 사용한다. 그런데 거래상대방이 잘못된 계좌번호를 알려 주거나 송금의뢰인이 착오로 정당한 수취인이 아닌 타인의 계좌로 송금을 한 경우에, 곧바로 송금의뢰인이 수취은행을 상대로 부당이득반환청구를 할 수 없으며, 상대방의 적극적 동의를 받아야만 반환청구를 할 수 있다는 것이다.

최근 예금자보호법 시행령의 일부 개정에 의하여, 2021년 7월 6일부터 송금인이 실수로 잘못 송금한 돈을 예금보험공사가 대신

찾아주는 '착오송금 반환지원제도'를 도입하였다.

착오송금반환절차는 당사자가 PC를 통해 착오송금 반환신청을 하면 예금보험공사에서 관련 내용의 확인 및 승인 여부를 판단한 후 승인을 하게 되는데 이때 예금보험공사는 착오송금 반환신청이 있을 경우 먼저 송금인의 부당이득반환채권을 매입한다.

이어서 금융회사, 행정안전부, 통신사 등에서 수취인의 정보를 받아 수취인에게 착오송금사실과 반환계좌를 안내하고 자진 반환을 권유하되, 만일 일정 기간 내 수취인이 반환을 하지 않으면 예금보험공사가 법원에 강제지급명령을 신청하여 착오송금을 돌려받게 된다.

과거에 수취인이 동의하지 않으면 부당이득금반환소송을 제기하여야만 받을 수 있었는데 새로운 제도에 의하여 온라인 등으로 착오송금한 돈을 반환받을 수 있게 되었으니 참으로 다행이다.

/ 제2장 사적분쟁 해결의 법 /

주택담보대출의 중도상환수수료는 누가 부담하는가

　은행이 고객에게 주택담보대출을 하는 경우 '일정 주기로 금리를 변경할 수 있다' 또는 '일정 주기로 금리가 변경된다'는 약관에 의하여 변동금리로 대출을 해주는 경우가 있다. 은행으로서는 수시로 변하는 금리변동으로 인한 리스크를 회피하고 안정적인 이익을 얻기 위한 안전책이기도 하다.

　그런데 시장금리가 상당한 정도로 하락하였음에도 불구하고 은행이 대출금리를 고정시키거나 미미한 정도로 인하하여 실질적으로 상당한 이익을 취하는 경우가 있다. 이처럼 금융기관이 임의로 유리하게 정한 이율에 의하여 대출이자의 지급을 요구할 경우 소비자는 무조건 이에 따라야 하는가?

　은행이 대출고객으로부터 고율의 이자를 징수한 행위에 대하여 공정거래위원회가 시정명령과 과징금징수를 하였는바, 은행이 그

취소를 구하는 소송을 저기하였다. K 은행은 2002년 12월부터 2005년 6월까지 시장금리가 30% 하락하였음에도 불구하고 대출금리를 고정시키거나 소폭 인하하는 방법으로 다수의 담보대출자로부터 상당한 이익을 취하였다.

그런데 '일정주기로 대출금리가 변경될 수 있다'는 취지의 약관 조항은 시장금리의 변동에 따라 합리적인 범위 내에서 대출금리를 인하함으로써 은행은 그 이용자의 지위를 보호할 의무가 있다는 의미인데, 은행이 이를 무시한 채 과다한 이율에 의한 대출이자를 징수한 행위는 은행이 고객과의 거래관계에서 거래상 우월적 지위를 남용하여 고객의 권리를 침해한 것으로서 공정거래법상의 위반행위에 해당된다고 하였다(대법원 2010. 3. 11. 선고 2008두4695 판결).

또 K 은행의 '새론주택자금대출상품'의 대출약정서 제3조 제1항(주기변동이율대출)에는 '대출개시일로부터 ( )개월이 이르기 전에 대출금액의 전부 또는 일부를 상환하고자 할 경우에는 당해 상환금액에 대하여 ( )%의 조기상환수수료를 지급하기로 한다'고 기재되어 있었다.

K 은행은 고객들과의 개별적인 대출계약을 체결할 때 조기상환수수료의 징수기간, 징수율에 대하여 설명을 하지 아니하였으며, 동 조항의 괄호 부분은 빈칸으로 남겨두었다. 그 후 K 은행은 대출자들의 승낙없이 임의로 위 약관조항의 빈칸을 보충 기재한 후, 그

에 따라서 다수의 고객들의 계좌에서 수십억원 상당의 조기상환수수료를 징수하였다. 은행의 이러한 행위는 정당한가?

은행은 고객들에게 발송한 대출안내장에 조기상환수수료에 대한 설명이 포함되어 있으므로 아무런 하자가 없다고 주장하였다. 그러나 은행여신기본약관 제8조는 명시적인 정함이 없으면 조기상환수수료를 부담하지 않는다고 천명하고 있고, 또 사업자는 약관에 정해져 있는 중요한 내용을 고객이 이해할 수 있도록 설명해야 한다.

이를 위반하여 계약을 체결한 때에는 당해 약관을 계약의 내용으로 주장할 수 없다는 약관설명의무와 약관의 뜻이 명백하지 아니한 때에는 고객에게 유리하게 해석되어야 한다는 약관작성자 불이익 원칙에 비추어 볼 때, 대출안내장에 기재된 조기상환수수료에 관한 내용은 대출의 개략적 안내에 불과할 뿐이고, 대출계약의 내용이 될 수 없으므로 조기상환수수료에 관한 약관의 내용은 대출계약에 포함되었다고 볼 수 없다.

나아가 조기상환수수료는 변제기 전의 변제 또는 기한의 이익의 포기로 인한 상대방의 손해를 배상하는 성질을 가지는바, 장기주택담보대출금의 차용인이 더 낮은 이율에 의한 다른 대출로의 전환을 곤란하게 하는 점으로 미루어 볼 때 상환수수료약정의 존재여부는 엄격하게 해석되어야 한다. 그런데 은행이 조기상환수수료를 부담시키는 기간과 수수료율을 일방적으로 결정하여 징수한 행위는 은행이 거래상 우월적 지위를 남용한 것이므로 조기상환수수료 징수행위는 취소되어야 한다고 하였다.

은행은 단순한 사적거래에서 계약의 일방당사자의 지위만을 갖는 것이 아니라 더 나아가 거래상대방인 일반 서민의 정당한 이익을 적극적으로 보호할 의구가 있다. 일반 서민은 은행의 계약상대방이기도 하지만, 다른 한편으로는 은행의 이익의 버팀돌이 되는 중요한 고객이기도 하다.

사회적 약자인 개인소비자나 영세상인의 희생을 일방적으로 강요하는 금융기관의 나쁜 관행은 개선되어야 할 것이며, 이에 대한 금융감독기관의 감독도 강화되어야 할 것이다.

/ 제2장 사적분쟁 해결의 법 /

경과실이 있는 실화자도 배상책임을 부담해야

 경미한 과실로 화재가 발생하여 공장은 물론 그 공장에 인접한 시장까지 불이 번져서 많은 상인들이 재산적 피해를 입은 경우 상인들은 불을 낸 자에게 손해배상을 청구할 수 있는가?

 1961년 제정된 실화책임에 관한 구 법률은 '민법 불법행위의 규정은 실화의 경우에는 중대한 과실이 있을 때에 한하여 이를 적용한다'고 규정을 함으로써 중대한 과실이 아닌 경미한 과실에 의한 실화자는 불법행위로 인한 손해배상책임을 부담하지 않도록 하였다.

 그런데 구 실화책임법이 제정된 1960년대는 가옥의 구조가 판자집 형태로 서로 연결되어 있는 경우가 많아서 특정한 건물에서 화재가 발생하면 다른 건물까지 연달아 불이 나는 경우가 일반적이었고, 보험제도가 요즘처럼 발달하지 아니하여 사소한 부주의로 인하여 불이 난 경우에 실화자에게 모든 배상책임을 부담시키는 것은 가혹하다고 보아서 그 책임을 면제시켜주기 위한 것이었다.

그래서 경미한 과실이 있는 실화자에 대한 책임의 면제는 과실이 없는 피해자가 스스로 손해를 감수하여야 하는바 피해자의 재산권을 침해하는 것이고, 합리적인 이유 없이 가해자만을 보호하고 피해자는 보호하지 않음으로써 평등권을 침해할 뿐만 아니라 피해자의 인간의 존엄성과 행복추구권도 침해하므로 위헌법률이라는 주장이 있었지만 헌법재판소는 구 실화책임법이 합헌이라고 하였다(헌법재판소 1995. 3. 23. 선고 92헌가4 결정).

그러나 그 이후 헌법재판소는 태도를 바꾸어 화재 피해의 특수성을 고려하여 과실 정도가 가벼운 실화자를 가혹한 배상책임으로부터 구제할 필요성은 인정하면서도 구 실화책임법이 채택한 방법은 실화피해자의 손해배상청구권을 필요 이상으로 제한하고 법익균형의 원칙에도 위배되므로 기본권 제한입법의 한계를 일탈하여 헌법에 위반된다고 보아, 구 실화책임법에 대하여 헌법불합치를 선언하였다(헌법재판소 2007. 8. 30. 선고 2004헌가25 결정).

근래 건물과 가옥의 구조가 과거와 달리 각기 독립되어 있고, 실화로 인한 손해배상을 화재보험 등을 통하여 보상을 받을 수 있으므로 구실화책임법은 그 실효성이 감소되었다. 이와 궤를 같이하여 구실화책임법을 계속 적용하면 경과실 실화의 경우에 그 피해자가 배상을 받지 못하게 되는 위헌적인 상태가 계속되는 것을 방지하기 위하여 헌법불합치결정을 하기에 이른 것이다.

이에 따라 2009년 5월 8일 법률 제9648호로 전부 개정된 실화책임에 관한 법률(개정 실화책임법)은 구 실화책임법과는 달리 실화로 인한 손해배상책임의 성립요건에 관하여 아무런 제한규정을 두지 아니한 채 실화가 중대한 과실에 의한 것이 아닌 경우에는 연소로 인하여 생긴 손해 부분에 대하여 배상의무자가 법원에 손해배상액의 경감을 청구할 수 있도록 하였다.

그리고 '그 배상으로 인하여 배상자의 생계에 중대한 영향을 미치게 될 경우'라는 요건을 두지 아니하는 등으로 민법 제765조에 대한 특례를 규정하고 있다. 또 동법 부칙 제2항에서 위 헌법불합치결정이 이루어진 다음날인 2007년 8월 31일부터 그 시행 전에 발생한 실화에 대하여도 개정 실화책임법을 소급적용하도록 규정하였다.

그러므로 피고들의 손해배상책임의 유무에 관하여는 불법행위책임에 관한 원칙 규정인 민법이 적용되고 그 손해배상액의 경감에 관하여는 개정 실화책임법이 유추 적용되므로 경실화자도 일정한 요건 하에서 배상책임을 부담하게 되었다.

실화자는 타인의 재산에 대한 가해자임과 동시에 자기 재산의 피해자이며, 실화로 인한 피해의 확대는 실화자가 관리하거나 통제하기 어려운 요소 즉 '불(fire)'의 특성 때문에 발생하는 것이므로 그로 인한 손해배상은 실화자 개인의 책임이 아니라 사회공동체의 책임으로서 입법 정책적으로 해결하여야 한다고 주장은 상당한 일리가 있다.

그렇지만 사소한 부주의로 불이 난 경우 피해자에게만 모든 손해를 감수하도록 하는 것은 사회정책상 문제가 있으며 손해의 공평한 부담의 원리와도 상충이 된다. 따라서 경과실에 의한 실화의 경우에도 건전한 상식을 가진 보통사람이 수긍하는 정도에서 형평의 원리와 공평한 손하분담이 이루어져야 한다.

/ 제2장 사적분쟁 해결의 법 /

광고모델의 품위유지위반과 기업의 손해회복

유명 연예인이 광고에 출연하고 받는 모델료는 일반 회사원 연봉의 수십 배로 부러움의 대상이 되고 있다. 그런데 유명 연예인들이 모델로 활동하면서 사회적 물의를 일으켜 계약해지를 당하고, 손해를 배상하는 사례도 많아지고 있다.

개그맨 Y는 2013년 2억 5천만 원에 광고모델 계약을 광고주와 체결하고 활동하던 중 같은 해 11월 도박죄로 집행유예선고를 받고, 모든 방송 프로그램에서 하차하였다. 광고주는 그의 불법도박으로 인하여 경제적 피해를 입었다고 하면서 20억 원을 청구하는 소를 제기하였는바, 재판부가 7억 원을 지급하라는 강제조정 결정을 하였고, 쌍방이 이의를 제기하지 않아 확정되었다.

또 2009년 수면마취제(프로포폴)를 불법 투약한 혐의로 기소되어 집행유예선고를 받은 연예인 L씨에 대하여 광고주가 제기한 소송에서 1억 원을 지급하라는 판결이 선고되었다. L씨는 4억 5천만 원의 모델료를 받는 광고계약을 체결하였다가 계약기간이 3개월 남은 상태에서 수면마취제의 투약사실이 공개되었다. L씨는 Y씨에 비하여 배상금액이 상대적으로 작은 이유는 계약기간의 4분의 3이 지났으며, 그 기간에 매출이 110%로 상승하였고, 사고 후에도 피해를 줄이기 위한 노력을 하였던 점을 감안한 것으로 보인다.

연예인 C씨는 건설회사와 아파트광고 모델료 2억 5,000만 원을 받고, 계약기간 내에 본인의 책임으로 사회적·도덕적 명예를 훼손하여 기업이미지를 훼손하였을 때에는 모델료의 2배의 배상금을 지급한다는 내용의 계약을 체결하였다. 그런데 C씨가 전 남편으로부터 폭행을 당해 붓고 멍든 얼굴 사진과 파손된 집안 내부를 언론이 공개하자, 광고주는 계약해지를 통보하고 30억 원의 배상청구의 소를 제기하였다.

1심 법원은 광고주의 주장을 일부 인정하여 2억 5,000만 원을 배상하라고 하였으나, 항소법원은 C씨는 일방적으로 폭행을 당한 피해자로서 스스로 사회·도덕적인 명예를 훼손한 행위를 하지 않았으며, 남편의 주장을 반박하려는 의도로 인터뷰를 하였기 때문에 법적 책임이 없다면서 1심 판결을 번복하였다.

그러나 대법원은 폭행을 유발하는 등 사고에 대한 C씨의 책임이 없다고 하더라도, 멍든 얼굴과 충돌 현장을 촬영하도록 허락하였다면, 아파트광고에 적합한 이미지를 손상하고 품위유지약정을 위반했다고 하였다.

　광고주가 유명연예인과 광고계약을 체결하는 것은 그들의 신뢰성과 명성을 이용하여 제품구매의 욕구를 불러일으키려는 것이고, 특히 아파트광고는 가족의 사랑과 행복을 부각시키고 품격이 높은 아파트라는 인상을 주는 표현을 사용하기 때문에 모델의 이미지가 행복하고 사랑스런 모습과 반대되는 상황이 발생하였다면, 설사 폭행을 자초하지 않았더라도 기업의 이미지가 손상된 것이므로 그 책임이 있다고 하였다.

　사회적·도덕적 명예란 일반적으로 사람의 품성·덕행·명성·신용 등의 인격적 가치에 관하여 사회로부터 받는 객관적인 평가를 의미한다. 따라서 모델이 폭행당하는 모습을 공개하는 행위는 프라이버시가 공개되었을 뿐이지 사회적·도덕적 명예가 훼손된 것은 아니라고 볼 수도 있다.

　이러한 관점에서 항소법원은 모델이라도 폭력행위를 숨기고 참아야 할 의무가 없고 인간의 존엄과 행복추구권이 있으므로 배상할 책임이 없다고 하였으나, 최종심인 대법원은 광고모델의 품위유지 위반은 위법행위를 한 경우에 한정되지 않고, 광고계약의 목적과 관련하여 광고에 적합한 이미지가 훼손되었다면 품위유지의무를 위반하였다고 판단하였다.

　모델광고계약은 모델의 명예와 가치, 대중적 인기 등을 이용하여 매출을 증가시키는 것이 목적인바, 그의 명예와 가치가 훼손되면 이는 광고주의 손해로 직결되므로 기업은 모델에게 엄격한 품위유지를 요구하는 것이다. 그러나 도를 넘는 품위유지의 요구는 개인의 행복권과 인격권을 침해할 수 있는바, 인간의 존엄과 행복을 지나치게 제한하지 않는 범위 내에서 품위유지를 요구하는 것이 바람직하다.

/ 제2장 사적분쟁 해결의 법 /

송전탑 및 송전선 이전비용의 부담

전기사업자의 전기시설이 국토건설과 관련하여 이전할 경우 그 이전비용을 전기사업자가 부담하는가 아니면 정부가 부담하는가에 관한 판결(대법원 2012. 6. 14. 선고 2010다 86723 판결)을 소개한다.

울산석유단지에 입주한 여러 기업체가 전기공급 기타 유틸리티 시설사업을 목적으로 A 회사를 설립하여, 정부로부터 집단에너지 사업허가를 받았다. A 회사는 안정적인 전력공급을 위해 한국전력 울산전력소에서 울산석유단지에 이르는 구간에 송전철탑과 송전선을 설치하기로 하고, 부산지방철도청장으로부터 송전철탑의 설치부지로 사용할 10여 필지의 국유지를 1988년 10월 1일부터 1990년 12월 31일까지 사용료를 지급하고 사용·수익허가를 받아 송전철탑과 송전선을 설치하였으며, 그 사용·수익허가는 2년 내지 3년 단위로 갱신되어 왔다.

A 회사는 2005년 12월 26일 정부와 2006년 1월 1일부터 2008년 12월 31일까지 이건 토지의 사용허가 연장을 받되, 다만 공용 또는 공익사업에 필요한 때에는 언제든지 허가한 재산의 전부 또는 일부에 대하여 사용허가를 취소할 수 있고, 또 허가기간이 종료하거나 허가기간 중이라도 언제든지 조건 없이 사용자의 비용부담으로 원상반환 또는 위치변경을 하기로 합의를 하였다.

  그런데 부산지방국토관리청이 2001년 6월경부터 국도 31호선의 국도건설공사를 시행하면서 이 사건 송전철탑 및 송전선이 전기사업법 제67조의 기술기준에 미달하게 되었고 이를 회복하려면 송전철탑 및 송전선의 이설이 불가피하게 되자, 부산지방국토관리청은 A 회사에게 이건 송전철탑 및 송전선의 이설을 요청하였고, 다시 정부는 2008년 3월 4일 A 회사에게 이 사건 토지가 동해남부선 복선전철화사업의 부지로 편입되어 그 사용·수익허가기간의 연장이 불가능하니 허가기간 만료 시까지 A 회사의 부담으로 송전철탑 및 송전선을 철거하라고 통보하였다.

  이에 A 회사는 이설공사를 한 후에 이설공사에 소요된 비용을 청구하는 소를 제기하였다. A 회사는 국토관리청의 국도건설공사 때문에 이건 송전탑과 송전선이 기술수준에 미달하였고, 그 회복을 위해서는 송전탑 등의 이설이 불가피하므로 전기사업법 제72조 제3항, 제4항에 의해 정부 산하 국토관리청이 지상물을 설치한 자로서 이설비용을 부담하여야 한다고 주장하였다. 이에 정부는 A 회사의 이건 토지에 대한 사용·수익허가기간이 종료되었으므로 A

회사의 부담으로 송전철탑 등을 이설하여야 하고, 이설비용을 정부에게 청구할 수는 없다고 주장하였다.

법원은 첫째, 토지의 사용허가기간이 종료하면 사용자는 자기 비용부담으로 시설을 철거하기로 합의를 하였을 뿐만 아니라, 국유재산법 제24조 제6항에 의하여 허가기간이 종료되면 당해 재산을 원상대로 반환하여야 하므로 원상회복의 비용을 당연히 A 회사가 부담하여야 한다.

둘째, 전기설비의 장애 내지는 지장을 제공한 자가 송전선의 이설비용을 부담하여야 한다는 전기사업법 제72조 제3항, 제4항은 전기사업자가 해당설비의 부지를 적법하게 점유 사용할 권한이 있는 경우에 적용되는 것으로서, A 회사처럼 사용허가기간의 종료로 해당 설비의 부지를 점유할 권원이 상실한 경우에는 위 규정은 적용되지 않는바, A 회사의 정부에 대한 이설비용의 청구는 이유가 없다고 판시하였다.

원인제공자가 이전비용을 부담하는 것은 원칙이지만, 이 사건처럼 사용허가기간이 종료된 후에는 설사 설비이전의 원인제공자가 있더라도 사용자가 원상회복의무를 부담하기 때문에 사용자가 이설비용을 부담해야 한다는 이건 판결은 타당해 보인다.

/ 제2장 사적분쟁 해결의 법 /

하도급법에서의 징벌적 손해배상

징벌적 손해배상(punitive damages)이란 가해자의 악의(malice)나 사기(fraud)가 인정되는 경우 실제 손해액을 초과하는 배상을 하게 함으로써 악의적인 가해자에게 고통을 주고 유사한 행위의 재발을 막으려는 영미법상의 특수한 배상제도이다.

통상 손해배상은 실제로 입은 손해액(compensatory damages)을 전보하는 것이 원칙이지만, 가해자의 악의적 내지는 반사회적인 행위에 대하여는 재발을 방지하기 위하여 손해액을 훨씬 초과한 배상을 하도록 하는 것으로서 배심원단이 주로 결정한다. 이 징벌적 배상은 응징과 위법행위를 억제하기 위하여 민사재판의 배심원에 의하여 부과되는 사적벌금이라고도 한다.

1994년 뜨거운 맥도날드 커피를 마시다가 화상을 입은 피해자가 제기한 미국의 소송에서 맥도날드는 10여 년간 유사한 화상사건이 700회 이상 발생하였음에도 불구하고 이를 시정하지 않자, 법원은 피해자에게 치료비 16만 달러와 270만 달러의 징벌적 배상을 명하였다. 2005년에는 미국인 판사가 한국인이 운영하는 세탁소에 양복바지를 맡겼다가 분실되자 수천만 달러의 징벌적 배상을 청구하는 소송을 제기하여 사회적 비난이 거셌던 사건이 있었다.

그런데 악의적인 행위를 한 경우 실제의 손해배상과 위법행위의 금지를 청구하고 형사적 재재를 가하면 그것만으로 충분한데도 불구하고 추가적으로 징벌적 배상까지 부담시키는 것은 과잉처벌이라는 비판도 있다. 또 배심원단이 감정에 치우쳐 실제 손해액의 수십 배 이상의 배상을 명하는 사례도 발생한다. 이에 대하여 연방대법원은 징벌적 배상액이 실제 손해액의 10배를 넘으면 미국 헌법의 적법절차조항에 위배된다고 하였다.

손해배상법의 체계가 실제 손해배상을 원칙으로 하므로 공해나 항공기 소음처럼 손해액을 입증하기 곤란하고 또 개인적인 손해액이 미미하여 개인이 혼자 소를 제기하기 매우 어려운 사건에서 징벌적 배상을 받을 수 있으면 사회적 약자가 보호를 받을 수 있어서 매우 유용하다.

한편 하도급법에서 가격의 인하는 가격분배의 갈등과정에서 발생하며 악의적 행위가 아닌 만큼 징벌배상의 대상이 아니고, 가격의 인하나 반품의 부당성이라는 용어가 애매하고 그 기준이 모호하다는 비판이 있고, 하도급 행위만을 징벌배상의 대상으로 삼게 되면 기업들이 하도급을 회피하게 될 것이므로 오히려 하도급업자에게 불리하다는 주장도 있다. 징벌적 배상제도가 사회적 약자를 보호하고, 악의적이고 부도덕한 행위를 근절시킬 수 있는 등 장점이 있지만 특정 분야에만 도입하는 것은 바람직하지 않다는 견해도 있다.

생각건대 손해배상 법체계를 고려하여, 일반의 손해배상 법리와 조화를 이루면서 징벌적 배상제도의 도입을 검토하여야 할 것이다. 그리고 징벌배상의 대상행위도 자동차 제작결함으로 인한 배상, 악의적 보도에 의한 명예훼손의 배상, 병원의 고의적인 과다진료비청구처럼 사회적 파장이 크고, 반복적으로 이루어지는 행위 등으로 확장할 필요가 있다.

/ 제2장 사적분쟁 해결의 법 /

골프장 회원의 권리보호

경기불황의 영향으로 회원제 골프장들이 경영상 어려움을 겪는 가운데 골프장 입회 계약의 만기인 5년이 도래하여 다수의 회원들이 탈퇴 신청을 하자 골프장 운영자들이 이를 거부하는 사례를 살펴본다.

첫 번째 사례로 골프장운영자는 A와 회원입회계약을 체결하면서 입회금을 받았다. 이 골프장 회칙 제11조는 "입회금은 회사에 5년간 무이자로 거치하며 퇴회 시 입회원금만 반환하며 천재지변 등 불가항력의 사태가 발생할 시에는 이사회의 의결에 따라 일정 기간 반환을 유보할 수 있다. 탈회 시에는 입회금 원금만 반환한다"고 규정하고 있다. 5년이 지나 A가 탈회를 신청하면서 입회금의 반환을 청구하였으나, 골프장 운영자는 경영상의 어려움을 이유로 탈회를 승인하지 아니하여 A가 소송을 제기하였다.

법원은 골프장의 입회기간 5년이 경과한 시점에서 탈회, 입회금 반환요청을 하지 않아 입회계약이 자동으로 갱신되었다고 하더라도 기간이 정함이 없는 계약이 되므로, A는 언제든지 그 계약의 해지를 주장하고 입회금 반환을 구할 수 있으며, 5년의 예치기간이 만료된 회원에게 골프장운영자가 일방적인 의사로 탈회 승인이 없었음을 이유로 반환을 거부할 수 있다고 해석하는 한 회칙 제11조는 불공정한 약관으로서 무효라고 하였다(서울동부지방법원 2012. 11. 1. 선고 2012가합9339 판결).

  골프장 운영자의 입장에서는 다수의 회원들이 입회원금의 반환을 요구하면 기업 운영상 어려움이 발생하고 회원들이 제3자에게 회원권을 전매할 수 있기 때문에 경영상의 어려움을 이유로 골프장 운영이사회의 의결에 의하여 탈회를 유보할 수 있다고 해석하는 것이 타당하다는 주장을 할 수도 있으나, 그 경영상의 어려운 정도가 천재지변 등 불가항력의 사태에 해당된다고 볼 수는 없으므로 위 판결은 타당하다고 여겨진다.

  다음 사례로, A의 입회 당시 정회원은 283명이었는데, 골프장은 주중회원 793명을 추가로 모집하였다. 일반 주중회원은 주중 무제한 이용이 가능하고, 로얄 주중회원의 경우에는 주중 무제한 이용이 가능한 것은 물론 주말 1회 이용도 가능하다. 2010년 7월 기준 이 사건 골프장의 회원은 1,086명(정회원 293명, 주중회원 793명)으로 당초 정회원 모집인원(535명)을 크게 상회하고 있어, 원고를 비롯한 정회원은 주중 이용에 있어 주중회원과의 경쟁이 불가피할 것으로 보인다.

특히 로얄 주중회원에게는 주말 1회 이용까지 보장하고 있어 주중회원의 성격에 반하고 주말 2회를 보장받은 정회원들의 주말 이용에 영향을 미칠 것으로 보인다. 이 사건 골프장 회원권의 시세는 4,000만 원 상당으로, 위와 같은 사정으로 입회금의 4분의 1에 가까운 금액으로 크게 하락하였다.

체육시설법 제18조, 동 시행령 제19조 제2호는 회원의 탈퇴 등에 관하여 회원을 모집한 자와 회원 간의 약정에 따르는 것을 원칙으로 하되, 다만 회원으로 가입한 이후 회원 권익에 관한 약정이 변경되는 경우에는 기존 회원은 탈퇴할 수 있고, 또한 탈퇴자가 입회금의 반환을 요구하는 경우에는 지체 없이 이를 반환하도록 규정하고 있다.

그러므로 이 사건 정관상 '회원은 개장일부터 5년간 탈회를 요청할 수 없다'는 취지의 규정은 체육시설법 제18조, 동 시행령 제19조 제2호에 반하는 범위 내에서는 효력이 없다고 할 것이다. 따라서 이 사건 정관상의 5년간 탈퇴 제한 규정에도 불구하고 회원 권익에 관한 약정이 변경되는 경우에는 개장일부터 5년 이내라도 회원은 탈퇴할 수 있을 뿐만 아니라 입회금의 반환을 요청할 수 있다(서울동부지법 2011. 4. 29. 선고 2010가합9618 판결).

그다음 사례는, 골프장운영자가 기존 5년이었던 평일회원의 자격의 기간을 1년으로 축소하고, 회원이 탈퇴의사를 밝히지 않는 한 자동으로 계약을 연장해오던 것을 기간만료 한 달 전까지 연장의사를 밝히면 심사를 거쳐 연장하도록 변경함과 동시에 매년 300만 원의 소멸성 연회비를 추가로 부과하는 취지로 회칙을 개정하였다. 하급심법원은 이러한 회칙 개정은 골프장이 거래상 지위를 이용하여 일방적으로 평일회원의 자격을 제한하고, 연회비를 신설한 것이므로 효력이 없다고 하였다.

그러나 대법원은 공정거래법상 거래상의 지위남용이 인정되려면 상대방이 경쟁사업자를 포함한 사업자이어야 하고 소비자의 경우에는 불특정 다수의 소비자에게 피해가 가거나 유사행위가 반복될 우려가 있는 등 거래질서와 관련성이 인정되어야 하는데, 이 사건의 평일 회원은 불특정 다수의 소비자가 아니며 다른 골프장에서 유사한 행위가 반복될 수 있다고 인정하기 어려우며, 또 평일 회원은 자유롭게 탈퇴하고 입회금을 회수할 수 있기 때문에 평일 회원의 권리 보호에 충분하다고 하면서 사건을 원심법원에 파기환송을 하였다.

생각건대, 대법원판결은 불공정거래의 범위를 지나치게 제한적으로 해석함으로써 평일 회원의 권리보호에 소홀히 한 감이 있다. 골프장 평일회원이 다수이고 유사행위가 반복될 것이 예상되므로 거래질서와 관련성이 인정되어 골프운영자가 거래상의 우월적 지위를 남용한 것으로 보아야 할 것이다. 또한 회원제 골프장의 운영은 회원들의 입회금 등으로 사실상 충당되고 골프장 사업자는 회원들의 골프장 이용을 위한 관리회사 수준인 경우가 많다는 점도 고려되어야 할 것이다.

다른 판례(대법원 2015. 1. 29. 선고 2013다28339 판결)에 의하더라도 예탁금회원제 컨트리클럽의 법률관계는 회원과 컨트리클럽을 운영하는 골프장 경영회사 사이의 계약상의 권리의무관계에 불과한 것이어서, 회사가 운영상의 필요에 따라 회칙을 둘 수는 있으나, 이러한 회칙이 회원과 회사 사이의 계약 내용으로 되기 위하여서는 회칙을 계약 내용으로 편입시키기 위한 명시적·묵시적 합의가 있어야 한다.

그리고 그 합의에 의하여 회칙이 일단 계약의 내용으로 편입된 후에 회사가 회칙을 일방적으로 개정하는 것은 종전 회칙에 따라 가입한 기존 회원들에 관한 한 계약의 내용을 회사가 일방적으로 변경하는 것이어서, 기존 회원들에 대하여는 그들의 개별적인 승인이 없으면 개정 회칙이 적용될 수 없다고 판시하고 있다. 비록 평일회원이라는 제한된 권리를 갖는 자라 하여도 이들에게 불이익한 회칙의 일방적 변경을 수용하라는 취지의 판결은 적절하지 아니한 것으로 생각된다.

/ 제2장 사적분쟁 해결의 법 /

강남아파트 간 일조권 및 경계침범 분쟁

강남에 소재한 D 아파트와 재건축 중이던 J 아파트조합 사이의 조망권 및 경계침범에 관한 분쟁은 우리에게 시사하는 바가 크다. D 아파트 주민들은 J 아파트의 재건축 공사로 인하여 아파트 지반의 균열과 침하가 발생하였다면서 J 아파트 공사중지가처분을 신청하였으나 법원에 의하여 기각되었다.

다시 D 아파트 주민들은 J 아파트조합과 시공을 하는 건설회사가 D 아파트 주민의 동의 없이 어스앵커 공법으로 시공을 하는 과정에서 D 아파트 지반에 균열이 생기고 그 결과로서 지반이 침하되었다고 주장을 하면서, 공사중지가처분신청과 더불어 아파트 경계를 넘어 D 아파트 토지 지하에 설치된 어스앵커의 철거를 요구하는 소유권방해제거청구의 소를 제기하였고, 이에 J 아파트조합은 D 아파트의 공사지연행위로 인한 손해배상청구를 구하는 반소를 제기하였다.

법원은 D 아파트의 공사중지가처분신청과 J 아파트조합의 손해배상청구는 기각을 하였으나, D 아파트 토지를 침범하여 설치된 어스앵커를 철거하라는 판결을 선고하였다. 이에 D 아파트는 어스앵커시설의 철거비용으로 84억 원을 산정한 후 이를 근거로 J 아파트 대지지분을 가압류하기에 이르렀다. J 아파트는 항소를 하였으나 기각당하였고, 대법원에 상고를 하기에 이르렀다.

　양 아파트간의 분쟁은 훨씬 이전부터 시작되었다. 2004년 D 아파트가 재건축을 할 때, 이웃한 J 아파트 주민들이 일조권 및 조망권의 침해를 이유로 공사중지 가처분신청을 하여 승소한바, 일조권, 조망권, 프라이버시 침해로 인한 손해배상금으로 108억 원을 받았다. 그로부터 7년이란 세월이 흐른 후, 이번에는 반대로 J 아파트가 재건축을 시작하자 D 아파트가 과거의 당한 분풀이에 대한 앙갚음으로 이 사건 소송을 제기하기에 이르렀다.

　양 아파트는 재건축을 장차 하게 되는 경우 서로에 대하여 조망권 내지는 경계를 침범할 위험을 안고 있었다. 따라서 고층아파트로 재건축을 할 경우 예견되는 상황을 고려하여 지반붕괴의 위험을 대처하기 위한 지하구조물의 설치를 상호 용인하고, 고층아파트가 건축되었을 경우를 전제로 일조권과 조망권의 피해에 대하여 합리적인 배상액을 정하여 지급하고 추후에 배상청구권을 포기하는 부제소합의에 이르렀다면 위와 같은 분쟁은 막을 수 있었을 것이며 재건축의 기간도 단축할 수 있어서 서로에게 이익이 되었을 것이다.

서로 이웃하고 있는 아파트들은 재건축을 계획할 때부터 그로 인하여 발생할 상황을 점검하고 그 피해액을 감정기관을 통해 받아볼 필요가 있다. 재건축을 계획하는 단계에서 목전의 이익만 바라볼 것이 아니라 장래의 분쟁을 고려하면서 서로가 가해자와 피해자가 될 것을 염두에 두어야 할 것이다. 그리고 건축허가권을 가지고 있는 관할관청은 쌍방의 이해관계를 충분히 고려하여 분쟁 방지를 위한 협약체결을 유도할 필요가 있다.

사전에 협의나 합의 없이 재건축을 진행하는 경우 서로를 비난하고 모욕하는 현수막을 양 아파트 사이에 걸어놓는 등 볼썽사나운 일들이 발생하게 된다. 사람이 공동생활을 하면서 자기 이익만을 고집할 수 없으며, 이웃 상대방과 함께 이익을 나눌 수 있는 공존의 자세가 요구된다.

/ 제2장 사적분쟁 해결의 법 /

세금 회피성 위장이혼의 증가

주택을 여러 채 보유한 부부가 1가구 1주택 상태를 만들기 위해 일시적으로 이혼을 한 후 주택을 팔았더라도, 세무관청이 이혼의 무효를 입증하지 못하면 부부의 이혼은 유효하고, 조세법률주의의 원칙상 1가구 다주택으로 간주하여 양도세중과를 할 수 없다. 그래서 세금면제나 채무면탈 등을 목적으로 일시적으로 이혼한 후 세무관서 등을 속이면서 결혼생활을 이어가는 나쁜 선례가 발생하는 것이 현실이다.

위장이혼은 형식상으로 이혼을 하였으나 실제로는 서로 왕래하거나 동거를 하는 등 부부생활을 유지하면서 세금면제나 채무면탈의 이익을 취하는 기망적 이혼을 의미한다. 채무가 많은 배우자가 채무변제를 회피하기 위하여 형식상 이혼을 한 후 다른 배우자에게 위자료나 재산분할 명목으로 재산을 넘겨주는 경우에 채권자는 채권추심을 방해하는 사해행위로 간주하여 사해행위취소의 소를 제기할 수 있다.

사해행위는 채무자가 채권자에게 채무변제를 하지 않기 위하여 채무자의 재산을 은닉하거나 제3자에게 넘겨줌으로써 채권자가 변제를 받지 못하게 하는 것이다. 이때 채권자는 사해행위취소의 소를 제기하여 승소판결을 받은 다음에 채무자로부터 제3채무자에게 이전된 재산을 채무자에게 원상회복을 시킨 후에 자신의 채권을 행사할 수 있다.

우리 판례는 재산분할자가 해당 재산분할을 함으로써 무자력 상태가 되어 채권자에 대한 공동담보를 감소시킬지라도 재산분할이 민법 제839조 제2조 제2항의 취지에 반하여 상당하다고 할 수 없을 정도로 지나치다고 인정할 만한 특별한 사정이 없는 한 채권자 취소권의 대상이 되지 않는다고 판시하고 있다.

또 특별한 사정으로 인한 사해행위로써 채권자 취소권의 대상으로 인정되더라도 취소되는 범위는 상당한 부분을 초과하는 부분에 한정되고 과대한 재산분할이라고 볼 특별한 사정은 채권자에게 증명할 책임이 있다고 한다.

즉 이혼으로 인한 재산분할과 관련된 사해행위의 취소는 재산의 처분행위가 사해행위에 해당된다는 사실과 이혼으로 인한 재산분할금액과 위자료가 민법상 상당한 정도를 초과하여 과대한 부분이라는 사실을 모두 입증하여야만 상당한 정도를 초과하는 부분이 사해행위로 인정되어 취소를 할 수 있는 것이다.

우울증이 발병하여 잦은 부부싸움 끝에 법률상은 물론 실제로 협의이혼을 하였다고 주장하였지만 사회통념상 이혼이라고 하면 최소한 부부간 동거생활을 종료하고 경제적 생활단위를 달리하는 것이 기본인데도 이혼 전후로 동거를 계속하였고, 가족공동생활과 경제생활단위가 변경되지 않았으며, 이혼 후 주택을 양도한 다음 4개월이 지날 무렵에 재결합한 것으로 미루어 볼 때 비과세 혜택을 받기 위하여 이장위혼을 하였다고 판단하여 가중된 양도소득세를 과세한 처분은 정당하다고 판시한 사례가 있다.

그러나 양도소득세를 회피할 목적으로 이혼을 한 후에도 사실상 혼인관계를 유지했다는 이유만으로는 그 이혼을 무효라고 볼 수는 없으며, 일시적이나마 법률상 부부관계를 해소하려는 당사자의 합의에 의하여 협의이혼 신고가 마무리된 이상 다른 목적이 있더라도 이혼 의사가 없다고는 말할 수는 없어 이혼을 무효로 볼 수 없다면서 조세법률주의 원칙상 과세요건뿐만 아니라 비과세 또는 조세감면 요건도 엄격하게 법문대로 해석해야 한다고 판시한 사례도 있다.

사람들은 돈의 가치가 매우 중시되는 때에 과중한 세금을 회피하려는 다양한 절세방안을 찾으려고 노력할 것이다. 결혼은 인륜지사이며 가정이 파탄 나지 않은 이상 어떤 다른 목적으로 이혼을 하여서는 안 될 것인데도, 위장이혼 또는 이혼을 통한 절세를 하려는 사례가 증가하고 있어서 위장이혼의 시비는 쉽사리 수그러들지 않을 것 같다.

최정식 리걸 에세이
긍정의 법, 사랑의 법

제3장 기업과 상인의 법

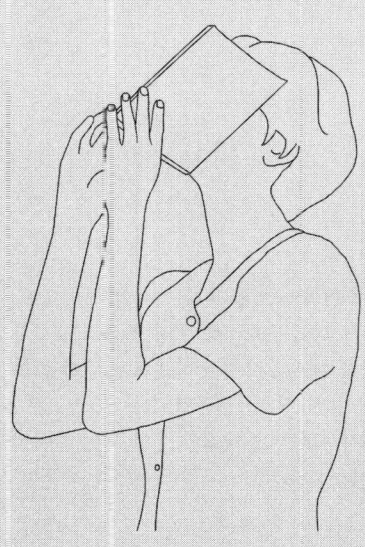

"명성과 신용이 있는 타인의 상호를 마치 자기의 영업으로 속이는
부정한 방법으로 타인 상호의 신용과 경제적 가치를 이용해서는 안 된다.
상호를 적법하게 선정한 자에게는 타인의 방해를 받지 않고 상호를
적극적으로 사용할 수 있는 '상호사용권'을 부여하고, 한편 타인이
부정한 목적으로 자기가 사용하는 상호와 동일 또는 유사한 상호를
사용하는 경우에 그 사용을 배제할 수 있는 '상호전용권'이 부여된다."

/ 제3장 기업과 상인의 법 /

환헤지상품인 키코사건이 주는 교훈

　2006년부터 2008년까지 여러 중소수출기업들이 은행이 판매하는 키코상품에 가입하였는데, 2008년에 미국의 리먼브라더스 은행이 파산을 하자 900원대에서 1400원대로 달러 대비 원화의 환율이 급상승하여 키코상품에 가입한 기업들이 큰 손실을 보게 되었다. 그리하여 피해기업들이 판매은행을 상대로 여러 건의 부당이득금반환청구소송을 제기하였고, 그중 처음으로 2013년 9월 26일 이에 대한 대법원 판결이 선고되었다.

　키코(KIKO, Knock In Knock Out)는 환율변동위험을 분산하기 위한 통화옵션계약의 일종으로서, 환율이 계약상 지정된 상단보다 높은(Knock In) 상태에서 만기가 되면 은행이 기업의 가입금액을 계약환율로 사는 권리(콜옵션)를 갖게 되고, 지정된 하단과 상단 사이의 환율로 만기에 이르면 기업이 시장환율이나 계약환율로 가입금액을 은행에 파는 권리(풋옵션)를 갖게 되며, 환율이 하단보다 낮은(Knock Out) 상태가 되면 계약은 무효가 되는 상품이다.

피해기업들은 키코계약은 환율이 지정된 구간 이상으로 올라가는 경우 기업의 손해가 너무 커서 정상적인 환헤지상품이라 할 수 없으며, 판매은행이 이와 같은 위험한 상품의 특성을 기업들에게 충분하게 설명을 해주지 아니한 상태에서 안전한 상품이라면서 가입을 권유한 것으로서 이 계약은 불공정 내지는 사기에 의한 계약이므로 무효이거나 취소되어야 한다고 주장하였다.

이에 대하여 법원은 불공정한 법률행위의 해당 여부는 법률행위를 한 때를 기준으로 판단하는바, 계약 이후에 외부환경의 급격한 변화로 일방에게 큰 손실이 발생하고 상대방에게 큰 이익이 발생하였더라도 이를 당연히 불공정한 계약이라고 할 수는 없다고 하였다.

헤지거래는 현재 보유하고 있거나 보유할 것으로 예상되는 현물의 거래에 따른 가격변동위험을 전체적 또는 부분적으로 줄이기 위한 거래로서, 당사자가 특정구간에서만의 위험회피가 되는 헤지거래도 다른 거래조건들을 함께 고려하여 선택할 수 있으므로, 전체 구간에서 위험회피가 되지 아니한다는 이유만으로 키코상품이 구조적으로 헤지에 부적합하다고 단정할 수는 없다고 하였다.

그리고 환율이 상승하면 당해 통화옵션계약 자체에서는 손실이 생기지만 외환현물에서는 그만큼 환차익이 발생하기 때문에 환율 상승으로 인하여 고객이 손실을 입는 것이 아니다. 다만 기업들이 수출대금을 훨씬 초과하는 범위까지 키코계약에 가입을 한 것은 환헤지의 목적을 뛰어넘는 투기행위로서 그로 인하여 발생한 손해는 기업이 자초한 것일 뿐이지 키코상품의 속성 때문에 발생한 손해가 아니라고 하였다.

또 키코상품의 가입을 권유한 은행은 계약을 체결할 때 당해 기업의 예상외화유입액, 재산상태, 환헤지의 필요성 등 경영상황을 사전에 파악하여, 당해 기업에 적합하지 아니한 계약의 체결을 권유해서는 아니 되는데, 그러한 의무를 위반하여 과도한 위험을 초래하는 통화옵션계약의 가입을 적극적으로 권유한 것은 적합성의 원칙을 위반한 불법행위에 해당된다. 특히 위험성이 매우 큰 장외파생상품가입을 권유할 때에는 다른 상품보다 더 무거운 고객보호의무를 부담한다고 하였다.

요컨대 환율상승 시에는 해당 기업에는 큰 손해를 입히고 은행에는 큰 이익을 안겨주더라도 그러한 사정만으로 키코계약이 불공정하거나 기망 또는 착오에 의한 계약이라고 할 수는 없다. 다만 위험한 장외파생상품인 키코계약을 권유한 은행이 키코상품의 위험성과 구조 등에 더하여 충분한 설명을 하지 아니하였으므로, 판매은행은 피해기업에게 설명의무위반을 이유로 청구손해액의 약 20~30%의 금액을 배상하도록 판시하였다(대법원 2013. 9. 26. 선고 2011다53683(본소), 53690(반소) 전원합의체 판결).

키코판결이 주는 교훈은 다음과 같다. 첫째로 위험한 금융상품을 가입하는 기업이나 개인은 자기 책임의 원리에 따라 스스로 책임을 진다는 것이다. 설령 지식이 부족하여 금융상품의 구조를 충분히 알지 못하였다 하더라도 원칙적으로 그 책임은 스스로에게로 돌아간다.

둘째로 상품판매자인 금융기관은 금융공학적 지식이 요구되는 파생상품인 환헤지상품을 판매할 경우 그 위험성에 대한 충분한 설명을 하여 고객이 그러한 위험을 감수할 수 있을 것까지 고려한 후에 상품구매를 결정할 수 있도록 고객을 보호할 의무가 있다.

설명의무를 위반한 은행들이 키코계약으로 인하여 일시적인 이익은 얻었을지는 모르나, 장기적으로는 다수의 우량고객을 잃고 신용까지 잃게 되는 손해를 보았다. 어쨌든 고객이 금융상품을 구입할 때에는 금융기관의 설명의무위반을 탓하기 전에 그 상품의 구조와 성질을 이해하고 그러한 위험성을 인지한 상태에서 가입 여부를 결정해야만 후회를 하지 않을 것이다.

/ 제3장 기업과 상인의 법 /

상가분양업자의 상권형성준수의무

A는 대형쇼핑몰 분양업자로부터 상권을 형성하겠다는 약속을 받고 점포 1개를 분양받았다. 그런데 쇼핑몰을 개점할 무렵 상가분양 실적이 약 65%에 그치고 경기침체로 말미암아 상권의 형성이 제대로 되지 않자, 분양업자는 점포를 통폐합하면서 쇼핑몰의 매각의사를 밝혔고 이에 A는 분양계약의 해지와 분양대금반환청구의 소송을 제기하였다.

원심법원은 대규모 집단상가의 기능을 유지할 수 없게 된 시점부터 분양업자가 상가활성의무를 위반하였는바, 이는 계약을 유지할 수 없는 중대한 사정의 변경에 해당된다면서 A 청구에 대한 일부 승소판결을 하였다.

이에 분양업자가 상고를 하였는바, 대법원은 상가분양업자가 입점상인으로부터 받은 장기임대료 등을 적절히 집행하여 상가 활성화와 상권형성을 위하여 노력할 의무가 있다고 하더라도 경기변동이나 소비성향 변화 등과 상관없이 전적으로 분양업체가 상권이 형성된 상태를 조성할 의무까지 부담할 필요는 없다고 하였다. 또 분양업자도 상가활성으로 얻게 되는 이익을 공유하기 때문에 의도적으로 상가활성화나 상권형성을 방해할 이유가 없다면서 분양업자에게 상권형성의무를 인정한 원심판결을 파기 환송하였다.

우리 주변에서 분양업자의 허위 또는 과장된 내용의 광고를 믿고 상가를 분양받거나 장기임대계약을 체결하는 경우를 종종 목격하게 된다. 필자도 유명 연예인이 분양업자와 공동으로 상가분양 업무를 위임받아서 마치 그 연예인이 상권형성을 책임지는 것처럼 홍보하여 이를 믿은 여러 사람이 상가를 분양받았던 사례를 목격한 적이 있었다.

당시 분양 쇼핑몰의 주변은 주택가였고, 쇼핑몰로부터 그리 멀지 않은 곳에 유명한 다른 쇼핑몰이 있었기 때문에 당해 쇼핑몰의 상권형성이 쉽지 않았음에도 불구하고 해당 연예인이 상권형성의 책임을 지겠다는 약속을 믿고 상가분양을 받았지만 상권이 형성되지 않자, 수분양자들이 분양업자와 해당 연예인을 상대로 형사 고소와 아울러 민사상 손해배상 및 계약해지소송을 제기하였다.

이 사건에서 분양업자의 상권형성 약속이나 분양홍보를 담당한 연예인의 말만 믿고 수분양자가 상권형성의 가능성이나 장래 전망에 대한 자기 판단을 소홀히 하였으며, 국제경제나 국민경제의 위축, 예상되었던 소비자의 행동패턴의 변동 또는 당해 산업의 변화 등 외부적 요인 등 불리한 상황 때문에 상권이 형성되지 않았기 때문에 비록 분양계약서에 분양자의 상권형성의무를 명시하였다고 하더라도 그 책임을 분양자나 해당 연예인에게 추궁하기는 어렵다. 그러므로 수분양자는 분양업자의 과장된 광고나 상가형성 약속에 현혹되어서는 안 되고, 자기 책임하에서 상권형성의 가능성을 판단하여야 한다.

그렇지만 분양업자가 제공한 중요한 정보를 신뢰하고 분양계약을 체결하였는데, 후에 그 정보가 허위이거나 과장되었음이 밝혀졌다면 그 계약은 사기의 의사표시에 의한 계약으로서 취소될 수 있을 것이고 그로 인한 손해도 배상받을 수 있을 것이다.

그리고 같은 상가에서 특정 영업을 지정하여 분양을 하는 경우, 분양업자가 다른 사람에게 그 특정 영업을 목적으로 상가를 분양해서는 안 되는 지정업종에 관한 경업금지의무를 부담한다.

이러한 동일상가의 특정영업의 경업금지의무는 수분양자는 물론이고 분양업자도 준수하여야 하므로, 이를 위반하여 분양업자가 이중으로 특정 영업을 지정하여 상가분양을 하였다면 먼저 분양받은 자는 나중에 분양받은 자를 상대로 경쟁업종의 경업금지를 요구할 수 있고, 분양회사에게도 위약으로 인한 책임을 물을 수 있을 것이다.

/ 제3장 기업과 상인의 법 /

경업금지를 위반한 영업행위 금지

상가를 건축한 피고는 A와 상가 404호의 분양계약(제1계약)을 체결하고 그 후 C와도 상가 304호에 대한 분양계약(제2계약)을 체결했다. A의 배우자인 T는 상가 404호에서 제1 음악학원을 운영하고 있고, P는 C로부터 304호를 임차하여 제2 음악학원을 운영하고 있다.

피고는 분양 당시 층별로 업종을 특정하여 A와 분양계약을 체결하면서 상가 404호 외의 다른 점포에서 음악학원의 영업을 허용하지 않는다는 특약을 하였다. C도 304호를 분양받을 당시 이러한 동종영업의 제한을 알고 있으면서 P에게 상가 304호를 임대하여, P가 음악학원을 운영했다.

이에 A는 주위적으로 304호 소유자인 C와 임차인 P를 상대로 음악학원 영업금지를 청구하고, 예비적으로 피고를 상대로 C와 제

2계약을 체결할 당시 음악학원 영업을 할 수 있도록 허락함으로써 제1계약상 채무의 불이행을 이유로 손해배상을 청구하였다.

법원의 판단은 다음과 같다. 건축주가 상가를 건축한 후 점포별로 업종을 정해 분양한 경우 점포의 수분양자나 점포를 임차한 자는 상호간 업종제한에 관한 약정을 준수할 의무가 있다. 이를 위반할 경우 이로 인하여 영업상 이익을 침해당할 처지에 있는 자는 동종업종의 영업금지를 청구할 권리가 있다.

그런데 제1·2계약서에는 '수분양자는 점포를 용도 외 타 용도로 사용해서는 안 되고, 만약 타 용도로 변경하고자 할 경우에는 전체 상가 구성과의 조화 및 활성화를 저해하지 않도록 피고 회사와 사전 협의하며, 수분양자가 입점 후 용도 변경하고자 할 경우에는 자치관리규정 등에서 정하는 바에 따른다'고 규정되어 있다.

또 '입점 시 중복업종에 대해서는 입점자 상호간에 협의 처리해야 하고, 피고 회사의 사전승인 없이 무단 업종변경으로 인해 발생하는 제 피해는 변경자 자신이 부담해야 하며, 피고 회사는 어떠한 책임도 지지 않는다'고 기재되어 있다.

한편 제1계약서에는 '층약국 안 됨', '동일업종 일점 안 됨(단 병원은 제외)'라고 기재되어 있지만, 제2계약서에는 업종제한에 대한 별도의 기재가 없는바, 피고가 C에 대하여 분양계약을 하면서, 음악학원을 운영해서는 안 된다는 약정을 하였다고 보기는 어렵다.

그러므로 제2계약서상 '입점 시 중복업종에 대해서는 입점자 상호 간에 협의해 처리해야 한다'는 규정은 C가 중복업종 영업에 관해 협의할 의무를 부담할 뿐 먼저 개업한 A에게 우선적 배타적 영업 권한을 부여한다고 볼 수 없어 A의 C와 P에 대한 경업금지청구는 이유가 없다고 하였다.

그리고 피고가 상가 내에서 독점적 영업권을 보장하는 약정을 불이행하였으므로 A에 대하여 그로 인한 손해를 배상할 책임은 있지만, A가 영업손실 및 임대수익 상실 등으로 인한 손해액을 증명하지 못했기 때문에 C에 대한 손해배상청구를 기각하였다(서울중앙지방법원 2018. 1. 26. 선고 2017가합517931 판결).

이 사례에 의하면, 인쇄 문자로 동종영업을 금지한다는 조건이 기재되어 있다고 하더라도 구체적으로 '음악학원 동종영업 중복금지' 같은 문구를 수기(手記)로 계약서에 포함시켜야만 위반 시 분양업자에게 손해배상청구를 할 수 있다. 그리고 분양업자가 다른 사람과 계약(제2계약)을 할 때에도 동종영업금지의 약정이 기재되어 있어야만 제1계약서의 동종영업 금지의 효력이 발생한다는 것이다.

요컨대, 분양계약을 체결할 때 추가로 필요한 내용을 합의한 경우에는 별도로 그 내용을 수기로 적어야 하며, 나아가 동종영업금지의 약정의 효력은 다른 계약에 그 내용이 포함되어 있을 때에만 효력이 발생한다는 것을 유념해야 한다.

/ 제3장 기업과 상인의 법 /

영업양도인의 경업금지의무위반

갑이 종로에서 '북경'이라는 상호로 중국음식점을 운영하던 중, 을에게 음식점영업 일체를 양도하면서 근처에서 음식점 개업을 하지 않기로 합의하였다. 그런데 갑이 약속을 위반하고 위 음식점에서 200미터가량 떨어진 건물에 '상해'라는 중국음식점을 개업하였다.

이에 을이 갑을 상대로 영업금지가처분신청을 하자, 갑은 영업을 계속할 목적으로 병과 공고하여 음식점을 병에게 매도하는 허위계약서를 작성함과 동시에 영업허가명의를 병으로 변경하였다. 이 경우 을이 갑이나 제3자(병)를 상대로 음식점영업의 중지를 청구할 수 있을 것인가?

우리 상법 제41조는 영업을 양도할 때, 양도인과 양수인 사이에 경업금지의 약정을 하지 않은 경우에 양도인은 10년간 동일한 특별시·광역시·시·군과 인접한 특별시·광역시·시·군에서 동종

영업을 하지 못하며, 영업양도금지의 약정을 한 경우에는 동일한 특별시·광역시·시·군과 인접 특별시·광역시·시·군에 한하여 20년을 초과하지 아니한 범위 내에서 그 효력이 있다는 영업양도인의 경업금지의무 규정을 두고 있다.

영업양도란 영리목적을 실현하기 위하여 조직화 된 유기적 일체로서의 기능적 재산을 영업의 동일성을 유지하면서 양도인으로부터 양수인에게 양도하는 것을 의미한다. 따라서 영업양도가 이루어지면 양도인은 각종 영업재산을 양수인에게 이전할 적극적 의무와 아울러 양도한 영업과 동종의 영업을 하여서는 아니 될 의무를 부담한다. 다만 영업양도인이 상인인 경우에 한하여 경업금지의무를 부담하므로, 상인이 아닌 농업협동조합이 정미업을 제3자에게 양도하였다면 영업양도 후에도 조합은 정미업을 할 수 있다.

그렇다면 영업양수인은 경업금지의무를 위반한 영업양도인에게 어떠한 청구를 할 수 있는가? 우선 영업양수인은 영업양도인에게 경업행위의 중지를 청구할 수 있는바, 양수인은 양도인의 비용으로 현재의 경업행위 상태의 제거와 동시에 장래에 대하여 영업금지가처분을 법원에 청구할 수 있고, 또 경업행위로 인하여 손해가 발생한 때에는 손해배상을 청구할 수 있다.

그리고 개인 상인이 영업을 양도한 후에 회사를 설립하여 동종영업을 하거나, 회사가 영업을 양도한 후 합병하여 존속회사나 신설회사가 동종영업을 하면, 양도인의 경업금지의무를 승계받는 회사가 경업행위를 하는 것이 되므로, 양수인은 그 회사를 상대로 경업행위중지를 청구할 수 있다.

위 사안에서 갑이 병과 공모하여 병 명의로 영업행위를 계속하는 것은 갑과 을 사이의 경업금지합의를 위반한 것이므로 을은 갑과 허위양수인인 병에게 영업의 폐지를 요구할 수 있다. 그러나 만일 위의 사안과 달리 병이 갑의 경업금지위반사실을 모르고 상해 음식점영업을 양수하였다면 그 영업양수행위는 사법상 효력이 있는바, 을은 병에 대하여 영업중지를 요구할 수 없고, 갑에 대하여 경업금지위반으로 인한 손해배상을 청구하는데 그쳐야 할 것이다.

/ 제3장 기업과 상인의 법 /

상인의 상호권 보호

유명연예인이나 운동선수들의 성명권이나 초상권 침해로 인한 분쟁이 발생하는 경우를 종종 목격하게 된다. 한편 개인이 아닌 상인도 신용과 명예를 나타내는 상호의 침해를 당하는 경우가 있다. 현대자동차 그룹이 신흥증권을 인수하여 '현대차IB증권'이라는 상호를 사용하려고 하던 중 현대증권이 현대차IB증권에 대하여 상호권침해행위 금지가처분을 신청하였다.

이에 법원은 범현대그룹의 계열 분리 현황이 일반 투자자들에게 널리 알려져 있지 않아 일반 투자자들은 '현대'와 '현대차'라는 상호를 사용하는 기업이 동일한 회사이거나 계열 관계에 있는 회사인 것으로 생각할 개연성이 크다고 볼 수 있기 때문에 현대차IB증권이 현대증권의 상호권과 서비스표권을 침해하는 부정경쟁행위를 하였다면서 침해행위 금지가처분을 인용하였다.

상인은 자유롭지 자신의 이름인 상호를 선정할 수 있지만, 개인상인이 아닌 회사는 상호에 반드시 회사의 종류, 즉 주식회사 또는 유한회사 등으로 표시하여야 하고, 개인상인은 회사의 상호를 사용하지 못하도록 함으로써 거래상대방을 보호한다.

또 부정한 목적으로 타인의 영업으로 오인할 수 있는 상호를 사용하지 못한다. 즉 명성과 신용이 있는 타인의 상호를 마치 자기의 영업인 것처럼 속여서 타인 상호의 신용과 경제적 가치를 사용해서는 안 된다.

우리 상법은 상호를 적법하게 선정한 자에게는 그 상호의 등기 여부와 상관없이 타인의 방해를 받지 않고 상호를 적극적으로 사용할 수 있는 '상호사용권'을 부여하고, 소극적으로는 타인이 부정한 목적으로 자기가 사용하는 상호와 동일 또는 유사한 상호를 사용하는 경우에 그 사용을 배제할 수 있는 권리인 '상호전용권'을 부여한다.

즉 상호의 등기 여부와 상관없이 적법하게 상호를 선정한 상인은 부정한 목적으로 타인의 영업으로 오인할 수 있는 상호를 사용한 자에게 그 상호의 폐지와 아울러 등기된 상호의 말소청구 및 손해배상을 청구할 수 있다.

그런데 상호의 등기와 상관없이 적법한 상호권자에게 상호사용권이 주어지지만 상호전용권은 상호의 등기 여부에 따라 달리 취급하고 있다. 즉 미등기상호권자는 타인이 부정한 목적을 가지고 상호를 사용한다는 것과 아울러 그로 인하여 상호권자에게 손해가 생길 염려가 있음을 입증해야만 사용하고 있는 상호의 폐지와 손해배상을 청구할 수 있는 반면에, 등기상호권자는 타인이 부정한 목적을 가지고 상호를 사용한다는 사실만 입증하면 상호의 폐지와 배상을 청구할 수 있다.

그리고 상대방이 동일한 특별시·광역시·시·군에서 동종영업을 위하여 그 등기상호와 동일한 상호를 사용하는 경우에는 부정한 목적을 가진 것으로 추정되는바, 동일 상호를 사용하는 상대방이 '부정한 목적이 없음'을 입증해야만 상호폐지를 당하지 아니하고 손해배상의 책임에서 벗어날 수 있다.

사진업을 하는 자가 타인에게 '허바허바사장'이라는 상호를 양도한 후 다시 '뉴서울사장'이라 기재하고 그 아래 작은 글씨로 '전 허바허바 개칭'이라고 기재한 상호를 사용한다면 이미 양도한 허바허바사장의 상호를 오인시킬 부정한 목적이 있다고 추정된다.

하지만 창원시에서 '동성아파트'라는 이름으로 건설업을 하는 '동성종합건설(주)'가 서울에 지점을 설치하고 동성아파트를 건설하고 있다면, 동성종합건설보다 규모가 매우 작은 서울 소재 건설회사인 '(주)동성'의 상호를 부정으로 사용하려는 목적이 있다고 보지 않는다.

또 상호가 이미 등기되어 있으면 동일한 특별시·광역시·시·

군에서 동종영업의 상호등기를 할 수 없도록 규정하고 있다. 그런데 행정지역 단위별로 등기하는 상호는 지역이 다르면 동일하거나 유사한 상호라도 등기를 할 수 있어 소비자가 혼돈에 빠질 가능성이 있다. 따라서 등기상호의 효력을 현행 규정보다 광범위한 지역까지 미치게 하거나 상호심사의 기준을 더욱 강화함으로써 혼동을 방지할 필요가 있다.

/ 제3장 기업과 상인의 법 /

준법지원인이란 무엇인가

2012년 4월 개정된 상법은 대통령령이 정하는 자본금 일정금액 이상 상장회사는 법령을 준수하고 회사경영을 적정하게 하기 위하여 임직원이 그 직무를 수행할 때 따라야 할 준법통제기준(compliance)을 마련하여야 하고 준법통제기준의 준수를 담당하는 준법지원인을 1명 이상 두도록 규정하고 있다.

그리고 준법지원인은 준법통제기준의 준수 여부를 점검하여 그 결과를 이사회에 보고하여야 하며, 선량한 관리자의 주의로 그 직무를 수행하여야 하고 임기는 3년으로서 상근직이다.

한편 준법지원인은 그 직무를 독립적으로 수행할 수 있도록 하여야 하고, 회사의 임직원은 준법지원인이 그 직무를 수행할 때 자료나 정보의 제출을 요구하는 경우 이에 성실하게 응하여야 한다고 규정함으로써 준법지원인 직무의 독립성을 보장하고 있다.

준법지원인이 회사의 비리를 지적하거나 제도개선을 요구하는 등 그 업무의 특성상 임원진과 불편한 관계에 있을 수 있는바, 준법지원인의 직무를 마친 후 일반 직원으로 환원될 경우 그 직무수행과 관련된 사유로 부당한 인사상의 불이익을 주어서는 아니 된다.

또 준법지원인은 재임 중뿐만 아니라 퇴임 후에도 직무상 알게 된 회사의 영업상 비밀을 누설하여서는 아니 된다고 규정하여 회사 비밀의 누출을 막고 있다. 그리고 준법지원인의 자격은 변호사, 5년 이상 경력의 법학교수 또는 법률적 지식과 경험이 풍부한 사람으로서 대통령령으로 정하는 사람으로 한정하고 있다.

대규모 기업들이 사내변호사를 두거나 법무실을 운용하기 때문에 준법지원인이 필요하지 않으며, 준법지원인제도를 기업에 강제하는 것은 기업의 자율성을 침해할 뿐만 아니라 기업에게 경제적 부담을 가중시키므로 이 제도의 도입을 반대하는 견해도 과거에 있었다. 그러나 기업의 의사결정 및 업무집행 과정에서 상시적으로 법률적 리스크를 전문가로부터 진단을 받음으로써 사후 분쟁을 예방하기 위한 제도로서 기업에 유익한 제도이다.

미국은 1990년대 초 경제가 침체에 빠지자 기업들이 법률서비스 비용을 줄이기 위하여 대형회사의 경우 상당수의 사내변호사로 구성된 법무팀을 확장하였음에도 불구하고 엔론(Enron)사건과 같은 대형 금융사기사건이 발생하자 사내변호사로 구성된 법무팀의 운영만으로는 기업의 부정을 차단하기 어렵다는 것을 깨닫게 되었다.

그 이후 제정된 사베인옥슬리법(Sarbanes-Oxley Act)은 기업의 부정행위에 대한 감시자(gatekeeper)로서의 사내준법통제의무를 사내변호사에게 담당시킴으로써, 사내변호사가 기업 및 일반 공중(public)에 대하여 충실의무를 부담하게 되었다.

이 제도를 도입할 당시 준법지원인을 의무적으로 설치할 기업의 규모에 대한 논쟁이 있었는데, 기업 임원들의 불법행위가 증가하고 주주 및 채권자 등 이해관계자를 보호하고, 작은 규모의 기업일수록 도덕적 해이가 더욱 만연하므로 모든 상장회사가 이 제도를 설치하여야 한다는 견해가 있는가 하면, 기업의 경제적 부담을 완화하기 위하여 그 설치기준으로 최근 사업년도 말 현재 자산총액기준으로 1,000억 이상 기업, 2,000억 이상 기업, 5,000억 이상 기업, 2조 원 이상 기업 등이 제시되었다.

상근감사를 두어야 하는 상장회사는 최근 사업연도 말 현재 자산총액이 1천억 원 이상의 상장회사이므로, 이에 맞추어 준법지원인도 자산총액이 1천억 원 이상인 주식회사에게 준법지원인을 두는 것이 타당하다고 생각되었으나, 기업의 비용지출을 염려한 나머지 최근 사업년도 말 현재 자산총액기준 5,000억 원 이상 기업에 한하여 준법지원인을 설치하도록 대통령령에 규정하였다.

변호사나 교수가 아니더라도 '법률적 지식과 경험'이 풍부한 사람 예컨대 파산관재인, 전 사외이사 그리고 10년 이상 경력의 법무팀 직원으로서 자격 있는 기관에서 과정을 수료한 자 등도 준법지원인의 자격이 있다.

법이 규정한 대로 준법지원인은 회사로부터의 독립성이 보장되어야 하고, 업무수행으로 인하여 불이익을 받아서도 안 된다. 그리고 업무수행과정에서 체득한 기업의 비밀을 발설해서는 안 되지만, 기업의 중대한 불법행위는 공익신고자보호법에 의하여 내부고발의 대상이 될 수 있을 것이다.

기업이 중대한 위험에 빠지게 되면 이를 회복하기 위하여 많은 비용을 지출하거나 또는 위험에서 빠져나오지 못할 수도 있다. 따라서 준법지원인이 기업으로 하여금 준법통제기준을 준수하게 함으로써 사고를 미리 예방하는 것이 현명하다.

/ 제3장 기업과 상인의 법 /

1인 주식회사에서 주주의 회사재산유용

과거에 주식회사는 사단으로서 2인 이상의 주주를 필요로 하였으나, 2001년 회사법 개정으로 1인 주주도 주식회사와 유한회사를 설립할 수 있게 되었다. 그렇지만 주식회사의 법제는 여러 명의 주주를 전제로 하여 규정되어 있는바, 주주총회의 소집이나 운영에 관한 법 규정을 1인 회사에 그대로 적용하기 어렵다. 즉 주주가 1인인 주식회사의 운영은 다수의 주주를 전제로 하는 보통 주식회사의 운영과는 차이가 있다.

예컨대 권한이 없는 자에 의하여 주주총회가 소집되더라도 1인 주주가 참석·결의를 하면 유효한 결의가 되고, 주주총회를 소집하지 않았더라도 1인 주주에 의하여 결의가 있었던 것처럼 주주총회 의사록이 작성되면, 그것이 주주의 의사에 반하지 않는 한 유효한 결의가 된다. 또 영업양도 시 1인 주주의 동의가 있으면 영업양도 시 요구되는 주주총회의 특별결의를 대신할 수 있다.

1인 회사의 주주가 그의 개인채무를 위하여 회사부동산을 담보로 제공하거나 이사회의 결의 없이 가지급금을 인출하는 행위가 형사상 배임 또는 횡령에 해당되는지가 문제 된다. 회사의 자산이 주주 1인이 출자한 자산으로 이루어지고, 이익배당의 대상도 오직 주주 한사람만이기 때문에 일견 회사와 1인 주주가 동일하다고 볼 여지가 있기 때문이다.

1인 회사의 주주가 주주총회의 특별결의 없이 회사의 중요자산을 양도한 경우 회사의 손해는 바로 그 1인 주주의 손해이고 회사에 대하여 손해를 가하려는 범의가 없으므로 배임죄가 성립하지 않는다는 과거 판례가 있었다(대법원 1974. 4. 23. 선고 73도2611 판결).

그러나 주식회사의 주주는 보유주식의 한도 내에서 유한책임을 부담하고, 회사자산은 주주를 위한 재산임과 동시에 회사채권자의 채권확보를 위한 책임재산이기 때문에 1인 주주와 회사의 이해관계가 동일하다고 할 수 없는바, 그 이후 대법원은 전원합의체판결로 배임죄가 된다고 하였다(대법원 1983. 12. 13. 선고 83도2330 전원합의체 판결).

또 1인 회사의 주주가 자기의 개인채무를 담보하기 위하여 회사 소유 부동산에 대하여 근저당설정등기를 해주어 채무를 면제받았다면 1인 주주는 위 부동산의 담보가치 상당의 이익을 얻고, 회사에게는 동액 상당의 손해를 끼쳤는바, 이는 주주와 회사를 별개의 인격으로 다루는 이상 배임죄가 성립한다고 하였다(대법원 2005. 10. 28. 선고 2005도4915 판결).

그리고 주식회사의 1인 주주 및 대표이사가 임무를 위배하여 주주나 회사채권자에게 손해를 끼치는 행위는 그 행위에 대하여 이사회나 주주총회의 결의가 있더라도 배임이 된다. 또한 1인 회사의 주주 겸 대표이사가 적법절차를 거치지 않고, 이자나 변제기의 약정 없이 회사자금을 가지급금 형태로 인출하여 회사의 업무와 무관한 개인채무변제나 대여용도로 사용하였다면 횡령죄가 된다(대법원 1996. 8. 23. 선고 96도1525 판결).

그리고 잠시 자금을 사용한 후 곧바로 반환할 의사가 있었거나 실제로 반환을 하였더라도 자기나 제3자의 이익을 위하여 자금을 사용할 의사가 있었기 때문에 불법영득의 의사가 있으므로 범죄가 성립된다.

1인이 주식회사를 설립하였다면 그의 전적인 의사에 따라 회사를 운영하고 자금도 사용하는 것이 무슨 문제가 되느냐고 반문할 수도 있을 것이다. 그러나 주식회사의 형태로 운영되는 한 1인 회사도 회사재산과 이해관계를 맺는 자는 1인 주주 외에도 회사채권자나 종업원 등 이해관계자가 존재한다.

법에는 1인 회사의 구성과 운영은 1인 주주에게 많은 권한을 부여하여 그의 뜻을 존중하여 운영되도록 규정을 하고 있다. 그러나 회사와 주주의 법인격이 서로 다르므로 적법절차를 거치지 않은 채 1인 주주 독단으로 회사재산을 사용하면 채권자 등 다른 이해관계자의 이익을 침해한 결과가 되어 형사책임을 부담한다는 점을 간과하지 말아야 한다. 만일 기업재산을 개인의 재산처럼 자유롭게 이용하고 싶으면 회사를 설립하는 대신에 자연인 상인의 자격으로 비즈니스를 하면 될 것이다.

/ 제3장 기업과 상인의 법 /

명목상 이사의 책임과 보수청구권

　명목상 이사는 특정 회사의 이사로 등기되어 있지만 실제로는 그 회사의 이사로서의 경영행위를 수행하지 않는 이사이다. 즉 특정인을 회사의 간판(이사)으로 내세우고 있지만 실질적으로 이사가 아닌 지배주주나 특정 배후자가 회사를 경영하는 것이다.

　그런데 법률행위의 책임은 그 행위로 인하여 실질적 이익을 얻는 자가 지는 것이 원칙이다. 그래서 실질적 권한이 없으며 경영행위에도 참여하지 않는 명목상 이사가 회사의 귀책사유로 발생한 손해에 대하여 책임을 지는지 여부 그리고 책임을 진다면 어느 한도까지인지가 문제 된다.

　대주주나 지배주주는 기업을 경영하면서 부담하게 될 민·형사상 책임에서 벗어나기 위하여 명목상 이사를 선임하여 그에게 일정한 대가를 지급하고, 자신은 배후에서 경영을 조종하는 경우가 많다.

기업 경영으로 인하여 회사나 제3자에게 손해가 발생할 경우 지배주주는 업무집행지시자로서 책임을 부담하겠지만, 업무집행지시자의 요건에 부합하지 않으면 책임에서 벗어날 수 있다. 한편 외관보호의 법리상 명목상 이사는 이사의 명칭을 사용하는 것만으로도 거래의 상대방인 제3자에 대하여 표시상 책임을 부담한다.

명목상 이사의 보수는 어느 정도까지 인정될 것인가? 예컨대 명목상 이사가 주주총회에서 결정한 이사보수액 전부를 받을 수 있을 것인가 아니면 실질적으로 이사로서 행위를 하지 않으므로 명목상 이사와 지배주주 간의 합의에 의한 일부의 보수만을 받을 수 있을 것인가가 문제가 되는데, 이와 관련된 사례를 살펴본다.

지방에 있는 ○○저축은행은 상호저축은행법의 제한을 회피하기 위해 타인의 명의를 차용하여 형식상의 주주나 임원을 등재하는 방법으로 특수목적법인을 설립하거나 인수한 후 그 특수목적법인에게 거액의 대출을 해주고, 법인은 그 자금으로 부동산개발사업을 진행하였다. 그리고 명목상 이사와 감사는 월 100~300만 원의 보수를 받았으나 실질적으로 이사와 감사의 직무를 수행하지는 않았다.

명목상 이사와 감사가 더 많은 보수를 청구하였으나 거절을 당하자 소송을 제기하였는데, 법원은 명목상 이사와 감사는 회사의 기관으로서 회사가 사회적 실체로서 성립하고 수행하는데 필요한 기초를 제공하고 있으며, 상법이 규정하고 있는 이사와 감사로서 권한과 의무를 갖기 때문에 의무위반에 따른 회사와 제3자에 대한 책임을 부담해야 하는바, 그 책임을 부담하는 만큼 정관의 규정이나 주주총회의 결의에 따라 결정된 보수를 청구할 권리가 있다.

따라서 명목상 이사와 감사가 위임사무인 이사의 직무를 실질적으로 수행하지 않았기 때문에 전체 보수를 청구할 수 없다는 민법의 위임에 관한 회사의 주장을 받아들이지 않았다. 즉 이사의 업무를 실질적으로 수행하지 않더라도 주주총회에서 선임된 이사와 감사는 이사로서 회사와 제3자에 대하여 법적 책임을 지므로 보수청구권도 인정된다.

다만 보수액은 직무 수행에 대한 보상으로 지급되는 대가이므로 그 이사·감사가 회사에 제공하는 반대급부와 지급받는 보수 사이에는 합리적 비례관계가 유지돼야 한다. 그래서 그 보수가 합리적인 수준을 벗어나 현저히 균형성을 잃을 정도로 과다하거나 오로지 보수의 지급이라는 형식으로 회사의 자금을 개인에게 지급하기 위한 방편으로 이사·감사로 선임했다는 등의 특별한 사정이 있는 경우에는 보수청구권의 일부 또는 전부에 대한 행사가 제한되고, 회사는 합리적이라고 인정되는 범위를 초과하여 지급된 보수의 반환을 청구할 수 있다고 판시하였다(대법원 2015. 9. 10. 선고 2015다213308 판결).

요컨대 명목상 이사나 감사는 외관의 법리에 따라 경영상 책임을 지며, 그에 따라서 주주총회에서 정한 보수액을 청구할 권리가 있으나, 보수액은 그가 실질적으로 경영에 관여한 정도에 의하여 제한할 수 있을 것이다.

 이른바 '바지사장'이라는 명목하에 실질적 권한 없이 이사의 직책만을 가지고 있는 명목 이사는 회사나 제3자에게 발생한 손해에 대하여 배상책임이 있다는 것도 유념해야 할 것이다.

/ 제3장 기업과 상인의 법 /

기업의 정치헌금기부

　상법상 회사는 법인으로서 자연인인 사람과 마찬가지로 권리능력이 있기 때문에 모든 권리와 의무의 주체가 될 수 있다. 다만 회사는 사람이 아니므로 자연인만의 특유한 성질을 전제로 인정되는 신체·생명에 대한 권리의무는 없다. 그리고 회사의 법인격이 법률에 의하여 부여되는바, 법의 정책적 목적에 의하여 회사의 권리능력을 제한할 수 있다.

　회사를 설립할 때 정관에 '회사의 목적' 사항을 등기하여야 하는데, 정관에 기재된 '회사의 목적'에 의해서 회사의 권리능력이 제한되는가에 관하여는 논란이 있다. 즉 회사는 정관이 정한 목적 범위 내에서만 권리의무의 주체가 되므로 법인의 권리능력은 정관의 목적 범위 내로 제한된다는 견해가 있다. 그러나 정관에 기재된 '회사의 목적'에 의하여 회사의 권리능력이 제한되지 않는다고 보는 것이 일반적인 견해이다.

판례는 회사의 권리능력은 회사의 설립근거가 되는 정관상의 목적에 의해 제한이 되지만, 그 목적범위 내의 행위라 함은 정관에 명시된 목적 자체에 국한되는 것이 아니라, 그 목적을 수행하는데 있어 직·간접적으로 필요한 행위가 모두 포함되고 목적수행에 필요한지 여부는 행위의 객관적 성질에 따라 판단하여야 한다고 함으로써 사실상 회사의 '목적의 범위'를 광범위하게 인정하고 있어 거의 무제한설에 가깝다.

한편 영리회사가 정관의 목적에 기재되어 있지 아니한 자선사업을 하거나 정치헌금을 기부하는 행위는 정관의 목적 범위를 벗어난 행위로서 허용되지 않는가? 일본에서 기업의 정치헌금행위는 정관의 목적범위를 벗어난 행위이기 때문에 정치헌금을 결의한 이사들이 충실의무를 위반하였다는 사유로 주주에 의해서 제소되었다.

일본 법원은 정당의 건전한 발전을 위하여 협력하는 것은 개인뿐만 아니라 회사에게도 기대할 수 있으며 회사도 자연인처럼 사회의 구성단위로서 국가나 정당을 지지하거나 반대할 수 있을 뿐만 아니라 납세의무를 부담하므로 기업의 정치헌금이 정관의 목적범위를 벗어나지 않았다고 보았다.

그렇다면 우리나라에서도 일본과 같은 해석을 할 수 있을 것인가? 회사의 법인격은 다양한 주주의 기본권을 기초로 하는데, 경영진의 정치헌금 기부행위가 다수 주주들의 의사와 배치될 수 있으며 나아가 정치헌금을 결정하게 된 계기가 특정한 정당이나 정당인에 대한 경영진의 친분행위로 말미암은 것이라면 정치헌금행위는 특정 경영진의 이익을 위한 행위라고 할 수 있다.

또 그 헌금이 회사의 이익과 무관한 경우에는 이사의 충실의무위반이 될 소지가 있으며 설령 회사이익을 위한 목적으로 정치헌금을 하였다 하더라도 뇌물의 성격을 배제할 수 없어 분쟁에 휘말릴 수도 있을 것이므로 기업의 정치헌금은 신중해야 한다.

법인의 정치자금 제공을 허용하는 방향으로 법을 개정하여야 한다는 주장이 있는데, 자본주의 시장경제를 근간으로 하는 자유민주주의 국가에서 민주적인 정치적 의사형성의 과정에 기업이 참가할 권리를 갖는 구성원이므로 정치헌금을 허용하여야 한다는 것이다.

한편 기업의 사회적 책임을 강조하는 견해에 의하면, 기업의 이윤은 기업의 노력뿐만 아니라 기업이 속한 사회 전체 구성원의 협력과 노력으로 이루어지는 만큼 기업이 그가 속한 사회에 대하여 공적 책임을 부담한다고 한다.

사회적 책임의 개념이 모호하지만 부의 불균등의 시정과 사회안정이라는 공공의 이익을 위하여 기업경영에 장애가 초래되지 않는 합리적 범위 내에서 그리고 경영진과 다수 주주의 동의를 전제로 기업 이윤의 사회환원 내지는 투자가 필요하다고 생각된다.

그러나 정치헌금은 뇌물의 소지가 될 수 있을 뿐만 아니라 의사에 반하여 헌금을 강요당할 소지가 있다는 점에서 신중한 접근이 필요하다.

/ 제3장 기업과 상인의 법 /

상법상 익명조합의 이용

　두 사람 이상이 상호 출자하여 공동사업을 경영하기로 약정하는 것이 일반적인 민법상 조합계약이다. 이와 달리 상법상 익명조합은 당사자 일방인 익명조합원이 그 상대방인 영업자의 영업을 위하여 자금을 출자하고, 영업자는 그 영업을 하여 얻은 이익을 분배할 것을 약정함으로써 성립한다.

　즉 익명조합의 일방인 영업자는 오직 영업만을 하고, 다른 일방인 익명조합원은 단순히 출자만 할 뿐 영업에 관여하지 않고, 영업자의 영업의 결과 수익이 발생하면 그 수익을 분배받는다.

　그러므로 익명조합원이 출자한 재산은 영업자의 재산이 되므로 익명조합은 영업자만의 단독기업이다. 따라서 설령 익명조합원이 출자한 투자금을 영업자가 다른 용도로 사용하더라도 횡령이라고 할 수 없으며, 이 경우 영업자는 익명조합계약의 위반으로 인한 민사상 배상책임을 질 뿐이다.

그래서 영업자가 영업활동의 결과로서 이익이 발생하지 않으면 익명조합원에게 이익을 분배할 의무가 없으며, 익명조합계약이 종료되면 영업자는 익명조합원에게 출자금을 반환하여야 하지만 만일 영업의 결과 손실이 났다면 손실된 범위 내에서는 반환의무가 없다.

이러한 익명조합은 익명조합원 본인은 영업에 대하여 감시를 할 수는 있으나, 제3의 감독기관의 규제나 감시는 받지 아니하므로 설사 영업자가 영업을 소홀히 하거나 출자자금을 부적절하게 사용하더라도 이를 효율적으로 그리고 신속하게 저지하기 어렵다.

즉 특정 사업에 투자하여 수익을 분배받을 수 있는 지분이나 권리는 간접투자의 대상이 되어 자본시장법 등에 의하여 금융감독기관의 감독과 규제를 받지만, 영업자가 익명조합의 방식에 의하여 투자를 받은 경우에는 감독기관의 규제나 간섭을 받지 않는다.

투자회사가 수익성이 높을 것으로 예상되는 경매물건을 낙찰받은 후, 온라인으로 투자자들로부터 투자금을 모아서 그 자금으로 잔금을 치르고 나중에 경매물건을 리모델링을 하는 등 자산가치를 높여서 고가로 매각하여 생긴 투자수익을 배분하는 방식으로 익명조합의 형태로 투자자를 모집한 사례가 있었다. 즉, 온라인을 통하여 투자자들을 모집하여, 회사와 개별 투자자가 1대1로 익명조합계약을 체결함으로써 감독기관의 규제와 감시에서 벗어날 수 있었다.

이들 회사는 익명조합형태의 투자가 주식·펀드 투자보다 안전하고 은행예금보다 고수익을 보장한다거나 또는 영업 성과와 상관없이 일정한 수익률을 보장한다고 하면서 투자자를 모집하지만, 익명조합에서는 이익이 없으면 분배할 의무도 없기 때문에 일정한 수익률을 보장해준다는 주장은 사실이 아니다. 그래서 낙찰받은 부동산 가격이 하락하거나 경매물건의 권리에 하자가 있으면 그로 인한 손실은 익명조합원이 부담해야 하는 위험이 있다.

익명조합 형태의 투자는 우리 상법에 근거가 있으므로 적법하지만, 투자금의 용도나 수익의 확정 및 배분에 대하여 제3의 감독기관에 의한 감독을 받지 않는다는 점에서 투자자에 대한 안전한 보호가 어려우므로 투자자는 익명조합투자를 하기 전에 영업자의 능력과 영업의 내용을 충분히 검토한 후에 투자 결정을 하여야 할 뿐만 아니라 투자 후에도 영업자의 영업에 대한 감시를 소홀히 하지 말아야 한다.

이익의 창출이 쉽지 않은 경제적 상황에서 과다한 투자수익의 보장을 미끼로 하는 익명조합형태의 투자자모집에 대하여 경계심을 늦추어서는 안 되고, 영업자의 능력과 신용도를 확인한 후 이익 창출이 확실하다는 믿음이 생긴 경우에만 익명조합투자를 하여야 할 것이다. 유사수신행위나 피라미드 사기 등 다양한 금융사기가 만연한 오늘날 합리적인 이유 없이 과장된 수익보장의 유인에 현혹되어 큰 손실을 입지 않도록 하여야 할 것이다.

/ 제3장 기업과 상인의 법 /

지배인제도의 남용을 경계하여야

 상법상 지배인(manager)은 특정한 상인 즉 영업주에 종속되어 그의 영업에 관한 재판상 또는 재판 외의 모든 행위를 할 수 있는 권한을 가진 상업사용인이다. 따라서 지배인은 실질적으로 영업주의 영업 전반에 대한 포괄적 대리권을 갖게 되며, 명칭과 상관없이 그러한 실질적 권한이 있어야만 지배인이라고 할 수 있다.

 그리고 지배인은 그가 속하는 본점이나 지점에 지배인등기를 공시하여야 한다. 이러한 지배인제도를 두는 이유는 상인이 혼자서 모든 영업행위를 하기 곤란하기 때문에, 상인의 영업행위의 범위를 널리 확장시려는 것이다. 기업이 법적분쟁에 휘말리게 되면 변호사를 선임하여 이를 수행하기도 하지만 법률 지식이 있는 직원을 지배인으로 등기한 후 그로 하여금 소송을 수행하게 하기도 한다.

 지배인이 아닌 자가 마치 지배인인 것처럼 지배인등기를 마치고 특정한 소송사건에 관한 가처분신청 및 소송서류작성, 법정출석 등을 하다가 적발되어 변호사법위반죄로 기소된 사건에서 영업에 관한 포괄적 대리권을 가지는 지배인으로서의 실질을 갖추지 못한 자가 변호사가 아니면서 오직 특정한 법률적 분쟁만을 해결하기 위하여 그 대리권 획득의 수단으로서 지배인등기를 하는 것은 변호사법에 위반된다고 판시하였다(대법원 1978. 12. 26. 선고 78도2131 판결).

다른 사례로서, K는 회사의 '**지역본부의 소송팀'의 지배인으로 등기하고, 회사의 채무자를 상대로 소송을 제기한 사안에서 '**지역본부 소송팀'이란 명칭에서 알 수 있듯이 단순히 회사의 채권 회수를 위한 소송업무만을 전담하기 위하여 설치된 부서에 불과하고 독립적인 영업활동을 할 수 있는 상법상의 영업소가 아니므로 K는 특정 영업소의 지배인이라고 할 수 없다고 판시한 사례가 있다.

준법정신이 희박한 일부 기업이 상법상 지배인의 소송대리권을 악용하여 지배인이 아닌 자를 지배인으로 등기하여 소송업무를 맡기거나 채권추심회사나 카드회사가 지배인이 아닌 자를 지배인으로 등기한 후 이들로 하여금 소송을 전담시키는 경우도 있다고 하는데, 이러한 '가장지배인' 또는 '사이비 지배인'은 불법적인 브로커에 불과하다.

지배인에게 소송대리권을 인정하는 이유는 상인인 영업주가 직접 소송을 하는 불편을 덜어주려는 것이 그 목적이며, 사이비 지배인 등으로 하여금 소송만을 전담시키는 것을 허용하려는 것이 아니다.

그리고 가장지배인의 소송행위는 변호사 아닌 자가 경제적 대가를 목적으로 하는 소송행위를 금지하는 변호사법 제109조 제1호에 위반되어 변호사대리의 원칙을 침해한다. 법원도 가장지배인에 의한 소제기는 소송대리권이 없는 자의 소송행위로서 사법의 신의성실의 원칙에 위반되는 행위로 보아서 본안심리를 하지 않고 소를 각하하고 있는 실정이다.

우리 사회가 불법 브로커들의 위법행위로 인하여 혼란이 가중되고 있다. 수십억 원 상당의 금융 대출을 알선하고 거액의 수수료를 받아 챙기는 대출 브로커가 있는가 하면, 기업회생절차가 진행 중인 기업의 법정관리인에게 접근하여 회생계획안에 대한 동의를 얻어 주겠다고 하면서 비자금을 가로챈 브로커도 있다.

불법 브로커가 법정을 공공연하게 드나들게 되면 재판의 권위가 추락할 것이고 변호사에 의한 정당한 변론을 받을 국민의 권리도 침해될 것이다. 나아가 적법절차에 의한 분쟁의 해결이라는 원칙이 증인 매수, 재판관에 대한 불법 로비 형태로 변질되는 등 사법정의의 실현은 멀어질 것이다. 기업도 가장지배인이나 법조브로커가 발붙이지 못하도록 법조와 기업이 함께 노력할 필요가 있다.

학원강사의 전직금지약정의 효력

경업금지란 특정 상인이 자기 영업을 보호하기 위하여 자기와 일정한 관계가 있는 상업사용인이나 이사 등에게 그의 영업과 경쟁적 성질을 띠는 행위를 하지 못하도록 하는 것으로서 우리 상법이 규정하고 있다.

한편 법적 근거가 없더라도 당사자 간의 합의에 의하여 경업금지를 약정할 수도 있는데, 예를 들면 학원 강사나 전문기술자가 회사에 취직할 때에 경업금지를 약정할 수 있다. 그런데 합리적인 범위를 넘어서는 당사자 간의 경업금지약정은 직업선택의 자유를 침해할 뿐만 아니라 선량한 풍속 기타 사회질서에 위반되어 무효가 될 수도 있다.

사례를 살펴보면, B 강사가 강남소재 A 학원에 취직하면서, 학원에서 퇴직한 후 1년 이내에 A 학원으로부터 반경 5킬로미터 이

내에서 A 학원의 동의 없이 다른 학원에 취직하여 강의를 하거나 학원의 설립을 금지하는 약정을 체결하였다. 그 후 B 강사는 학원을 퇴직하고, 1년 이내에 학원에서 100미터가량 떨어진 다른 학원에 취직하였다. 이에 A 학원은 경업금지약정 위반을 이유로 위약금을 청구하자, B 강사는 체결된 경업금지약정은 사회질서에 위반되어 무효라고 주장하였다.

법원은 당해 사용자만이 가진 특수한 지식은 사용자의 객관적 재산이므로 그러한 지식과 기능은 영업상 비밀로 보호받아야 할 법익이고, 이를 위하여 일정 범위 내에서 근로자의 경업행위를 금지하는 특약은 적법하다. 다만 경업제한이 합리적인 범위를 넘어 직업선택의 자유를 침해하고 근로자의 생존을 위협하는 경우는 사회질서의 위반이 되어 무효라고 하였다.

그런데 A 학원이 강사에게 임금 이외의 경업금지에 따른 별도의 대가를 지불하지 않았고, 나아가 강사가 자기 실력으로 수학강의를 하였을 뿐 학원의 노하우나 영업비밀을 취득하였다고 볼 여지도 없으며, 제한의 내용도 합리성과 타당성이 결여되었다. 따라서 경업금지약정은 A 강사의 타 학원으로의 전직을 방지하여 학원의 독점적 영업이익을 누리기 위한 수단에 불과하여, 그러한 경업금지약정은 민법 제103조의 건전한 사회질서에 위반되어 무효라고 하였다 (서울중앙지방법원 2008. 1. 10. 선고 2007가합86803(?) 판결).

한편 전직금지약정을 하였더라도 전직자가 보호받을 만한 영업비밀을 가지고 있지 않고, 단지 노하우만을 가지고 있는 경우에는 전직금지약정은 효력이 없으며, 또 전문분야의 업무수행 중 자연스럽게 알게 되는 정보는 영업비밀이라고 볼 수 없으므로 그에 대한 전직금지약정도 효력이 없다고 하였다.

이 판결은 기존학원이 강남지역의 이권을 이용하여 학원사업을 선점하고, 다른 경쟁업체의 출현을 막을 뿐만 아니라 경제적 약자인 근로자에게 불공정하고 불리한 경업금지약정을 강요하는 횡포에 제동을 걸었다.

그러나 갑이 디스플레이 및 관련 제품의 제조·판매업 등을 영위하는 을 주식회사에서 플렉서블(Flexible) 유기발광 다이오드(OLED) 양산을 위한 전저 기술인 PI(Polyimide) 기판 개발업무를 포함한 모바일향 OLED 개발업무에 종사하다가 퇴사하면서 '퇴직일로부터 2년간 재직기간 중 취득한 영업비밀 등이 누설되거나 이용될 가능성이 있는 회사를 창업하거나 국내외 경쟁업체에 전직, 동업, 고문, 자문, 기타 협력의 지위를 가지지 않겠습니다'라는 내용이 포함된 영업비밀 등 보호서약서를 작성·제출하였다.

그런데 갑이 퇴직일로부터 2년이 경과하기 전에 중국에 소재한 국영 디스플레이 생산업체의 협력회사에 입사하여 근무하자 을 회사가 전직금지가처분을 신청한 사안에서, 갑은 퇴직일로부터 2년간 을 회사의 경쟁업체인 회사 및 그 영업소, 지점, 연구소, 사업장 또는 그 계열사에 고용되어 근무하거나, 자문제공계약을 체결하는 등의 방법으로 위 회사가 수행하는 OLED 방식 디스플레이의 연구·개발업무에 종사하여서는 안 된다고 하였다(수원지방법원 2018. 7. 3. 선고 2018카합10106 판결).

생각건대 전직금지나 경업금지약정은 근로자에게 불리하지 않도록 신중하게 적용되어야 한다. 특히 경업금지에 따른 충분한 대가를 지불하지 않는 금지약정은 효력이 없는바, 근로자의 직업선택의 기본권이 침해되지 않는 범위 내에서 경업금지가 허용된다고 본다.

전자적 방법에 의한 주주의결권행사

주식회사는 소유와 경영이 분리되어 주주는 투자액 한도 내에서의 유한책임을 지며, 전문경영인은 경영에만 전념함으로써 경영의 효율성을 기하고, 감사나 감사위원회가 기업의 경영을 감시하고 감독한다.

아주 오래전에는 주주총회가 중심이 되어 회사가 운영되었지만 점차 그 힘의 중심이 이사회로 이동하였는데, 그 이유는 주주총회를 구성하는 일반 주주들이 경영에 관여할 동기가 약해지고 주가상승으로 인한 경제적 이익에 주로 관심을 갖는데 비하여, 전문경영인은 경영성과를 바탕으로 스탁옵션의 획득 등을 목적으로 적극적으로 회사를 운영하기 때문이다.

그럼에도 불구하고 회사의 주인인 주주의 이익이 우선적으로 보호되어야 하고 경영인의 의사결정은 전체 주주의 의사에 따라서 행사되어야 하고 그 범위 내에서 통제되어야 한다. 따라서 전체 주주로 구성되는 주주총회는 법률 또는 정관이 정하고 있는 중요한 사항을 결정하는 필요적 상설기관으로서 주주총회의 결의는 다른 회사의 기관을 구속하는 점에서 여전히 주식회사의 최고기관이다.

그리하여 주주총회는 이사와 감사의 선임과 해임, 재무제표의 승인, 정관변경, 회사의 해산·합병·영업양도 등 회사의 조직과 구성 및 운영 주체의 중요한 결정을 할 권한을 갖는다. 그러나 일반 주주들이 주주총회에 적극적으로 참석하여 의사를 표현하려고 하지 않으므로 총회의 의결정족수의 부족으로 결의 자체가 이루어지지 않을 수도 있다.

이러한 문제점을 해결하기 위하여 우리 상법은 주주총회에서의 전자적 방법에 의한 의결권행사를 2010년 5월 28일 시행하였는바, 회사는 이사회의 결의로 주주가 총회에 출석하지 아니하고 전자적 방법으로 의결권을 행사할 수 있음을 정할 수 있도록 함으로써 일반 소액주주들의 의사를 반영하도록 하였다(상법 제368조의4 제1항).

기업은 전자투표 관리기관인 한국예탁결제원과 계약을 맺어 전자투표시스템에 주총의 의안과 의안별 자료, 의결권 제한 내용 등을 올리면 주주들은 주총이 열리기 하루 전까지 온라인으로 투표할 수 있다. 본인 확인을 위해 범용 또는 증권거래용 공인인증서로 로그인해야 한다. 기업은 이 결과를 통보받아 오프라인 주총 결과와 합산한 최종 결과를 시스템에 등록하고, 주주들은 온라인에서 결과를 조회할 수 있다.

이때 주주총회의 소집통지·공고에 전자투표의 방법으로 의결권을 행사할 수 있음과 전자투표를 할 인터넷 주소, 투표기간 등을 기재해야 한다. 한편 전자투표를 할 주주는 전자서명법이 정하는 공인전자서명을 통하여 주주확인을 받은 후, 회사가 정한 투표방법에 따라 전자투표를 하면 된다. 그리고 회사는 주주총회의 결의를 개표할 때까지 전자투표의 결과에 대하여 비밀을 유지하여야 하는데 그 이유는 전자투표의 결과가 주주총회 의결에 영향을 미쳐서는 안 되기 때문이다.

전자투표는 주주가 주주총회에 참석하지 않고 의안에 대하여 결정을 하는 것이므로 의결권을 행사할 의안에 대한 찬부를 결정할 수 있을 정도의 참고자료가 제공되어야 한다. 또 회의에 직접 참석하지 않으므로 의안에 대한 찬성과 반대 정도만을 할 수 있으며, 수정동의에 대한 전자투표는 할 수 없고, 전자투표를 한 주주가 의결권행사를 철회하거나 변경하지 못한다.

전자투표는 격지자 간의 의사표시이므로 전자투표가 회사에 도달해야 효력이 있다. 그리고 주주가 회사가 지정한 전자정보처리조직(컴퓨터)에 투표의사를 입력한 때에 회사에 도달된 것으로 보아야 한다. 따라서 지정된 전자정보처리조직이 아닌 다른 시스템에 의사표시를 입력하더라도 투표로서의 효력이 없다.

전자투표제도가 시행된 후 2010년 9월경 선박투자회사인 아시아퍼시픽 제11호와 제12호가 한국결제예탁원에 위탁하여 같은 달 19일부터 28일까지 예탁원 전자결제시스템을 통하여 정기주주총회 안건에 대한 전자투표를 처음으로 실시하였다.

정관의 규정이 없더라도 이사회의 결의만으로 전자투표가 가능하고 소액주주도 총회에 참석하지 않은 채 의안에 대한 참고자료를 충분히 검토한 다음에 의결권행사를 할 수 있다는 점에서 유익한 제도이다.

주주총회에 참석하지 않는 주주는 서면투표의 방식으로도 의결권을 행사할 수 있다. 서면투표란 정관규정에 근거가 있는 경우 주주가 실제로 열리는 주주총회에 참석하는 대신, 회사가 송부한 서면에 의안에 대한 찬반의사를 표기한 후 주주총회일 전일까지 회사에 도달시킴으로서 투표권을 행사하는 것이다.

회사가 전자투표와 서면투표를 동시에 허용하는 경우에는 동일 주식을 가진 주주는 전자투표와 서면투표 중 어느 하나만을 택하여 의결권을 행사해야 한다. 만일 동일 주식을 가진 주주가 서면투표와 전자투표를 동시에 한 경우에는 먼저 도착한 투표를 유효한 투표로 보아야 할 것이다.

/ 제3장 기업과 상인의 법 /

주주의 이사회의사록에 대한 열람등사청구권

주주는 영업시간 내에 이사회 의사록의 열람 또는 등사를 청구할 수 있다(상법 제391조의3 제3항). 다만 회사는 의사록의 열람·등사청구를 거절할 수 있으되, 거절된 경우 청구한 주주는 법원의 허가를 얻어 이사회의사록을 열람하거나 등사할 수 있다. 주주에게 의사록의 열람 및 등사권을 인정하는 이유는 회사의 주인인 주주에게 회사의 경영감독권을 부여하여 부당한 경영진의 결정으로부터 회사와 주주를 보호하기 위한 것이다.

이와 관련된 '대법원 2014. 7. 21. 선고 2013마657 판결'을 소개한다.

을 법인이 갑 엘리베이터 주식회사와 갑 회사의 엘리베이터 사업부문을 분리하여 경영권을 취득할 의향서를 체결하였다가 이를 해제한 후, 갑 회사의 35% 지분을 확보하였다. 한편 H 그룹의 지주회사격인 갑 회사는 H 그룹 전체의 경영권을 확보하기 위하여 H 상선(주)에 대한 경영지배가 필요하였고, 이를 위하여 갑 회사는 H 상선에 대한 경영권을 유지하기 위하여 H 상선 주식을 기초자산으로 한 파생상품계약을 체결하였다.

이 파생품계약때문에 갑 회사는 커다란 손실을 입을 위험에 빠졌으며, 갑 회사가 자금을 준비하지 못한 채 H 건설(주) 인수에 참여하였다가 우선협상자의 지위를 상실하였다. 을 법인은 갑 회사의 이사들이 체결한 파생상품계약의 정당성 여부, H 건설의 인수에 참여하였다가 실패한 이사들의 책임을 묻기 위하여 갑 회사를 상대로 이사회의사록의 열람 및 등사를 청구하였다.

이에 대하여 갑 회사는, 을 법인이 갑 회사 주식지분 35%를 취득하였고, 또 갑 회사에게 H 상선의 경영권의 확보를 도와주는 대신에 갑 회사의 엘리베이터 사업부문을 인수하고 싶다는 제안서를 보내는 등 제반 정황으로 볼 때, 을 법인은 주주의 지위를 이용하여 갑 회사로부터 엘리베이터 사업부문을 인수하거나 이와 관련된 협상에서 유리한 고지를 차지하기 위한 목적, 즉 적대적 인수합병을 목적으로 의사록의 열람 및 등사를 부당하게 청구하는 것이라면서 이를 거절하였다.

원심법원은 파생상품계약으로 인한 손실은 이미 공시되어 있기 때문에 이사회의사록을 열람하지 않더라도 확인을 할 수 있고, 을 법인이 갑 회사에 대한 적대적 합병 시도를 지속적으로 진행하여 온 점 등으로 보아서 이사회의사록에 대한 열람등사청구는 경영 감독의 목적을 벗어난 것으로서 부당하다고 하였다.

그러나 대법원은 H 상선은 사업부진과 주가하락으로 대규모 손실을 계속 보고 있어서 H 상선 주식을 기초자산으로 한 파생상품계약을 체결 유지하느라 갑 회사가 이미 커다란 손실이 입었고, 갑 회사가 H 건설의 인수입찰에 참여를 하면서 납입한 입찰보증금의 일부가 몰수될 상황에 처해 있으며, 나아가 파생상품계약체결의 찬성을 한 이사를 확인하려던 이사회 의사록을 열람할 필요가 있다. 즉 갑 회사에게 손해를 입힌 이사들을 상대로 한 대표소송의 제기 및 이사해임의 청구를 하기 위해서는 이사회의사록의 열람등사청구를 할 필요가 있다면서 원심결정을 파기환송하였다.

이 사건은 을 법인이 갑 회사의 엘리베이터 사업부문 인수를 위한 유리한 지위를 차지하기 위한 의사를 가지고 있더라도, 갑 회사의 이사들이 위험한 파생상품계약을 체결하여 회사에게 손해를 입혔거나 이사들이 무리한 기업인수작업에 참여하여 회사에게 손해를 끼친 사실 등이 있다면, 주주는 회사에 대하여 의사록의 열람 및 등사를 청구할 권원이 있다는 점을 확인하여 주었다는 점에서 그 의미가 있다.

/ 제3장 기업과 상인의 법 /

총회참석주주에 대한 이익공여금지

주주총회에서 보통결의나 특별결의를 하려면 다수의 지분을 가진 주주가 참석해야 의결정족수를 채울 수 있다. 대부분의 소액주주들은 주주총회 참석에 관심이 없기 때문에 이들의 주주총회 참석을 독려하기 위하여 이들에게 상품권이나 이익을 제공하는 경우가 있다. 그런데 경영권 쟁탈전이 발생하는 경우 현재 경영진이 유리한 상황을 만들기 위하여 과다한 이익을 총회 참석주주에게 공여하면 주주 전체의 이익을 해치는 행위가 되어 위법하다.

우리 상법은 주주의 권리행사와 관련된 이익공여의 금지에 관하여, 회사는 누구에게나 주주의 권리행사와 관련해 재산상의 이익을 공여할 수 없으며, 회사가 특정 주주에 대해 무상으로 재산상의 이익을 공여한 경우에는 주주의 권리행사와 관련해 이를 공여한 것으로 추정하고, 이를 위반해 재산상 이익을 공여받은 자는 이를 회사에 반환해야 한다(상법 제467조의2).

만일 주식회사의 이사 등이 주주 권리행사와 관련해 회사의 계산으로 재산상의 이익을 공여한 경우엔 1년 이하의 징역 또는 300만 원 이하의 벌금에 처한다고 규정하고 있다(상법 제634조의2 제1항).

따라서 주주의 권리행사에 관한 이익공여죄는 주주의 권리행사와 관련 없이 재산상 이익을 공여하거나 그러한 관련성에 대한 범의가 없는 경우에는 성립할 수 없다. 주주의 권리행사와 관련이 없는 주주에 대한 이익의 공여는 회사의 주인인 주주에게 이익을 환원하는 것으로서 아무런 문제가 되지 않는다.

또 주주의 권리행사와 관련된 재산상 이익을 공여하더라도 그것이 의례적이거나 불가피한 것 등 특별한 사정이 있는 경우에는 법질서의 정신이나 그 배후에 놓여 있는 사회윤리 내지는 사회통념에 비추어 용인될 수 있는 행위로서 사회상규에 위배되지 아니하는 행위이므로 위법하다고 볼 수 없다. 그래서 장시간 동안 계속된 주주총회에 참석한 주주들에게 점심식사를 제공하거나 비오는 날에 우산을 제공하는 등의 사은품제공은 사회통념에 비추어 볼 때 허용된다.

회사 대표이사가 사전투표 또는 총회에서의 직접투표에 참여하여 의결권을 행사한 주주들에게 20만 원 상당의 상품교환권을 제공한 것이 위법한가에 대한 판결을 소개한다(대법원 2018. 2. 8. 선고 2015도7397 판결). 현재 임원과 이를 반대하는 주주 사이에 경영권 쟁탈전이 전개되는 상황에서 대표이사가 주도적으로 주주총회의 사전투표기간을 연장하면서 사전투표기간의 의결권행사를 조건으로 주주들에게 상품교환권을 제공하였고, 그 금액도 사회통념상 허용되는 범위를 넘었다.

사전투표기간에 이익공여를 받은 주주 중 75%에 해당하는 주주가 현재 대표이사를 지지하는 투표를 한 점 등을 종합하여 보면 주주에 대한 20만 원 상당의 이익공여행위는 단순히 투표율을 높이거나 의결정족수의 확보를 위한 것이라기보다는 현재 대표이사의 이익을 위하여 주주들의 의결권행사에 영향을 미치려는 의도가 있었다고 볼 수 있으므로 위법하다고 하였다.

전자주주총회가 활성화되어 주주총회의 의결정족수가 부족한 상황이 발생할 가능성은 줄었지만, 여전히 경영권 쟁탈과정에서 유리한 고지를 차지하기 위하여 어떠한 형태든 이익공여를 제공할 가능성은 존재한다.

주주총회에 직접 참석한 주주에게 이익을 제공하는 것이 위법하지 않으려면 주주의 권리행사와 관련이 없는 이익공여라는 점을 증명하거나 이익공여의 동기·방법·금액 등을 종합하여 볼 때 이익공여의 정도가 의례적이거나 불가피한 정도에 그쳐야 할 것이다.

제3자에 대한 신주식의 배정

　기업은 회사를 설립할 때 주주로부터 자본을 모집하지만 회사의 규모가 커지면 더 많은 자금이 필요하게 된다. 이때 자금을 확충하는 방법으로 회사채발행 등 타인자본을 조달하는 방법과 자기자본을 조달하는 방안이 있는데, 타인자본은 금리부담이나 절차상 제약이 따르므로 주로 자기자본의 확충하는 방안으로 신주를 발행하게 된다.

　회사가 신주를 발행하는 경우 기존 주주를 보호하기 위해서 주주에게 기존 주식 수에 비례하여 신주를 배정하는 것이 원칙이지만, 예외적으로 정관의 규정이 있으면 신기술의 도입, 재무구조의 개선 등 회사의 경영상 목적을 달성하기 위하여 필요한 경우 주주 이외의 제3자에게도 신주를 배정할 수 있다.

　하지만 주주 아닌 제3자에게 신주를 배정하게 되면 기존 주주가 보유하는 주식은 그 가치가 하락하여 주주의 이익이 침해될 뿐만 아니라, 회사에 대한 지배권이 변동될 수 있기 때문에 법이 명시한 특별한 사유가 인정되는 경우에만 제3자에게 신주배정을 한다.

제3자에 대한 신주배정은 정관에 근거가 있음은 물론이고, 그 내용이 구체적이어야 하는데, 예컨대 임원이나 종업원처럼 신주인수권자의 범위가 특정되어야 하므로 신주인수권자가 제3자라는 식으로 막연하게 기재가 되어있는 정관은 제3자 신주배정의 근거가 되지 못한다.

제3자 신주배정과 관련된 판결을 살펴본다(대법원 2009. 1. 30. 선고 2008다50776 판결). A 주식회사의 25% 주식을 가진 주주 B가 주주총회에 자기 측 인사를 이사와 감사로 추가하는 안건이 상정되어 있는데, B가 A 회사에 대하여 회계장부열람 등사신청을 하였으나 거절을 당한 후 법원에 장부열람 및 등사가처분신청을 하여 인용결정을 받는 등 B 주주와 A 회사 간에 경영권 분쟁이 발생한 상황에서, A 회사는 이사회를 개최하여 제3자에 대한 신주배정을 결의하고, 발행주식의 30% 상당의 신주를 C 회사에게 배정하였다.

그 결과 C 회사가 A 주식회사의 발행주식 총수의 23%를 보유한 최대주주가 되고, B 주주의 주식 지분율은 18%로 감소하였다. 또 A 회사는 B 주주에게 우호적인 이사와 감사를 해임하기 위한 주주총회를 개최하였으나 의결정족수의 미달로 해임안이 부결되었다.

이를 종합하면 A 회사가 C 회사에 대하여 신주를 배정한 목적은 정관이 정한 재무구조의 개선이나 신기술도입을 위한 것으로 보기 어렵고 현재 경영진의 경영권의 방어목적으로 배정한 것으로 볼 수 밖에 없었다.

나아가 C 회사로부터 기술을 도입할 필요성도 없었을 뿐만 아니라, 재무구조개선의 긴급성도 없었다. 그래서 신주의 발행을 사후에 무효로 할 경우 거래의 안전과 법적 안정성을 해칠 우려가 있으므로 신주발행무효의 소에서 그 무효원인은 엄격하게 제한 해석하여야 하지만, 이 사건처럼 A 회사가 법령이나 정관을 위반하여 제3자에게 신주발행을 하였고 그것이 주식회사의 본질 또는 회사법의 기본원칙에 반하거나 기존 주주들의 이익과 회사의 경영권 내지는 지배권에 중대한 영향을 미치기 때문에 제3자에 대한 신주발행은 무효라고 판시하였다.

또 제3자 배정에 의한 유상증자를 반대하는 주주들이 있음에도 불구하고 이들의 의견을 무시한 채 이사회 결의만으로 발행한 신주 중 97% 상당을 특정한 주요주주에게 배정을 하였다면, 이는 주식회사 주주권의 기본원칙인 주주평등의 원칙에 위배될 뿐만 아니라, 상법 및 정관에서 정한 주주의 신주인수권을 침해한 것이며, 설사 위 회사가 재무구조의 악화로 인한 자금지원요청에 따라 긴박한 자금조달의 필요성에 의하여 신주발행의 필요가 있다고 하더라도 그러한 사정만으로 신주발행이 유효하다고 볼 수 없다.

따라서 제3자 배정을 받은 주요주주는 신주를 발행받기 전에는 그들의 소유 주식만으로는 주주총회에서 자기 측의 이사를 선임할 수 없었으나 신주배정으로 말미암아 지배적인 주주의 지위에 서게 되었고, 이로써 피신청인측이 주주총회 및 그 이후 개최되는 주주총회에서 신주의 의결권에 기하여 지배적인 주주로서 이사를 선임하는 등 권한을 행사함으로써 신청인 측을 배제한 채 회사의 경영권을 장악할 수 있게 되었다면, 이는 신청인 측에게 회복할 수 없는 손해를 입게 할 우려가 있다고 할 것이므로 의결권 행사금지를 청구하는 가처분사건에서 보전의 필요성이 있다고 하였다(대구지방법원 김천지원 2003. 3. 13. 선고 2003카합9 판결)

오늘날 기업들이 경영권의 차지하기 위하여 현재 경영진과 지배주주가 자기들에게 우호적인 특정한 제3자에게 신주를 배정하는 사례가 늘고 있다. 이와 같은 제3자 신주배정의 남용을 방지하기 위해서는 제3자 배정의 필요성인 신기술의 도입이나 재무구조개선 목적 등의 사유를 엄격하게 제한 해석하여야 할 것이다.

특히 경영권의 장악 내지는 유지를 목적으로 하는 제3자 신주배정은 이해관계가 다른 주요주주들 간에 분쟁의 원인을 제공하여 기업이 경영권 분쟁의 소용돌이에 빠지는 어려운 상황에 직면할 수 있다. 신주인수권의 제3자 배정은 가능하면 제한을 하되 필요한 경우에는 그 사유를 명백하게 제한함으로써 남용의 여지를 줄여야 할 것이다.

/ 제3장 기업과 상인의 법 /

기업의 미공개정보이용의 금지

　우리 자본시장법 제174조는 당해 법인 및 그의 임직원 또는 당해 법인의 주요주주와 인가·허가·감독권을 가지는 자 등은 상장법인의 업무와 관련된 미공개 중요정보를 특정증권 등의 매매, 그 밖의 거래에 이용하거나 타인에게 이용하게 하여서는 아니된다는 미공개정보이용금지를 규정하고 있다. 미공개 중요정보라 함은 투자자의 투자판단에 중대한 영향을 미칠 수 있는 정보로서 대통령령으로 정하는 방법에 따라 불특정 다수인이 알 수 있도록 공개되기 전의 정보이다.

　이사와 같은 회사내부자가 그 지위를 이용하여 취득한 미공개의 중요정보, 즉 내부정보를 근거로 회사의 증권이나 이를 기초한 금융투자상품을 거러하는 '내부자거래'는 시세조종과 더불어 자본시장의 신뢰를 해치는 대표적인 불공정행위이다.

이 내부자거래는 회사의 내부자와 일반투자자 사이의 정보의 비대칭(Asymmetry of Information)으로 말미암아 건전한 시장기능을 해치는 동시에 일반 투자자의 투자판단을 저해하여 그들에게 부당한 손해를 입힌다.

정보의 비대칭이라 함은 거래가 이루어지는 상황에서 한쪽이 다른 쪽보다 더 많은 정보를 가지고 있는 상태로서 결과적으로 역선택이나 도덕적 해이와 같은 문제가 발생한다. 그리하여 내부자거래는 내재적으로 불공정한 것이므로 내부정보를 가진 자는 그 정보를 공개하지 아니하면 거래를 하여서는 안 된다(disclose or abstain rule)는 정보평등이론이나 그 밖의 신인의무이론(The fiduciary duty theory) 또는 부정유용이론(The misappropriation theory) 등에서 내부자거래규제의 이론적 근거를 찾는다.

특정 회사가 주가부양의 방법으로 '자사주취득 후 이익소각'을 검토하고 있다는 정보가 중요한 정보인가? 협회등록법인인 '××종합개발'의 주식 액면가는 1,000원인데 2004년 1월 2일 이후 주가가 계속 400원 미만이어서, 관리종목지정을 피하기 위하여 주가부양이 필요하였고 그러한 사정은 주식시장에 널리 알려져 있었다.

동 회사는 주가부양을 위하여 2003년 6월경 자사주신탁과 같은 해 11월경 액면분할을 시도하였으나 모두 실패하였고, 그 후 주식관리담당임원이 2004년 1월 중순경 주가부양을 위하여 '자사주취득 후 이익소각'이라는 방안을 준비하여, 2004년 2월 9일 '자사주

직접취득 및 이익소각에 관한 건'이라는 품의서가 작성되고 같은 달 11일 이사회가 위 안건을 의결하고 같은 날 이를 공시하였다.

그런데 이 정보가 공개하기 전인 2004년 1월 중순경 주식관리 담당임원이 '××종합금융증권회사'의 직원에게 이 정보를 알려주었고, 이를 근거로 증권회사직원이 증권거래를 한 행위가 미공개정보이용에 해당되는지 여부에 관하여 살펴본다.

2004년 1월 중순 당시 '××종합개발'은 관리종목 지정을 피하기 위하여 주가부양이 절실하였으며, 주식관리임원이 '자사주취득 후 이익소각'이라는 방안을 제시하고 그 준비를 지시한 점, 자사주신탁 및 액면분할이 이미 실패한 상황에서 다른 주가부양방법이 채택될 가능성은 크지 않았으며, 이후 실제로 위 방안을 주가부양방법으로 채택된 점 등을 종합하면, '자사주취득 후 이익소각'은 2004년 1월 중순 당시 현실화가 될 개연성이 충분하였을 뿐만 아니라, 회사경영이나 주가에도 상당한 영향을 미쳤다.

또 법인 내부에서 생성되는 중요정보는 어느 한순간에 완성되기보다는 여러 단계를 거치는 과정에서 구체화되는 것이므로, 그 정보가 객관적으로 명확하고 확실하게 완성된 경우에만 중요정보가 생성되었다고 할 것은 아니고, 합리적인 투자자의 입장에서 그 정보의 중대성 및 사실이 발생할 개연성을 비교 평가하여 유가증권의 거래에 관한 의사결정에서 중요한 가치를 지닌다고 생각할 정도로 구체화가 되었다던 중요정보가 생성된 것으로 볼 수 있다.

그러므로 2004년 1월 중순경 회사 내부에서 주가부양의 방법으로 '자사주취득 후 이익소각'의 방안이 확정되지는 않았지만 구체적으로 검토되고 있다는 정보는 중요정보이고 이를 공개하기 전에 이 정보를 근거로 한 거래행위는 미공개정보이용금지 위반이라고 판시하였다(대법원 2009. 11. 26. 선고 2008도9623 판결).

미국 나스닥증권거래소 전 위원장인 버나드 메이도프는 유명인사들의 자금을 사기술로 650억 달러 상당을 끌어모으는 다단계 금융사기(폰지사기)를 벌이다가 150년형을 선고받았는바, 미국은 내부자거래 등 금융사기에 대하여 가혹할 만큼 중형에 처하고 있다.

월스트리트저널에 의하면 기업비밀정보를 이용하는 내부자거래는 월가의 공공연한 비밀관행으로 이뤄져 왔으며, 헤지펀드들은 애널리스트들을 동원하여 이러한 정보를 취득해 수익을 얻어왔다고 비판하였다.

한편 버락 오바마 전 미국대통령은 법무장관이 직접 지휘하는 금융범죄 특별조사단을 창설하는 행정명령을 발표하고 모기지 대출사기 및 월스트리트 내부자거래 등의 집중단속을 하기도 하였다.

우리나라가 내부자거래에 대하여 지나치게 관용을 베푸는 것은 아닌지 의문이다. 내부자거래는 자본시장의 근간을 무너뜨린다는 점에서 자본시장과 선량한 투자자의 보호를 위하여 그 위반행위에 대하여 미국처럼 엄정한 책임을 물어야 할 필요가 있다.

/ 제3장 기업과 상인의 법 /

종류주식의 다양화를 통한 투자의 활성화

　우리 상법은 이익이나 이자의 배당 또는 잔여재산분배에 관하여 내용이 다른 수종의 주식, 즉 보통주, 우선주, 후배주, 혼합주를 발행할 수 있게 하였다. 그리고 이익배당에 관한 우선적 내용이 있는 주식에 대하여는 정관에 최저배당율을 정하여야 하고, 이익배당우선주는 의결권을 행사할 수 없으므로, 배당우선주식과 무의결권우선주식만이 주로 활용이 되었고 그 나머지 종류주식은 거의 활용되지 못하였는바, 종류주식의 발행을 통한 기업의 자금조달이나 경영권 방어가 원활하지 못하였고, 경영환경의 변화에도 적극적으로 대처하지 못하였다.

　그런데 2012년 4월 15일 시행된 개정 상법은 종류주식의 유형을 회사의 이익배당과 잔여재산분배 뿐만 아니라 주주총회에서의 의결권행사, 주식양도, 상환 및 전환까지 확대하였다. 이처럼 종류주식의 다양화는 투자자에게는 다양한 상품을 선택할 기회를 제공하고, 발행회사는 이익배당 이외의 의결권제한 주식, 주식양도 등에 관하여 회사 실정에 맞는 종류주식을 발행할 수 있게 하여 원활하게 투자금을 모집할 수 있게 하였다.

개정된 종류주식을 살펴보면 다음과 같다. 첫째로 개정 상법은 일부의 결의사항(그 예로 이사선임)에 관하여서만 의결권을 배제하는 종류주식(의결권배제 종류주식)과 의결권이 제한되는 주식(의결권제한 주식)을 발행할 수 있도록 하였다.

따라서 모든 사항에 대하여 의결권을 배제하는 완전무의결권 주식을 발행할 수 있고, 의결권을 행사하기 위한 조건과 의결권이 제한되는 주식의 의결권이 부활하는 조건을 정할 수 있게 되었다. 의결권배제·제한주식의 발행한도는 비공개회사의 경우 발행주식총수의 4분의 1을 초과하지 않도록 제한을 함으로써 지배주주에 의한 회사지배권의 남용을 방지하고자 하였다.

둘째로 법 개정 전에는 주식양도의 자유를 인정하되, 정관의 규정에 의하여 이사회의 승인을 얻어 주식양도를 제한할 수 있었고, 주주평등의 원칙상 주식양도의 제한은 모든 주식에 동일하게 적용하여야 한다고 해석하였다. 그러나 개정된 법은 정관의 규정에 의하여 주식 종류별로 또는 그 일부에 대해서도 양도를 제한할 수 있게 하였고, 상장회사가 종류주식을 발행하는 경우에는 특정 주식에 대한 양도를 제한할 수 있게 하였다.

셋째로 법 개정 이전에는 이익배당우선주에 한정해서 상환주식을 발행할 수 있었고, 또 이익으로서만 주식을 소각하여야 하므로 우선주 아닌 다른 종류주식은 상환을 허용하지 않으며, 이익배당우선주라도 배당가능이익이 없으면 상환을 할 수 없으므로 상환조건으로 하는 종류주식을 확대하기가 어려웠다.

그러나 개정 상법은 상환주식을 종류주식의 한 유형으로 규정하여, 정관의 규정이 있으면 이익으로 소각할 수 있도록 하였고, 주주 청구에 의하여 상환할 수 있는 상환청구권부주식뿐만 아니라, 회사가 임의로 상환권을 행사할 수 있는 상환사유부주식의 발행도 허용하였다. 또 회사가 주주로부터 주식을 취득하고 지급하는 대가의 종류를 현금에 한정하지 않고 유가증권이나 기타 자산으로도 할 수 있게 하였다.

이처럼 다양한 종류주식은 벤처기업 등 소규모 기업의 자본조달을 촉진시키고 부채초과기업의 채권자도 채권을 회수하는 대신 이익배당 및 잔여재산분배우선권이 있는 종류주식을 취득할 수 있도록 함으로써 검사인의 조사를 거치지 않고 현물출자를 할 수 있게 되었다. 나아가 의결권배제·제한의 종류주식의 허용은 경영주도권을 가진 주주로 하여금 친족이나 임원 등에게 사업승계를 할 수 있도록 하였다.

그리고 의결권의 내용을 달리 정한 종류주식은 경영권의 안정 및 기업매수방어대책으로 활용될 수 있을 것이다. 한편 복수의결권을 허용할 것인가에 대하여는 법적 규정이 없는데, 이를 허용하면 1주 1의결권 원칙 및 주주평등의 원칙에 위반되므로 허용하기 곤란하다.

종류주주 사이에 의결권의 내용을 달리하는 경우 종류주주 간의 이해대립을 조정하는 장치도 필요하다. 어쨌든 다양한 형태의 종류주식을 허용함으로써 기업은 자본조달의 촉진과 경영권안정의 혜택을 입을 수 있고 투자자는 다양한 투자상품을 선택할 수 있게 되었다.

무액면주식과 주식회사의 자본금의 변화

　회사의 자본금은 액면주식이 발행되는 경우에는 발행주식의 액면가액 총액이다. 회사가 보유하여야 할 재산액의 기준으로서의 자본금은 불변적인 것으로서 추상적·규범적 개념이므로, 현재 회사가 보유하고 있으며 물가와 경영 상태에 따라 수시로 변동하는 회사의 실제 재산과는 상이하다.

　주식회사의 자본은 확정되어야 하고 충실하게 유지되어야 하며 불변하여야 한다는 자본의 3원칙이 준수되어야 하는데 그 이유는 주주가 유한책임만을 지므로 회사의 자본이 회사채권자에 대하여 신용과 담보의 역할을 하기 때문이다.

　2011년 4월 14일 공포되어 2012년 4월 15일 시행된 개정 상법에서 기존의 최저자본금제도를 폐지하고 무액면주식제도를 도입하는 등 자본금 제도가 일부 변경되었다. 자본금의 일시적 납입과 인출 즉 가장납입이 사실상 허용되었고, 일반채권자가 담보권자나 우선변제권을 가진 채권자보다 후순위자로서 보호를 받기 어렵게 되자 개정 상법은 최저자본금제도를 폐지하기에 이르렀다.

법 개정 전에는 액면주식의 발행만 허용하였고, 할인발행을 엄격하게 제한하였기 때문에 자본조달이 쉽지 않았고, 회사설립 후 신주의 발행가액이 액면가액과 상관없이 실질가치에 따라 결정되어 투자자는 액면가액과 발행가액 간에 혼란을 겪게 되고, 법률상 액면금이 100원 이상이면 되므로 주식의 액면가액의 의미는 상당 부분 퇴색하였다. 개정 상법은 회사의 정관 규정에 의하여 주식의 전부를 무액면주식으로 발행할 수 있으며, 무액면주식을 발행하게 되면 액면주식의 발행은 금지된다.

무액면주식을 발행하는 경우 회사설립 시에는 주식의 발행가액과 주식의 발행가액 중 자본금으로 계상하는 금액을 정관에 달리 정하지 않으면 발기인 전원의 동의로 자본금을 정하도록 하였고, 회사가 성립한 후에 무액면주식을 발행하는 경우에는 회사의 자본금은 주식 발행가액의 2분의 1 이상의 금액으로서 이사회(또는 주주총회)에서 자본금으로 계상하기로 한 금액의 총액이며 주식의 발행가액 중 자본금으로 계상하지 않은 금액은 자본준비금으로 계상을 하도록 하였다. 정관변경에 의하여 발행된 액면주식을 무액면주식으로 전환할 수 있고 그 반대로 전환할 수도 있다.

무액면주식을 발행하면 할인발행 시 자본조달의 어려움을 피할 수 있으며 액면초과금의 처리문제도 발생하지 않는다. 또 신주발행을 하지 않더라도 자본금을 증액할 수 있으며 자본금의 감소나 주식분할을 쉽게 할 수 있는 장점이 있다. 그러나 주식의 액면가액이 없으므로 주식과 자본의 관계가 단절되고 자본금과 자본준비금의 비율이 정책적 판단에 의하여 정해지기 때문에 액면주식과의 형평성의 문제가 생긴다.

또 자본금이 실질 자산보다 부족한 경우에는 이익배당을 해서는 안 되는데도 이익배당의 기준인 액면가액이 정해지지 않았기 때문에 이익배당이 이루어질 수도 있어 자본충실의 원칙이 손상될 여지가 있다. 나아가 무액면주식의 과세기준이 발행가액이므로 액면주식에 비하여 세제상 불리할 수 있다. 이러한 부작용 때문에 미국의 경우 무액면주식을 잘 이용하지 않는다고 한다.

자본조달에 유리한 무액면주식제도는 시장에서 신뢰할 만한 기준에 의하여 주식의 발행가액을 결정할 수 있는 상장회사에서는 유용할 것이지만, 주식의 객관적 시세의 기준이 불확실한 비상장회사는 발행가액의 공정성과 객관성을 확보하기 어려울 것이므로 무액면주식의 발행을 쉽게 하기는 어려울 것이다.

/ 제3장 기업과 상인의 법 /

집행임원제 도입을 통한 효율적인 기업경영

　기업지배구조(Corporate Governance)는 기업을 관리하고 지배하는 체계 또는 기업의 운영과 통제를 위한 법적 메카니즘을 의미하는데, 경영진, 주주, 이해관계자가 효율적으로 회사를 관리 감독하는 기관의 구조이다.

　우리 회사법은 과거에 주주총회, 이사회, 감사제도를 기초로 하는 전통적인 지배구조형태를 유지하여 오다가 IMF 이후 기업의 감독 및 감사의 소홀로 인한 문제점을 시정하기 위하여 일정 규모 이상의 상장회사에게는 사외이사 중심으로 이사회를 구성하게 하고, 사외이사가 주축이 된 감사위원회를 의무적으로 설치하도록 하였다.

　2011년 개정법 이전에는 이사회가 업무집행권과 업무감독권을 모두 행사하였는데, 특히 비상근 사외이사가 참여한 이사회가 업무집행에 관한 의사결정을 함에 있어서 업무의 효율성이 떨어질 뿐만 아니라, 이사가 감사위원회의 구성원이 되거나 이사회 구성원의 일원으로써 업무집행에 대한 감독을 하여야 하는데, 이는 자기행위를 스스로 감사하는 모순이 생긴다. 한편 기업도 업무의 효율성 진작을 위하여 사외이사의 숫자를 법령 범위 내에서 가능한 축소하고 등기이사의 숫자도 줄이려는 경향이 있었다.

그렇지만 대규모 회사는 소수의 등기이사만으로는 업무집행을 원활하게 수행하기 곤란하여 법적 근거가 없음에도 집행임원을 선임하여 그로 하여금 업무집행을 하도록 하여 왔으나, 법적 규정이 미비한 관계로 집행임원의 권한·의무·책임에 대한 논란이 수그러들지 않았다.

또 임무태만으로 해임된 집행임원이 부당해고의 소를 제기할 수 있는지 여부가 집행임원과 회사의 관계의 법적성질이 위임인가 고용인가에 의하여 좌우되었으며, 이에 대한 판례도 일관되지 않았다.

우리 기업지배구조는 사외이사가 충분한 역할을 할 것을 전제로 하고 있는데, 사외이사가 시간과 의욕이 없고, 정보가 없다는 3무 현상을 핑계로 경영진의 거수기 역할로만 그친다면 기업의 효율적인 관리와 책임경영은 이루어질 수가 없다.

게다가 사외이사의 전문성과 독립성을 전제로 한 사외이사 중심의 이사회와 감사위원회의 운영이 실질적으로는 지배주주나 경영진으로부터 독립성을 보장받지 못함으로써 그들이 들러리 역할을 수행하는 정도에 그치게 되어 기업지배구조에 대한 재검토가 필요하게 되었다.

이러한 문제를 해결하기 위하여 업무집행기능과 업무감독 및 감사기능을 분리하는 방안을 모색하게 되었는데, 기업에서 오랫동안 일한 숙련된 내부자 중 집행임원을 선임하여 기업의 업무를 집행하게 하고, 그 업무집행에 대한 감독기능은 사외이사가 주축이 된 이사회와 감사위원회에게 맡기는 방식이 타당하다고 판단되어 집행임원제를 도입하기에 이르렀다.

집행임원을 두는 회사는 다음과 같은 방법으로 운영이 된다. 즉, 집행임원설치회사는 대표이사를 둘 수 없도록 함으로써 업무가 중복되는 것을 방지하였고, 사외이사 중심으로 구성된 이사회가 집행임원의 업무집행을 감독한다. 한편 이사회를 주관하는 이사회의 의장을 두어야 하며, 수명의 집행임원이 있는 경우에는 이사회 결의로 대표집행임원을 선임하여야 하고, 다른 규정이 없으면 대표이사에 관한 규정이 대표집행임원에 준용된다.

집행임원은 회사의 업무를 집행하고, 정관이나 이사회의 결의에 의하여 위임받은 업무집행에 관한 의사결정을 할 권한을 갖는다. 그리고 업무집행임원은 이사와 동일하게 고의나 과실로 정관이나 법령을 위반하거나 임무를 게을리 한 경우 회사에 대하여 손해배상책임을 지고, 그가 제3자에게 손해를 끼친 경우에는 손해배상을 하여야 한다. 집행임원도 이사와 동일하게 이사의 의무를 부담하고 주주대표소송의 대상이 된다.

2011년 개정 상법이 집행임원 설치여부를 기업의 자율에 맡기었는데, 2011년 법 개정 전부터 최근 사업년도 말 현재 자산총액이 2조 원이 넘는 대회사는 감사위원회의 설치를 의무화하였다. 그런데 대회사가 집행임원제를 도입하지 않게 되면 이사회가 업무집행의 의사결정과 아울러 업무감독을 동시에 수행하게 되는바, 개정법이 의도하는 업무집행과 업무감독의 분리는 불가능하게 되고, 법의 보호를 받지 못하는 집행임원들에 의하여 업무집행이 이루어지게 된다.

따라서 대회사는 의무적으로 집행임원제도를 도입하고, 중·소규모 회사들은 집행임원제의 도입 여부를 기업의 자율에 맡기는 것이 타당할 듯하다. 기업경영의 효율성과 업무집행과 감독기능의 분리에 의한 지배구조의 개선에 집행임원제가 도움이 되기를 기대한다.

/ 제3장 기업과 상인의 법 /

합자조합과 유한책임회사의 도입

국회는 2011년 3월 11일 새로운 기업형태인 합자조합(LP)과 유한책임회사(LLC)를 도입하는 상법 개정안을 통과시켰다. 그 이전까지 우리 기업의 형태는 주식회사, 유한회사, 합명회사, 합자회사가 있었는데, 그 분포도는 법인세 신고현황에 따르면 주식회사 약 95%, 유한회사 3~4%, 합명회사와 합자회사가 약 1%로서, 주식회사가 대부분을 차지하고 있고 인적회사인 합명회사와 합자회사의 점유율은 매우 미미하였다.

기업의 소유와 지배를 소수의 출자자가 부담하는 소규모 중소기업은 합명회사나 합자회사가 적합함에도 불구하고 이를 애용하지 않는 까닭은 무한책임사원의 과중한 책임부담과 법인세와 사원소득세의 이중과세 때문이라고 한다.

그런데 중소기업들이 주식회사의 형태를 유지할 경우에는 자본

규정, 기관규정 등을 엄격하게 준수하여야 하므로 소규모 기업에게는 부담스러울 수밖에 없었다. 그리하여 자본의 규모가 크지 않은 벤처기업이나 청년창업의 경우에 쉽게 접근할 수 있는 새로운 형태의 기업이 필요하다는 의견들이 모아져서 새로운 형태의 기업을 도입하게 되었다.

합자조합(Limited Partnership)은 조합채무에 더하여 무한책임을 부담하는 업무집행조합원 1인 이상과 출자가액 한도에서 유한책임을 지는 유한책임조합원 1인 이상이 상호 출자하여 공동사업을 경영할 것을 약정함으로써 이루어진다.

인적 자산의 중요성이 강조됨에 따라 인적 자산을 수용할 수 있는 공동기업의 형태나 회사의 형태를 취하면서 기업 내부적으로는 조합의 실질을 갖추고 외부적으로는 사원이 유한책임을 부담하는 기업형태에 대한 수요를 충족하기 위한 제도이다. 이 합자조합이 기존의 합자회사와 다른 점은 조합이므로 법인격이 없으며, 조합계약에 의하여 유한책임조합원이 업무집행권을 행사할 수 있고, 유한책임조합원의 지분양도가 가능하다는 점이다.

한편 유한책임회사(Limited Liability Company)는 사원에게 유한책임만을 부담시키면서 회사의 설립과 운영 및 기관구성에 있어서는 사적자치를 인정한다. 회사의 내부관계는 사원 간의 인간적 신뢰를 바탕으로 하는 조합적 성질을 가지므로 폭넓은 내적 자치가 보장되고, 대외관계는 주식회사처럼 사원에게 유한책임만을 부담시킴으로써 인적요소가 중시되는 소규모 폐쇄기업, 벤처기업, 법률, 회계 전문회사 등 기술과 지식을 기반으로 하는 기업에 적합하다.

합자조합의 법적 실체는 조합이라는 점에서 법인체인 회사와 달리 이중과세의 문제가 생기지 않는다. 그러나 합자회사는 법인이므로 이중과세를 부담한다. 이러한 문제점을 해소하기 위하여 인적자원을 중심으로 한 기업을 단순한 파트너들의 집합체로 보고, 파트너에게만 세금을 물리는 파트너십 과세제도를 합명회사, 합자회사 등에 도입하여 법인세를 부과하지 않으려 하는바, 그렇게 되면 합자회사가 합자조합처럼 세제상 불리함을 극복할 수 있다. 그러나 법인격이 인정되지 않는 합자조합은 거래의 주체가 될 수 없는 관계로 계약을 체결할 때는 합자회사보다 불리하다.

한편 유한책임회사는 상법상 유한회사와 다르게 유한회사의 사원 수 제한의 폐지나 지분양도의 자유 등에서 차이가 있지만, 실질적인 면에서 큰 차이가 없어서 주식회사를 제외한 나머지 기업형태도 외면을 받는 실정인데 생소한 유한책임회사를 도입할 필요가 있는지에 대하여 회의적인 견해도 있다.

또 기존의 합자회사나 유한회사의 이용도가 저조한 이유를 제도의 내재적 문제에서 찾지 않고 기업인들의 주식회사에 대한 정서적 선호도가 높기 때문이라는 견해에 따르면 기존의 제도를 개선하는 것이 더 효율적이라는 주장도 있다.

하지만 새로운 유형의 회사는 신용과 노무의 출자가 가능하고, 신사업을 시작하는 입장에서 다양한 회사 형태 중 더욱 유리한 것을 선택할 수 있으므로 새로운 형태의 회사제도의 도입을 무의미하다고 할 수는 없다. 일본의 합동회사나 미국의 유한책임회사처럼 새로 도입된 회사의 형태가 기업의 활동에 도움이 되기를 기대해본다.

/ 제3장 기업과 상인의 법 /

사외이사제도의 재정립

I.M.F. 금융위기 이후에 도입된 사외이사제도가 그 방향을 잡지 못하고 표류하고 있다. 한국개발연구원이 발표한 '사외이사제도의 문제점과 개선방안'에 의하면, 매출액 상위 100대 기업의 전체 사외이사 중 17%가 기업 최고경영자와 같은 고향이며, 그 가운데 고등학교 동문인 경우가 9%에 해당된다고 한다.

그리고 이사회 안건에 대하여 사외이사 중 한 사람이라도 반대한 안건은 0.4%에 그쳤고, 한 번이라도 반대표를 행사한 사외이사는 9%에 불과하다고 밝히고 있다. 또 한 번이라도 의안에 반대한 사외이사는 반대하지 아니한 사외이사보다 교체율이 2배나 높았고, 이사회에 불참석한 사외이사가 출석한 사외이사보다 더 오래 사외이사직을 유지하였다고 한다. 이러한 연구결과는 사내이사의 독단적 경영을 감시함으로써 경영의 투명성을 위하여 고안된 사외이사제도가 허울 좋은 장식에 불과하다는 것을 보여주고 있다.

기업지배구조개선을 통하여 지배주주나 최고경영자의 독단적인 경영행위를 제어하기 위하여 1998년 주권상장법인은 총 이사 수의 4분의 1 이상, 최소 1인 이상의 사외이사 선임을 의무화하였고, 2000년 1월에는 자산규모 2조 원 이상의 대형상장법인은 총 이사 수의 2분의 1 이상 그리고 최소 3인 이상의 사외이사의 선임을 의무화하였다. 또 금융기관은 이사의 절반 이상을 사외이사로 선임케 하는 등 사외이사제도를 강화하였다.

사외이사제도가 활성화된 미국의 경우, 애플의 이사회는 최고경영자(CEO) 팀 쿡을 제외한 나머지 여섯 명이 모두 사외이사로 구성되었다. 이처럼 미국 기업의 약 40% 정도가 애플처럼 최고경영자(CEO)를 제외한 나머지 이사는 사외이사로 구성되어 있고, 그렇지 않은 회사도 사외이사의 수가 이사회 구성원의 80%를 차지한다고 한다. 이처럼 사외이사가 이사회의 다수를 차지하는 이유는 최고경영자(CEO)가 이사회를 통하여 자신의 경영 전략을 검증받는 기회로 여기기 때문이다.

1998년 외환위기 이후 사외이사와 관련된 규제가 지속적으로 강화되었지만, 이사회에 대한 경영자의 영향력이 매우 큰 상태에서 사외이사 비율만을 규제하는 현재의 사외이사 시스템으로는 이사회의 견제기능이 제대로 작동할 수 없다는 비판이 제기되고 있다.

생각건대, 사외이사의 경력과 역할을 상세하게 공개하고, 현재의 사외이사의 단수추천 방식을 복수의 후보를 추천하는 방식으로 변경할 필요가 있다. 또 전자투표의 의무화와 대리투표(proxy voting) 등을 활성화하여 소액주주의 주주권 행사를 원활하게 하는 장치들이 마련되어야 한다.

나아가 사외이사후보추천위원회를 사외이사로만 구성하는 방안도 고려해 볼 필요가 있다. 그리고 사외이사의 이사회 참석 여부, 찬성 반대표 행사 여부, 기업자료 열람 여부 등 실질적인 활동상황을 매년 정기주주총회에서 공개함으로써 거수기 역할에 그치는 사외이사를 선별해야 한다. 다양한 방법을 통하여 최고경영자의 견제와 감시 역할을 충실하게 수행할 수 있는 자가 사외이사로 선임될 수 있도록 법적, 제도적 장치가 필요하다.

/ 제3장 기업과 상인의 법 /

증권투자자의 주의의무와 자기책임의 원리

경기가 불황이고 주식시장도 침체된 상태에서 투자자들은 다양한 형태의 투자를 모색하지만 마땅한 투자처를 찾는 것이 쉽지 않다. 투자의 한 방법으로 회사채나 기업어음(CP) 투자를 하는 경우가 있는데, 이때 기업이 부도나면 투자자산을 날리는 낭패를 본다. 투자자들이 알아두면 도움이 될 만한 사례를 소개한다.

첫째 사례, A 회사가 자본잠식상태이었음에도 자기자본금이 2,000억 원이라고 허위의 사실을 증권신고서에 기재하고, 외자유치의 계획이 있었으나 아직 본격적으로 외자유치에 관한 협상이 이루어지지 아니하였음에도 불구하고 외자유치협상이 완료되고 미발표일 뿐이라고 기재하였다.

기재된 자기자본금과 외자유치협상 완료라는 허위의 사실을 기초로 증권회사가 투자자들에게 투자권유를 한 경우에 증권회사의 허위기재와 이를 바탕으로 한 투자권유행위는 경험이 부족한 일반 투자자에게 투자의 위험성에 관한 올바른 인식형성을 방해하는 행위로서 불법이므로 증권회사는 투자자들에 대하여 그로 인한 손해를 배상할 책임이 있다고 하였다.

또 유가증권분석 전문기관(증권회사)이 비상장회사의 공모주식 가액의 적정성을 평가하면서 기업회계기준에 반하고 객관적 정당성을 상실한 방법으로 평가하여 주당 본질가치가 부(-)임에도 불구하고 이보다 현저히 높게 책정한 경우, 그와 같은 부당한 평가의견을 제공받은 투자자들이 입은 손해에 대하여 증권회사는 손해배상 책임을 진다(대법원 2010. 1. 28. 선고 2007다16007 판결).

두 번째 사례, 증권회사 임직원이 고객에게 투자를 권유할 때 유가증권의 가치에 중대한 영향을 미치는 중요정보를 고객에게 제공하고 이를 설명할 의무를 부담한다. 그런데 증권회사가 고객에게 기업어음(CP)을 판매할 때, 기업어음의 가치에 중대한 영향을 미치는 중요정보인 기업어음의 신용등급을 정확하게 알려주지 않았다면 그로 인하여 발생한 손해에 대하여 배상할 책임이 있다고 하였다(대법원 2006. 6. 29. 선고 2005다49799 판결).

기업어음(CP)은 상거래 없이 발행되는 융통어음이므로 기업이 부도나면 피해를 회복할 방법이 없고, 투자자들은 기업어음을 발행하거나 신용평가를 담당하는 은행, 증권회사 등의 평가를 믿고 그들의 투자권유에 의지하여 투자를 결정하는바, 증권회사의 신용도

조사에서 과실이 있는 경우에는 그로 인한 투자자들의 손해를 신용평가를 담당하는 은행, 증권회사 등이 배상을 해야 한다.

세 번째 사례, A 기업의 전환사채(CB)발행을 주관한 K 증권회사가 A 기업의 임금체불, 리비아 신도시 건설사업이 진행되지 않을 위험성, 당기순손실의 발생 등 부실징후에 대하여 투자자들에게 충분한 설명을 하지 않은 상태에서 투자자들에게 전환사채의 매수를 권유하여 투자자가 매수하였으며, 그 이후에 A 기업은 법정관리를 신청하였다.

투자자들은 K 증권회사를 상대로 손해배상소송을 제기하였고 1심법원은 투자자의 손실금의 60%를 증권회사가 부담해야 한다고 판시하였다. 그러나 항소법원은 모집주선인(증권회사)이 투자에 따른 손익가능성까지 분석 예측하여 의견을 표명할 의무가 없으며, 기업어음을 발행할 당시에는 기업의 급격한 부실화를 예상하지 못하였다면서 원심판결을 취소하고 투자자의 손해배상청구를 기각하였다.

첫째와 두 번째 사례는 증권사가 투자자의 투자의사를 결정하는 중요한 정보를 부실 또는 허위제공으로 인한 투자자의 손해를 배상할 책임을 지며, 기업어음을 판매할 때 신용등급 등 중요한 정보의 제공의무 불이행과 기업의 부실한 신용조사를 근거로 투자자에게 오판하게 한 책임을 져야 한다는 것이다.

세 번째 사례에서 보는 바와 같이 불확실한 미래의 국제정세와 경제위기로 인한 투자손실에 대한 책임을 궁극적으로 투자자에게 있음을 명심해야 한다. 법원이 키코상품 판매에 따른 금융기관의 책임을 쉽사리 인정하지 않고 있으며, 각종 펀드나 보험의 불완전판매에서도 대부분 투자자의 자기책임을 강조하고 있음을 유의하여 투자자는 정확한 정보를 근거로 자기책임 하에 투자에 대한 결정을 해야 한다.

최정식 리걸 에세이
공정의 법, 사랑의 법

제4장 일반 서민 보호의 법

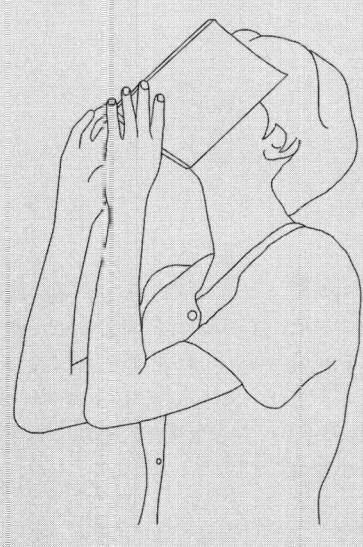

"미국은 금융사기범에 대하여 수십년 이상의 중형을 선고하지만 우리나라는 대형 경제사범이나 금융피라미드 사기범에 대한 형량이 낮아서 결과적으로 그들의 사기행위를 확대 재생산하도록 도와주는 것은 아닌지 되돌아보아야 한다. 따라서 금융사기범에 대한 처벌의 수위를 훨씬 높여야 함은 물론이고 불법행위로 얻은 이익을 징벌적 배상의 형태로 환수해야 한다."

/ 제4장 일반 서민 보호의 법 /

근로기준법상 근로자의 범위 확대

IMF 이후 노동시장이 유연해지고 비정규직 근로자의 증가, 전문인 직종 등 상대적 자율성을 갖는 근로자의 노무제공형태의 다양화 등으로 인하여 근로기준법상 근로자의 적용범위에 대하여 논란이 많다.

그런데 우리 법원은 경제적으로 열등한 지위에 있는 개인사업자나 수급인처럼 계약의 형태로 노무제공을 할 수밖에 없는 자들을 보호할 필요성을 절감하고 이러한 형태의 노무제공자를 근로기준법의 적용대상으로 포함하는 등 그 범위를 확대하 가고 있다.

그리하여 근로기준법상의 근로자에 해당되는지 여부는 계약의 형식에 상관없이 실질상 근로자가 사업 또는 사업장에 임금을 목적으로 종속적인 관계에서 사용자에게 근로를 제공하였는지 여부에 따라 판단하여야 한다.

종속적인 관계의 판단은 근로자가 취업규칙 또는 복무규정의 적용을 받는지 여부, 업무수행 시 사용자의 지휘·감독을 받는지 여부, 사용자가 지정한 근무시간과 근무장소의 구속을 받는지 여부, 노무제공자가 독립하여 자신의 계산으로 사업을 영위하고 노무제공의 이윤과 손실의 위험을 부담하는지 여부, 보수의 성격이 근로의 대상적 성격인지 여부, 기본급이나 고정급이 있는지 여부, 근로소득세의 원천징수를 하는지 여부, 근로제공의 계속성과 전속성이 있는지 여부, 사회보장법령에서 근로자의 지위가 인정되는지 여부 등 경제적·사회적 제반 조건을 종합하여 판단해야지만, 이러한 사항이 사용자가 경제적으로 우월적 지위를 이용하여 임의로 결정할 여지가 크므로, 그러한 점들이 인정되지 않는다고 하여 쉽게 근로자성을 부정하여서는 안 된다는 것이 대법원의 견해이다.

구체적 사례를 살펴보자.

대학입시학원의 종합반 강사가 학원과 매년 '강의용역제공계약'이라는 계약서를 작성하였는바, 취업규칙의 적용을 받지 않으며, 고정급이 없고 부가가치세법상 사업자등록을 하여 사업소득세를 원천징수 당하였으며 지역의료보험에 가입하였다고 하더라도, 출근시간과 강의시간 및 강의장소가 지정되어 있고, 실질상 다른 사업장에 노무제공의 가능성이 제한되었으며, 강의 이외의 부수업무 수행을 하였고, 시간당 일정액에 정해진 강의시간수를 곱한 금액을 보수로 지급받았을 뿐 수강생 수와 이에 따른 학원의 수입 증감이 보수에 영향을 미치지 아니하였으므로, 이러한 학원강사는 근로기준법상의 근로자에 해당된다.

또 강사들이 매년 계약기간을 2월 중순경부터 그해 11월경까지로 정한 근로계약을 반복하여 체결한 경우, 계약기간이 아닌 기간에 강사들이 수능시험문제의 풀이, 논술 강의, 대학 지원자 및 대학 합격자의 파악·보고 등 업무를 수행한 점 등에 비추어 볼 때 계약기간이 아닌 기간도 강의 이외의 부수적 업무수행과 다음 해의 강의를 위한 재충전 및 강의능력 제고를 위한 연구기간으로서 근로관계가 계속되었으며, 그 강사들이 짧게는 10년, 길게는 15년 동안 계속하여 강사로 근무하였고, 매년 반복하여 근로계약이 갱신되어 왔는데도 사용자가 갑자기 갱신계약을 거절한 것은 해고에 해당된다고 하였다(대법원 2006. 12. 7. 선고 2004다29736 판결).

L 전자의 팀원을 교육하고 팀원의 실적에 따라 회사로부터 수당을 받는 '팀장운영약정'을 맺은 P는 회사를 퇴직하면서 회사가 퇴직금지급을 거부하자, 근로기준법상 근로자임을 전제로 퇴직금지급청구소송을 제기하였다. 이에 법원은 팀장으로 일한 P는 제반 사정에 비추어 보더라도 실질적으로 근로기준법상 근로자에 해당되지 않는다고 판단하여 퇴직급지급청구를 기각하였다(대법원 2011. 7. 14. 선고 2009다37923 판결).

그러나 화물운송회사와 화물자동차의 운전용역계약을 맺은 운송기사가 회사로부터 제공받은 자동차를 운전하여 운송업무를 수행하던 중 과실로 사망한 사안에서 유족들이 유족급여 및 장의비지급의 소를 제기하였다.

회사가 구체적 업무의 내용을 지정하고 운행일보를 제출받는 방식으로 운송기사의 업무내용을 결정하고 감독을 하였으며, 운행한 차량이 회사차량으로서 운반비용을 회사가 부담하였고, 또 운송기사가 다른 사업장에 노무를 제공할 가능성이 제한되었으며, 운반물량에 의하여 정산된 금액으로 보수를 받았더라도 이는 노동의 질과 양을 평가한 것이므로 화물기사는 근로자에 해당되므로 회사로 하여금 유족급여 및 장례비를 지급하라고 판시하였다(대법원 2010. 5. 27. 선고 2007두9471 판결).

　그 밖에도 생명보험회사의 외판보험모집인, 학습지교사 등처럼 형식상 근로자로 보기 어렵지만 그 실질적 내용이 근로자로서의 성질을 갖춘다면 근로자성이 인정되어 퇴직금 등 임금 및 산업재해보상보험금 수령권한 등 근로자의 권리를 누릴 수 있다고 본다.

/ 제4장 일반 서민 보호의 법 /

연예인의 전속계약을 어떻게 볼 것인가

필자는 변호사 시절에 연예인노동조합의 법률고문을 맡게 된 것을 계기로 연기자들에게 법률상식에 관한 강의를 정기적으로 하면서, 그분들의 법률적 애로사항을 들을 수 있는 기회가 있었다. 유명한 연예인들은 전속회사나 고문을 맺은 로펌으로부터 자문을 받을 수 있지만, 상당수의 무명 연예인들은 영세한 매니지먼트회사에 속해 있거나 홀로 연예활동을 하는 관계로 충분한 법률자문을 받지 못하고 있는 것이 현실이다.

그런데 연기자들의 중요한 관심사 중 하나는 전속계약이다. 연기자가 매니지먼트회사와 일단 전속계약을 체결하고 나면 수년 이상의 전속기간 중에는 계약의 조건이 현저하게 불리하더라도 그에 따라야 한다. 그리고 회사가 사전에 작성해놓은 계약서에 연기자가 서명하는 방식으로 전속계약이 체결되므로, 계약의 내용이 연기자에게는 불리한 반면에 전속회사에게는 유리하다.

특히 연기자의 권리보호는 매우 불충실하고 애매모호하지만 연기자의 의무는 상세하게 기재되어 연기자의 프라이버시나 기본인권을 침해하는 내용의 불평등한 조항이 포함된 경우가 많다. 그래서 유명한 여가수가 전속회사와 법률 분쟁 때문에 수년 동안 가수활동을 제대로 하지 못한 경우도 있다.

또 유명그룹가수의 멤버인 M은 계약금의 5배, M의 음반제작비와 제작비용 등 총 투자액의 5배, 잔여계약기간에 해당 연예인이 벌어들일 것으로 예상되는 수입금의 3배, 해당 연예인을 관리하고 품위를 유지하기 위하여 지출한 모든 비용 그리고 추가로 일억 원을 합한 엄청난 규모의 해약금을 회사에 지불해야만 전속계약을 해약할 수 있도록 약정을 하였다.

전속회사는 무명인을 유명한 스타가 되기까지 투자된 비용이 막대한 만큼 그 투자위험을 감안해서 위와 같이 특수한 계약을 체결할 수밖에 없다고 주장을 하였다. 즉, 많은 무명 연기후보자가 인기스타가 되는 비율이 매우 낮고, 실패한 무명연기자들에게 투자되는 비용도 스타 연기자의 수입으로 충당을 하여야만 회사가 유지될 수 있기 때문에, 유명스타가 된 이후에 쉽게 전속계약을 해지하지 못하도록 할 억제장치가 필요하다는 것이다.

이에 대하여 공정거래위원회는 전속회사가 후원하는 실패한 다수의 연기후보자들에 대한 투자비용의 위험은 전속회사가 감수하여야 함에도 불구하고, 성공한 스타연기자의 수입으로 그 비용을 해결하려는 방식의 불공정 전속계약은 전속회사가 그 우월적 지위를 남용하여 체결한 계약이므로 효력이 없다고 하였다.

이처럼 막대한 해약금약정 때문에 연기자들이 불공정한 전속계약에서 벗어나기 힘들 뿐만 아니라, 계약의 내용도 전속회사에게 일방적으로 유리하게 작성되어 있어 이를 '노예계약서'라고 부르기도 한다.

어느 날 연예인들을 상대로 법률강의를 마친 시간에 어떤 연기자가 필자를 찾아와서 질문을 하였다. 그의 전속회사가 출연 섭외 등 매니지먼트업무를 성실하게 이행하지 아니하기 때문에 전속계약을 해약하고 싶지만, 전속회사가 계약서 원본을 돌려주지 않아서 해약을 못하고 있는데 어떤 방법으로 계약서를 반환받을 수 있느냐고 묻는 것이었다.

이 연기자는 계약서 원본을 반환받지 못하면 해약이 불가능한 것으로 알고 수차례에 걸쳐 회사에게 계약서의 반환을 요구하였으나 거절을 당하였고 따라서 해약도 하지 못하고 있다는 것이었다.

그러나 계약서는 계약당사자 쌍방이 소지하여야 하므로 만일 처음 계약서를 분실하였다면 당연히 회사에게 그 사본을 요청할 수 있고 또 계약서 원본의 소지와 무관하게 전속회사가 매니지먼트업무의 소홀 등 해약사유에 해당하는 행위를 하였다면 연기자는 내용증명우편으로 해약통고를 하여 계약을 해지할 수 있으며, 전속회사의 책임

있는 사유로 인한 해약이므로 위약금을 지불할 이유도 없다.

　이처럼 기본적인 법률상식의 부지로 인하여 경제적 손해를 감수하는 경우가 적지 아니한 것이 사실이다. 예방의학과 마찬가지로 법적분쟁이 발생하기 전에 그 원인을 해결하는 예방적인 법적조치를 취할 필요가 있다. 복잡한 현대사회에서 부당한 침해로부터 자신의 권리를 지키기 위해서는 연기자뿐만이 아니라 일반인도 법률가를 가까이 할 수밖에 없을 것 같다.

/ 제4장 일반 서민 보호의 법 /

하청업체의 파견근로자의 보호

현대차 사내하청업체에 2002년 입사하여 근무하다가 2005년 해고된 근로자가 원청업체인 현대자동차를 상대로 부당해고로 제소한 부당해고취소소송의 재상고심에서 원고승소판결이 내려진 원심이 확정되었는데, 사내하청은 도급에 해당되므로 당해 근로자가 현대자동차와 직접 근로계약을 체결한 것으로 볼 수 없다면서 원고의 청구를 기각한 원심판결을 파기하고 해당 근로자는 파견근로자로서 원청업체인 현대자동차로부터 부당해고를 당하였다고 하였다 (대법원 2012. 2. 23. 선고 2011두7076 판결).

우리나라의 전체 근로자 중 비정규직 근로자가 차지하는 비중이 매우 높아서 고용불안과 차별적 근로조건 등으로 사회적 갈등이 심화되는 문제를 해결하기 위하여 비정규직 근로자를 보호하기 위한 파견근로자보호법이 제정되었다.

동 법은 파견사업주가 근로자를 고용한 후 그 고용관계를 유지하면서 근로자파견계약의 내용에 따라 사용사업주의 지휘, 명령을 받아서 사용사업주를 위한 근로에 종사하는 것을 '근로자파견'으로 정의하고, 사용사업주가 2년을 초과하여 계속적으로 파견근로자를 사용하는 경우에는 2년의 기간이 만료하는 날의 다음 날부터 파견근로자를 고용한 것으로 본다는 '직접고용간주' 규정을 두었다.

그러므로 사용사업주가 근로자를 파견한 후 그 파견기간이 2년을 지나면 파견근로자는 직접 고용된 근로자로 간주되고 가령 파견사업주가 근로자파견사업의 허가를 받지 아니하고 근로자를 파견하거나 또는 법이 허용하지 아니하는 불법파견근로자도 이 규정의 보호를 받는다.

그동안 원청업체와 하도급업체의 근로자 간에 직접적인 근로계약이 존재하지 않기 때문에 직접고용간주의 규정이 적용되지 않는 것으로 판단한 기업들이 사내하청업체를 통하여 근로자를 제공받는 관행을 선호하게 되었다. 그리고 법원도 이러한 형태의 근로관계는 근로자와 하청업체 간에 체결된 근로계약에 의하여 규율될 뿐, 원청업체와의 근로계약은 인정하지 않았다.

그런데 변경된 대법원판례에 따르면 근로자의 파견 여부는 근로계약의 형식과 상관없이 계약의 목적, 경영상 독립성, 사용사업주의 지휘권 등 실질을 따져서 판단되어야 하는바, 당해 근로자가 하청업체에 의하여 고용되었으나 현대차가 그의 작업의 배치권과 변경권을 가지고 있었고, 정규직 근로자와 동일하게 작업의 양과 방법, 순서가 결정되었다.

비록 하청업체의 현장관리인이 그 구체적 명령권을 행사하였더라도 이는 도급인에 의하여 통제된 것이고, 자동차조립업무는 허용된 파견사업의 업무가 아니지만 직접고용간주규정이 적용되며 해당근로자가 현대차에 파견된 이후 2년이 경과한 때부터 현대차와 직접 근로계약이 성립되었으므로 해당근로자에 대한 해고는 부당한 해고라고 하였다.

이 판결로 인하여 사내하청업체의 근로를 도급으로 간주하여 일정기간 후 직접고용의무가 없는 것으로 이익을 본 기업들의 혜택은 사라지게 되었으며 사내하청업체를 통하여 근로자를 제공받아온 기업들은 이제 직접고용의무를 부담하게 되었다. 그러므로 기업들은 사내하청이라는 파견근로방식을 지양하고 근로의 질적 향상을 꾀하는 새로운 형태의 근로관계의 수립을 모색하여야 할 것이다.

/ 제4장 일반 서민 보호의 법 /

결격사유로 임용취소된 공무원의 퇴직금은

　공무원연금법 또는 근로자퇴직급여 보장법상의 퇴직급여는 적법한 공무원으로서 신분을 취득하거나 근로고용관계가 성립하여 근무를 하다가 퇴직하는 경우에 지급된다. 그런데 임용 당시 공무원의 임용결격사유가 있었는데, 국가의 과실로 임용결격자임을 밝혀내지 못한 채 공무원으로 임용된 경우 이미 근무한 사실을 중시하여 퇴직금청구가 가능한지 아니면 임용결격자이므로 공무원의 신분을 취득할 수 없어 고용관계가 부존재한 것으로 보아 퇴직급여를 청구할 수 없는 것인지가 문제가 된다.

　판결(대법원 2017. 5. 11. 선고 2012다200486 판결)을 살펴보면, 원고는 1991년 10월 지방보훈청 기능직사무보조원 시보로 신규 임용되어 근무를 하였는데, 2007년 12월 지방보훈청이 자체 조사한 결과 신규 임용할 당시에 원고가 제출한 한글타자자격증이 위조된 것임을 밝혀내고, 특별채용요건의 결격사유로 원고에 대한 임용을 소급적으로 취소하였다.

이에 원고는 공무원연금관리공단에 공무원연금법상 퇴직급여의 지급을 청구하였으나, 공단은 원고가 특별채용결격자임을 이유로 퇴직급여의 지급을 거부하고, 그의 근무기간 중 납부한 기여금과 이자를 반환하였다.

법원은 임용 당시 공무원의 임용결격사유가 있었다면, 국가의 과실로 임용결격자임을 밝혀내지 못하였다고 하더라도 그 임용행위는 당연무효로 보아야 하고, 당연무효인 임용행위에 의하여 공무원의 신분을 취득하거나 근로고용관계가 성립할 수 없다.

따라서 임용결격자가 공무원으로 임용되어 실제로 근무를 하였다고 하더라도 적법한 공무원으로서의 신분을 취득하지 못하였으므로 퇴직급여를 청구할 수 없다고 하였다. 이러한 법리는 임용결격사유로 인하여 임용행위가 당연무효인 경우뿐만 아니라 임용행위의 하자로 임용행위가 취소되어 소급적으로 그 지위를 상실한 경우에도 적용된다.

하지만 이러한 임용행위가 당연무효이거나 취소된 공무원의 임용 시부터 퇴직 시까지의 사실상의 근로는 법률상 원인 없이 제공된 것으로서, 국가 및 지방자치단체는 근로를 제공받아 이득을 얻은 반면, 임용결격공무원은 근로를 제공하는 손해를 입었다 할 것이므로, 그 손해의 범위 내에서 국가 및 지방자치단체는 위 부당한 이득을 반환할 의무가 있다.

즉, 국가 또는 지방자치단체는 공무원연금법이 적용될 수 있었던 임용결격공무원 등의 이 사건 근로 제공과 관련하여 매월 지급한 월급여 이외에 공무원연금법상 퇴직급여의 지급을 면하는 이익을 얻는데, 그 퇴직급여 가운데 임용결격공무원이 스스로 적립한 기여금관련 금액은 임용기간 중의 이 사건 근로의 대가에 해당하고, 기여금을 제외한 나머지 금액 중 순수한 근로에 대한 대가로서 지급되는 부분 상당액이 퇴직에 따라 이 사건 근로의 대가로 지급되는 금액이라 할 수 있다.

이 사건에서, 비록 원고가 공무원연금법상 퇴직급여를 청구할 수는 없으나, 국가는 원고가 제공한 근로의 금전적 가치 상당액을 부당이득으로 반환할 의무가 있으며, 원고가 제공한 근로의 금전적 가치에는 공무원연금법상 퇴직급여 중 근로에 대한 대가로서 지급되는 부분도 포함되는데, 적어도 근로자퇴직급여 보장법상 퇴직금에 상당하는 금액은 원고가 제공한 근로의 대가로서 지급되어야 한다. 그래서 원고에게 특별채용의 결격사유가 없었을 경우 공무원연금법상 퇴직급여로 지급할 금원에서 이미 기여금 등으로 반환한 금원을 공제한 금액을 반환하여야 한다는 것이다.

즉 근로자퇴직급여보장법이 규정한 퇴직금 제도는 퇴직하는 근로자의 근로조건에 대한 최하한의 기준으로서 본질적으로 근로제공의 대가인 후불적 임금의 성질을 지니고 있음에 비추어 보면, 퇴직에 따라 지급받을 수 있는 이 사건 근로의 대가라고 평가될 수 있는 금액은 적어도 근로자퇴직급여 보장법상 퇴직금 상당액으로 볼 수 있으므로, 임용결격공무원은 이 사건 근로를 제공함으로써 그 상당의 손해를 입는다고 할 수 있다.

이 판결은 공무원임용의 하자로 인하여 임용이 무효나 취소된 경우에 공무원으로서 퇴직급여청구는 불가능하지만, 사실상 제공받은 근로로 인해 국가가 얻은 이득은 반환하여야 한다는 취지이다.

/ 제4장 일반 서민 보호의 법 /

대졸학력을 미기재한 취업자 해고는 타당한가

4년제 대학을 졸업한 취업지원자들이 고졸 학력의 취업생을 모집하는 생산직에 최종학력을 기재하지 아니한 채 취업을 하는 경우가 있다. 예를 들면 현대자동차의 생산직의 임금은 중소기업의 대졸사원보다 높고 정규직이면서 정년을 보장받을 수 있어서 최종학력을 미기재한 채 생산직 사원으로 취업을 하는 것이다.

입사를 할 때 이력서에 최종학력인 대학졸업사실을 은폐한 행위는 취업규칙상 징계해고의 사유에 해당하는 것으로 판례는 판시하고 있다. 그 이유는 학력이나 경력은 근로자의 기능경험 등 노동력평가의 조사자료일 뿐만 아니라, 근로자의 직장에 대한 정착성·기업질서·기업규범에 대한 적응성·협조성 등 인격조사의 자료로서 노사간의 신뢰관계의 설정이나 기업질서의 유지안정을 도모하는 것도 그 목적이 있으며, 나아가 최종학력 및 경력의 누락은 취업규칙상 해고사유인 사기 또는 부정한 방법으로 채용되는 것에 해당하는 것으로 본다(대법원 1995. 8. 22. 선고 95누5943 판결).

근로자 B가 대졸학력을 고졸학력으로 속여 취업을 하였으나 용접기능사 자격증을 취득하고 생산직 근로자로 채용된 것이어서 최종학력 자체는 근로계약의 본질적인 내용과 직접적인 관련성이 없으며, 노동운동을 하였지만 이는 위법행위가 아니다.

또 취업한 이래 담당업무를 받아들이는 자세가 불량하고 직원 간에 위화감을 조성하는 등 업무의 능률과 직장인화단결에 저해를 주었다고 볼 만한 사정이 없는 점 등을 모아보면 참가인의 경력사칭은 사전에 발각되었다면 원고는 근로계약을 체결하지 아니하였거나 적어도 동일조건으로는 계약을 체결하지 아니하였을 것이라는 인과관계가 건전한 상식에 비추어 인정될 수 있을 정도로 중대한 경력사칭이라고 보기 어렵다고 하였다(서울행정법원 2008. 4. 3. 선고 2007구합31560 판결).

대학입학정원의 증가와 더불어 독학사제도의 도입 등으로 4년제 대학졸업자의 비중이 증가하고, 노동시장의 유연화가 가속화됨과 동시에 대졸취업생의 취업률이 감소하고 있으며, 이로 인하여 종래 고졸 이하의 학력을 가진 근로자들이 주로 취업하던 직장에 4년제 대학졸업자들이 취업하는 경우가 늘어나고 있다.

나아가 최종학력을 누락한 취업자가 업무자세가 불량하거나 직원 간의 위화감을 조성시키지도 않았음에도 불구하고 4년제 대졸학력만으로 고졸 이하의 근로자들에게 위화감을 주는 것인양 합리성이 결여된 가정하에 고학력자를 채용하지 않는 것은 불합리하다.

나아가 근로자가 근로 3권을 위법하게 행사할 경우에 이를 근거로 징계를 할 수 있음에도 불구하고 취업 이전에 취업예정자가 근로 3권을 행사할 가능성 때문에 취업을 제한하는 것은 헌법위반이고 따라서 경력 및 학력사칭이나 누락은 경미한 징계사유에 불과하다고 판시하였다 시대의 흐름을 반영하여 대학취업생의 숫자가 증가하는 현실에 비추어 볼 때 합리적이고 타당한 판례가 형성되어야 할 것이다.

/ 제4장 일반 서민 보호의 법 /

비등기임원이 근로기준법의 보호대상자인가

　회사 임원은 회사의 업므를 위임받아 수행하는 자로서 근로기준법상의 근로자가 아니다. 임원은 등기부에 임원으로 등기된 등기임원과 그렇지 아니한 비등기임원으로 구분할 수 있는데, 비등기 임원이 항상 근로자가 아니라고 할 수 있는지는 의문이 든다.

　A 생명보험 주식회사는 상시 근로자가 수백 명이 넘고 자산도 수조 원 이상으로 다양한 사업을 효과적으로 추진하기 위하여 각 업무를 전문적으로 분장하는 업무담당임원이 필수적이어서, 직원에 대하여 적용되는 취업규칙과는 별도로 등기임원과 미등기임원을 포함한 임원에 대한 인사규정을 두고 있다.

　미등기임원은 등기임원과 동등한 직책을 부여받으며 등기임원에 준하는 처우도 받고 등기임원과 동일한 책임과 권한을 가지며, 회사의 경영목적상 필요에 의하여 대표이사의 요청을 받아 이사회가 선임한다.

A 회사는 전체 업무를 12개 부분으로 구분하여 각 책임자는 등기임원 또는 미등기임원이 맡았으며, 상무로 선임된 P는 방카슈랑스의 담당하는 총책임자이고, 그의 업무는 시중은행에 보험상품을 판매하는 방카슈랑스 업무와 홈쇼핑 및 텔레마케팅을 통해 보험상품을 판매하는 직접 마케팅 업무로 구분되며, 이와 관련된 상품개발, 영업전략수립, 상품의 홍보 및 영업활동, 사원의 영업활동에 대한 통제와 지원 등의 업무를 수행하였다. 다른 은행의 부장으로 근무하던 P는 A 회사로부터 방카슈랑스 업무의 제안을 받아들여 A 회사의 미등기 상무로 선임되었다.

A 회사는 P의 종전 은행 근무경력에 기초한 전문적인 능력을 고려하여 방카슈랑스 업무에 관한 포괄적인 권한과 책임을 맡긴 것이고, 입사 시에 근로계약서는 작성하지 않았다. P는 사업계획의 수립, 텔레마케팅 영업 점포의 신설 폐쇄에 관한 전결권을 행사하였고, 중요한 계약 체결이나 월별 보고에 관하여만 대표이사의 결재를 거쳤으며, 회사의 임원위원회(Steering Committee)의 구성원으로 참여하였다.

그런데 A 회사는 영업실적 저조를 이유로 P를 상무보직에서 해임한 후 인사지원팀으로 대기발령을 내렸고, 그 후 출근정지 2개월의 처분을 하였으며, 연이어 그에게 부여할 임원의 직무가 없다는 이유로 임원인사위원회의 의결을 거쳐 해임하였다.

P가 해임무효소송을 제기하였는바, 원심법원은 P가 근로기준법상의 근로자인데, 그의 해고의 정당한 사유가 없다면서 해임이 무효라고 판시하였그(서울고등법원 2011. 12. 16. 선고 2011나17917 판결), 이에 A 회사가 대법원에 상고를 하였다.

근로기준법상의 근로자는 직업의 종류와 관계없이 임금을 목적으로 근로를 제공하는 사람이며 그 해당성 여부는 계약의 형식과 상관없이 실질적으로 임금을 목적으로 종속적인 관계에서 사용자에게 근로를 제공하였는지 여부에 따라 판단된다. 다라서 임원이라도 그 업무의 성격상 회사로부터 위임받은 사무를 처리하는 것이 아니라 실제로 업무집행권을 가지는 대표이사 등의 지휘감독 아래 일정한 노무를 담당하면서 그 대가로 보수를 받았다면, 근로기준법상 근로자라고 할 수 있다.

그러나 대규모 회사의 비등기 임원이 전문적인 분야에 속한 업무의 경영을 위하여 특별히 임용되어 해당 업무를 총괄하여 책임을 지고 독립적으로 운영하면서 등기임원(이사)과 동일하게 회사경영의 의사결정에 참여하였고 일반 직원과 차별된 처우를 받았다면 근로자로 보기 어려울 것이다.

그런데 P는 해당 직위의 등기임원보수에 준하는 보수와 자동차 제공 및 스포츠회원권 등 직원과 현저히 차별화된 복리후생의 혜택을 받았다. 따라서 그는 대표이사로부터 구체적인 지휘와 감독을 받으면서 일정한 노무를 제공하였다기보다는 기능적으로 분리된 특정된 전문업무 전체를 포괄적으로 위임받아 총괄하면서 상당한 정도의 독립적인 권한과 책임을 바탕으로 처리하는 지위에 있었다고 볼 수 있다.

비록 P가 대표이사에게 중요 업무에 관하여 보고하고 결재를 받았다 하더라도 이는 위임업무의 집행과 관련하여 통상적으로 필요한 것일 뿐이고 임금을 목적으로 한 종속적인 관계로 볼 수는 없다. 그러므로 P의 해임은 그의 전문성 및 경영능력에 대한 신임관계를 현저히 상실되어 정상적으로 임원의 역할이 불가능하게 되는데 따른 결과이므로 그가 근로기준법상 근로자로서 보호받을 수 없다고 대법원이 판시하였다(대법원 2017. 11. 9. 선고 2012다10959 판결).

생각건대 비등기 임원의 업무의 태양은 다양하고 명목뿐인 임원도 있을 수 있으므로 임원이라는 이유만으로 법의 보호를 거절하는 것은 바람직하지 못하므로, 비등기 임원의 업무의 형태, 보수, 혜택 등 제반 사정을 고려하여 근로자로서 보호할 가치가 있는 경우에는 법의 보호를 받을 수 있도록 하여야 할 것이다.

/ 제4장 일반 서민 보호의 법 /

불법금융사기 피해를 방지하려면

경제의 불황으로 서민들의 생활이 어렵게 되는 틈을 노려 각종 불법사금융의 폐해가 증가하고 있다. 금융감독원에 설치된 불법사금융피해 신고센터에 접수된 피해사례는 수만여 건에 이르는데, 대출사기, 고금리피해, 보이스피싱, 불법채권추심, 무등록 대부업 등이 주를 이루고 있다.

등록금으로 빌린 300만 원이 연 680% 금리로 1년 만에 1,500만 원에 이르자 이를 갚지 못한 학생을 유흥업소에 강제 취업시킨 사채업자와 100만 원 이하 소액을 대출하면서 연 3,000%의 이자를 갈취하는 악덕업자들이 활개를 치는 경우도 있다고 하니 기가 찰 일이다.

한편 대한민국 사정에 어두운 탈북한 새터민을 상대로 부동산투자를 빙자한 금융피라미드 사기가 성행하였는데, 이 사기는 3,000

만 원을 투자하면 1달 후에 수당 300만 원을 지급하고 다른 투자자를 끌어드리면 실적급을 추가로 받을 수 있도록 함으로써 상위투자자는 하위투자자를 끌어들일 때마다 일정한 수당을 받는 전형적인 불법 피라미드 사기행위이다.

또 퇴직자, 노인 수천여 명을 상대로 100조 원 규모의 중국합작사업에 투자를 하면 주식값이 수백 배 상승할 것이라거나 수십조 원 규모의 브라질 횡단철도 사업에 투자를 한다면서 수백억을 끌어들인 적도 있었다.

이처럼 비상장 주식사기, 다단계 금융피라미드와 결합된 신종 불법사금융이 만연하고 있는 실정이다. 정부 감독기관으로부터 금융기관의 허가를 받지 아니하고 펀드, 캐피탈, 파이낸스 등 상호를 부당하게 사용하면서 경제적 약자를 노리는 유사수신행위의 폐해의 한 단면이다.

이러한 불법사금융 및 금융피라미드 사기는 오랜 역사를 가지고 있다. 1919년 말 이탈리아계 미국인 '찰스 폰지'는 세계 각국에서 우표로 교환할 수 있는 쿠폰사업을 한다면서 투자자들에게 45일 수익률 50%, 90일 수익률 100%를 제시하여 순식간에 4만 명으로부터 1,500만 달러를 모았다. 그는 신규투자자의 자금으로 기존 투자자의 수익금을 충당하는 행위를 반복하다가 1,920년 투자자들에게 막대한 손실을 입혔는데, 이 폰지 사기가 피라미드금융사기의 원조이다.

미국 나스닥거래소장을 역임한 버나드 메도프는 1960년 헤지펀드를 설립하여 폰지 사기수법으로 수많은 투자자들의 돈을 끌어들여서 40여 년 동안 월가의 전설적 인물로 군림을 하다가 500억 달러 이상의 손실을 내고 수많은 투자자들에게 손해를 입혔다. 그 피해자 중에는 스티븐 스필버그 감독, 한국의 유력한 증권회사, 일본 노무라 증권 등도 포함되어 있다.

이러한 불법사금융조직이 성행하고 피해자가 양산되는 이유는 무엇이며 이에 대한 어떤 대책이 필요한가.

이들은 사회적 약자를 목표로 정하고 이들을 끌어들인다. 한국 사정에 어두운 탈북주민, 장래가 불안한 노인이나 은퇴자, 경제적으로 궁색한 서민 등이 사기의 대상이 된다. 이들 사회적 약자에게 안전한 투자처가 있었다면 유혹이 있더라도 쉽게 물리칠 수 있었을 것이다.

그리고 금리가 저렴한 제1금융권 또는 제2금융권이 사회적 약자를 위한 대출의 문을 더 넓게 열어야 한다. 현재처럼 물적담보와 연대보증을 요구하게 되면 그러한 요건을 갖출 수 없는 서민들은 금리가 저렴한 금융기관을 이용할 수 없게 되고, 그나마 대출을 해주는 불법사금융을 고금리에도 불구하고 이용할 수밖에 없을 것이다. 그러므로 국가가 운용하는 미소금융 등을 확충하여 사회적 약자들에게 저금리로 대출을 할 수 있도록 배려를 하여야 한다.

나아가 불법사금융의 불법행위를 예방하기 위한 적극적인 홍보와 법률적 지원을 아끼지 말아야 한다. 대한법률구조공단, 국가법무공단, 변호사회 공익센터 등 각종 법률단체와 정부기관 및 지방자치단체의 협력을 받아 최고이율을 초과하는 이자의 추심행위를 막아야 하고, 불법행위를 감행하는 유사수신단체가 존립할 수 없도록 감시하여야 한다.

미국은 금융사기범에 대한 형량이 수십 년으로 재범할 기회를 박탈하는데 비하여 우리나라는 대형 경제사범이나 금융피라미드 사기범에 대한 양형이 매우 낮아서 결과적으로 그들에게 재범의 기회를 제공하거나 그들의 사기를 확대재생산하도록 도와주는 것은 아닌지 반성해야 한다.

금융사기범에 대한 처벌의 수위를 현재보다 훨씬 높여야 함은 물론이고 불법행위로 얻은 이익을 징벌적 배상의 형태로 몇 배 이상 환원을 하여야 한다. 나아가 불법사금융업자가 범죄행위에 이용되는 대포폰사용을 차단하기 위한 전기통신사업법의 개정과 미등록 대부업자에 대한 이자율규제를 위한 대부업법의 정비도 필요하다.

/ 제4장 일반 서민 보호의 법 /

국제스포츠판정에 대한 이의신청절차의 필요성

　오늘날 올림픽이나 월드컵축구 경기는 국가 간의 우호증진과 친선활동에 그치지 않고 각 나라가 힘의 우월성을 과시하는 기회가 되고 있다. 그리하여 경기를 하는 선수와 관전하는 관중 그리고 선수가 속한 나라의 국민이 서로 편을 갈라서 전부 아니면 제로(all or nothing)의 게임을 한다. 스포츠와 전쟁이 유사한 점이 많지만, 그 승패가 전쟁에서는 전투력과 힘에 의하여 객관적으로 결정되는데 비하여, 스포츠는 심판(refree)이 승패를 결정하는바, 심판의 공정성은 매우 중요하다.

　밴쿠버 올림픽에서 한국 여자 쇼트트랙스케이팅 3,000미터 계주팀이 1등을 하였지만 주심판은 한국선수가 중국선수를 방해하였다는 사유를 들어 실격으로 처리하였다. 그런데 국제빙상연맹(ISU) 규정 297조 2 b항은 부적격행위의 유형인 임페딩(impeding)을 고의적인 방해(deliberately impeding), 가로막기(blocking), 공격(charging), 또는 몸의 한 부분으로 다른 선수를 미는 것으로 정의하고 있다.

위 경기에서 중국선수가 먼저 바톤터치를 하였으므로 그가 인코스에 들어올 수 있도록 한국선수가 양보를 하여야 함에도 하지 않은 행위는 중국선수의 진행을 방해한 행위로 판단한 듯하다.

하지만 한국선수가 중국선수 앞에서 인코스에 이미 자리를 잡고 있었기 때문에 바톤터치를 한 후에 자기가 이미 차지한 인코스에서 달렸고, 오히려 중국선수가 아웃사이드로부터 안으로 코스를 파고 드는 크로스트랙을 한 것은 부적절하다고 보는 것이 설득력이 있어 보인다.

이처럼 심판의 순간적 착오나 실수로 인하여 일반인의 상식에 배치되는 판정을 하는 경우 그 구제방법이 마련되어야 함에도 국제빙상연맹의 경기룰에 이의신청의 절차가 없다는 것은 커다란 문제이다.

경기규칙위반에 대한 주심의 결정은 최종적(final)이므로 어떠한 이의도 허용되지 않는다(no protests are allowed)는 ISU Rule 297조 5 a에 의하여 이의신청의 길이 막혀 있는 결과, 주심(refree)은 판정에 관한 무소불위의 권한을 행사한다.

그렇다면 국제스포츠중재재판소(CAS: Court of Arbitration for Sport)에 제소를 하여 오심을 정정할 수 있는가? 스포츠법과

중재분야에 전문지식을 갖춘 중재위원들이 각종 국제대회에서 발생하는 판정시비, 약물복용시비, 선수자격시비 등 분쟁을 심판하는 CAS는 각 당사자가 서면으로 중재에 동의를 하여야만 중재의 권한이 주어진다. 따라서 주심판정을 CAS의 중재에 회부하는 것을 중국 팀이 서면동의를 하지 않는 한, CAS는 중재판정을 할 수 없다.

특정한 주심이 반복적으로 어느 국가에 불리하게 자의적인 판정을 하는 경우 이의신청의 방안이 마련되지 않는다면 스포츠를 통한 인간의 완성과 국제평화의 증진이라는 올림픽 정신은 훼손될 것이고, 그 존재의의도 상실될 것이다.

생각건대 ISU어 이의신청절차를 마련하여 재심위원회을 설치하고, 이곳에 회부하여 심사한 결과 주심판정의 오류가 밝혀지면 피해선수나 팀에게 추가적인 메달이나 순위를 인정하는 방안을 마련하여야 한다.

증권시장에서 작전세력의 시세조종이나 증권사기가 난무하면 투자자가 시장을 떠나듯이 운동경기에 대한 불공정한 판정은 스포츠에 대한 회의와 불신을 초래할 것이고 그렇게 되면 관중은 운동경기를 외면하고 떠날 것이다. 공정한 판정을 위하여 독립적 기구에 의한 강제중재(compulsory arbitration) 규정을 마련할 필요가 있다.

/ 제4장 일반 서민 보호의 법 /

고지의무 위반자가 보험금을 받을 수 있는가

　A는 2005년 10월 갑상선 초음파검사를 받은 결과 우측 갑상선 결절(5㎜), 우측 갑상선 낭종(2~3㎜)의 진단과 함께 6개월 후 추적검사하라는 의사의 소견을 받았으나, 추적검사는 물론 정밀검사를 받지 아니하였다. A는 2007년 1월 5일 P 보험회사와 자기를 피보험자로 하는 보험계약을 체결하면서, 갑상선결절 진단을 받은 사실을 알리지 않았다.

　A는 2007년 12월 19일 검진을 받은 결과 갑상선암이라는 진단을 받고, P에게 보험금을 청구하였으나, P는 고지의무위반을 이유로 보험계약을 해지하였다.

　법원은 A가 어떠한 질병을 확정적으로 진단받은 것으로 인식하였을 것으로 보기 어렵고, 또 건강검진 이후 2년여 동안 별다른 건강상 이상증상이 없었기 때문에 추가적인 검사나 치료도 받지 않았다는 점을 인식하였다.

갑상선결절은 흔한 내분비질환의 하나로서 임상적으로 만져지는 결절 중 약 95% 정도는 양성결절이고, 5% 정도만 악성으로 판명되기 때문에, A가 고의 또는 중대한 과실로 인하여 중요한 사실을 고지하지 아니한 것으로 볼 수 없어 고지의무위반이 아니라면서 보험금을 지급하고 보험계약은 해지를 할 수 없다고 하였다(대법원 2011. 4. 14. 선고 2009다103349, 103356 판결).

다른 사례를 살펴보자.

B는 2007년 12월 25일 K 보험사와 사이에 B의 남편(C)을 피보험자로 한 무배당우니버설 종신보험계약을 체결하였다. C는 2009년 1월 12일부터 같은 해 3월 9일까지 병원에 입원치료 중 급성 림프아구성 백혈병으로 진단받고 K 보험사에게 보험금지급을 청구하였다.

그런데 C는 2006년 11월 25일 병원에서 혈압을 측정한 결과 150/100mmhg으로 고혈압에 의한 후두부 경직과 피로감을 호소하여 '본태성(원발성)고혈압'의 진단을 받아, 항고혈압제인 7일분의 약을 처방받고, 그 후 다시 30일분을 처방받아 복용한 사실이 있었다.

그럼에도 불구하고 B와 C는 보험계약을 체결할 당시 "최근 5년 내에 고혈압 등의 증상이나 질환으로 의사로부터 진찰, 검사를 통하여 진단을 받았거나 치료, 투약입원, 수술, 정밀검사를 받은 적이 있느냐는 서면질문에 대하여 아니라고 하였다. K 보험사는 보험금을 지급한 후, C의 고혈압 진단 및 투약사실을 고지하지 않았음을 이유로 보험계약의 해지를 통보하였고, 이에 B는 고지의무위반이 아니라고 다투었다.

법원은 피보험자가 고혈압으로 진단 및 투약이나 치료를 받았는지 여부는 보험자가 보험사고의 발생과 그로 인한 책임부담의 개연율을 측정하여 보험계약의 체결여부 또는 보험료나 특별한 면책조항의 부가와 같은 보험계약의 내용을 결정하기 위한 표준이 되는 중요한 사항이므로, B와 C가 고의 또는 중대한 과실로 그 중요한 사항을 고지하지 않았기 때문에 고지의무를 위반하였다고 판시하였다(대법원 2010. 7. 22. 선고 2010다25353 판결).

보험계약을 체결하면서 보험자는 피보험자의 건강상태 등을 정확히 알지 못하고 계약을 체결할 경우에 큰 손해가 발생할 수 있는 바, 보험계약자 또는 피보험자는 보험계약체결 여부를 결정하고 또 보험료를 결정하는데 보험자가 반드시 알아야 할 고지사항을 미리 알려주어야 할 고지의무를 부담한다.

그런데 보험계약자가 고지를 할 중요한 사항이 무엇인지를 알지 못하므로 통상 보험자가 미리 작성한 질문표에 기재하는 방식으로 고지를 한다. 고지를 할 중요사실로서는, 인보험은 암, 정신병 등 피보험자의 기왕증, 년령, 임신, 낙태경험 등이 있고, 손해보험은 다른 보험자와 동종의 보험계약을 체결할 사실, 다른 보험사가 보험청약을 거절한 사실 등이 있다.

위 첫 번째 사례에서 갑상선결절은 95% 이상이 양성종양으로서 암으로 변질될 가능성이 희박하고, 추적검사 소견 후 2년간 나쁜 증상이 없었으므로 보통사람이라면 중요사실이 아니라고 판단하는 것이 합리적이므로 고지의무위반이 아니라고 하였다.

그리고 보험계약자나 피보험자는 질문표에 기재된 각 사항에 대하여 사실대로 알려야 하고, 설령 질문표에 기재되지 아니한 사항이더라도 중요한 사실이라면 이를 고지하여야 한다. 오랜 기간 보험료를 꼬박꼬박 납부하였더라도, 사고가 발생하면 보험회사는 고지의무의 위반여부를 현미경으로 보듯이 세밀하게 조사를 하는데, 조금이라도 위반사실이 발견되면 보험금을 받지 못하고 보험계약도 해지되는 불이익을 입는다.

그러므로 보험가입자는 청약서에 기재된 고지사항에 대하여 모두 고지를 한 후에 보험에 가입하여야만 보호를 받을 수 있음을 잊지 말아야 한다.

/ 제4장 일반 서민 보호의 법 /

보험사기방지를 위하여

보험사기가 극성을 부린다는 얘기가 심심찮게 들린다. 퀵서비스 운전자 수십여 명이 골목길에서 역주행하는 차량을 골라 고의로 충돌사고를 일으켜서 보험합의금을 챙긴 사례가 있다.

탈북자 10여 명이 국가의 정착지원금으로 상해보험을 가입한 뒤 공모하여 충돌사고를 일으키거나, 허위로 교통사고를 가장하여 병원에 입원한 뒤 보험금을 받아내는 사례도 있었다. 한편 소방공무원이 이행보증보험금을 가로챌 목적으로 유령회사를 만들어 거래업체와 거래를 하는 중 손실을 입은 것처럼 가장하여 1억 원 상당의 보험금을 가로채는 사건도 발생하였다.

또 보험설계사 출신의 아내가 남편과 공모하여 남편이 바다로 낚시를 나갔다가 파도에 휩쓸려 실종된 것처럼 허위로 사망신고를 한 뒤 보험사로부터 11억 원 상당의 보험금을 타낸 후, 남편이 위조된

운전면허증과 타인 명의의 휴대폰을 갖고 다니며 도피생활을 하다가 수사기관에 붙잡혔는데, 그 아내는 실종신고 2개월 전부터 3개의 거액의 생명보험에 가입하였다고 한다.

이 보험설계사 부부는 10억여 원의 돈과 평생 지하생활을 교환하는 어리석은 행위를 하였지만 결국 실패로 끝나서 사기죄로 장기간 교도소에서 수갑생활을 하여야 하였다. 하기야 이미 장례도 치렀고 법률적으로 사망인 것으로 신고하였으니, 살아서 보내는 교도소 생활을 불평할 일이 아닐는지도 모른다.

보험업무에 종사하는 자에 의한 범죄는 직업 윤리상 비난받아야 마땅하지만, 다른 한편으로 보험제도상 문제가 없는지 살펴볼 필요가 있다. 손해보험의 성질을 가진 상해보험은 실제로 입은 손해만을 보상한다는 원칙에 의해 실제 손해액을 넘는 보험금 지급을 금지하고 있는데, 그 이유는 실제 손해액보다 더 많은 보험금을 지급하게 되면 의도적으로 보험사고를 통한 이익을 창출하려는 유혹을 받기 때문이다.

이에 비하여 생명보험은 보험의 목적인 사람의 경제적 가치를 일률적으로 산정하는 것이 생명을 경시한다는 비난을 받는 등 도의관념상 부적절하므로 생명보험에서는 보험의 목적인 사람의 값(value)인 '보험가액'이나 '피보험이익'을 인정하지 아니한다.

즉 사람의 값어치를 돈으로 환산하는 것을 허용하지 않는다. 따라서 사람이 사망할 때 지급되는 보험금은 제한되지 아니하고, 또 중복하여 수 개의 보험사에 수 개의 보험을 가입하더라도 모두 보험금을 지급해야 한다.

수년 전 비행기 추락사고로 사망한 의사가 여러 건의 생명보험에 가입하여 수십억 원의 보험금을 그 유족이 수령하였던 사건이 있었다. 보험회사 측에서는 보험료를 받고 가입한 보험자에게 보험금을 지급하므로 손해라고 할 수는 없다. 한편 보험회사는 이러한 대형 사고가 발생하면 보험의 필요성을 홍보하는 계기로 삼아 보험 가입의 촉매제로 이용하기도 한다.

이러한 사고뉴스를 접할 때마다 생명보험의 보험금액도 일정 한도 내에서 제한하는 것이 필요하다는 생각된다. 예를 들면 피보험자의 상실수입액의 2~3배 범위로 총수령 보험금액을 제한하는 방안도 생각해볼 수 있을 것이다.

보험사고의 발생으로 횡재를 하거나 팔자를 고치는 것은 보험의 도박화를 초래하고 범죄 발생을 장려할 염려가 있으므로 생명보험에서도 일정한 보험금을 제한하는 것이 타당하다고 생각된다. 보험사기로 보험금 지급금액이 늘어나면 보험사는 보험료를 인상할 것이므로 결국 선량한 다수의 보험가입자에게 손해가 전가된다.

이를 방지하기 위하여 보험사기 전력자의 블랙리스트를 만들어 그들의 보험가입을 차단하거나 사기보험에 연루된 보험설계사들의 재취업을 금지하는 방안 등을 강구할 필요가 있다. 보험사기는 위험의 대비수단인 보험제도를 위기로 몰아넣게 될 것이므로 이에 대한 적극적인 대응방안이 필요하다.

/ 제4장 일반 서민 보호의 법 /

사행성보험은 권장할만한가

　보험은 동일한 위험에 노출된 다수의 사람이 위험단체를 구성하고, 대수의 법칙에 의하여 산출된 일정요율의 보험료를 갹출하여 마련된 공동준비재산을 재원으로 보험회사가 우발적으로 사고를 입은 단체의 구성원에게 보험금을 지급함으로써 보험가입자들의 경제적 불안을 줄이려는 제도이다.

　보험은 우연한 사고의 발생 여부에 따라 보험금이 지급되는 '사행계약'이라는 점에서는 도박과 같지만, 보험은 우연한 사고발생으로 인하여 손해를 입게 될 경제적 수요를 충족시켜 현상을 유지하는 것이 목적이지만 도박은 횡재를 목적으로 적극적인 경제적 이익을 추구하는 점에서 다르다.

　그리고 '피보험자가 보험의 목적에 대하여 보험사고가 생기지 않음으로써 인하여 손해를 받지 아니하게 되는 이익'이라는 피보험이익이 보험에는 존재하지만, 도박에는 이러한 피보험이익이 없는바, 피보험이익의 유무에 의하여 보험과 도박이 구분된다.

일방은 이익을 얻지만 그 상대방은 손해를 보며, 법률상 정당한 이익이 없고, 정당한 대가관계가 없으면 도박이라고 볼 수 있다. 예컨대 말(horse)의 소유자가 다른 사람에게 말을 팔면서, 한 달 이내에 시속 20킬로미터로 달릴 수 있으면 200파운드, 그렇지 못하면 1실링에 팔기로 약정하는 것은 도박이라고 판시한 외국 사례가 있다.

하지만 양자의 구분이 항상 분명한 것은 아니다. 여름에 휴대폰 약정을 한 고객에게 크리스마스날에 흰 눈이 내리면 돈을 지급하겠다거나 우리나라가 월드컵 16강에 오르면 돈을 지급하겠다는 등 경품행사와 연계한 변칙적인 '상금보험'이 진정한 의미의 보험에 해당되는지에 대하여 논란이 있다.

크리스마스의 하얀 눈과 월드컵 16강 진입은 보험의 요건인 우연한 사건의 발생에 해당이 되지만, 그것이 피보험자의 어떠한 손해를 보전하여 주는지는 의문이다. 크리스마스에 흰 눈이 내리는 것은 피보험자가 스키장운영자라면 피보험이익이 있다고 할 수 있지만, 피보험자가 일반인이라면 피보험이익이 과연 존재한다고 할지 의문이다.

근래 손해보험회사가 불확실성에 기초한 우발적 사고의 발생 여부에 따라 간접적으로 발생하는 재산적 손해 또는 피보험자의 경제 부담을 전가하는 형태의 사행성보험(contingency insurance)인 스포츠 시상금보험, 보상보험, 날씨보험 등을 판매하고 있다.

그런데 스포츠경기의 승패가 보험사고의 요건이 되는 경우, 당해 경기의 승패가 주최자의 의지나 타인의 개입에 의하여 결정된다면 이는 보험사고의 우연성에 위반된다. 또 보험료의 총액과 지급되는 보험금이 동등해야 한다는 법칙이 무시된 채 보험료가 책정되는 것도 문제가 된다. 예컨대 남북통일이 되면 일정 금액을 지급하겠다는 보험계약은 남북통일의 성사 여부와 그 비용이 보험수리학에 의하여 보험료산출이 불가능하기 때문에 허용되기 어려울 것이다.

한편 사고의 우연성이 인정되고 나아가 보험요율이 객관적으로 산출되어 보험료가 결정된다고 하더라도, 보험의 이해관계자에게 도덕적 해이(moral hazard)를 조장할 우려가 있다면 이 역시 보험이 추구하는 공공성이나 사회성과 괴리가 있다.

오래전 주정차위반 등 운전법규위반자에게 범칙금을 대신 납부하겠다는 범칙금대납보험이 다단계 형태로 서민들에게 광범위하게 파고든 적이 있었다. 자동차소유자가 일정한 보험료를 납부하면 운전규칙을 위반함으로써 납부해야 할 모든 범칙금을 보험자가 대신 납부를 하는 보험이다.

만일 이러한 보험이 일반화되면 교통질서의 유지와 보행인의 안전을 담보하려는 공공의 안녕은 무너질 것이며, 교통불법을 조장하는 결과가 되는바, 범칙금대납보험은 허용되지 않았고 이를 운용한 사업자들은 형사처벌을 받았다. 위험을 회피하고 장래의 평안을 보장받으려는 현대인의 불안한 심리를 역이용하여 사행성 보험이 증가하는 것은 바람직해 보이지 않는다.

/ 제4장 일반 서민 보호의 법 /

정신질환자 자살면책약관에 대하여

우리 대법원이 정신질환을 앓던 사람이 스스로 목숨을 끊는 것은 자유로운 의사결정을 할 수 없는 상태에서 일어난 사고로 보아야 한다며 자살보험금의 청구권을 인정하고 있다.

그 이후 보험에 가입한 우울증 등 정신질환을 앓고 있는 사람들이 자살을 한 경우에 그 유족에게 지급되는 보험금이 증가하면서 보험회사의 손실을 늘어나자, 보험회사는 정신질환자의 자살사고에 대하여 보험금을 지급하지 않는다는 '정신질환자 자살면책'을 약관에 신설하였다.

자살은 자기의 생명을 끊는다는 것을 의식하고 그것을 목적으로 의도적으로 자기의 생명을 절단하여 사망의 결과를 발생케 하는 행위를 의미하는데, 피보험자가 정신질환 등으로 자유로운 의사결정을 할 수 없는 상태에서 사망의 결과를 발생케 한 경우는 여기에 포함되지 않으므로, 피보험자가 자유로운 의사결정을 할 수 없는 상태에서, 사망의 결과를 발생케 한 직접적인 원인행위가 외래의 요인에 의한 것이라면, 그 사망은 피보험자의 고의가 아닌 우발적인 사고이므로 보험금을 지급해야 한다고 판시하였다(대법원 2006. 3. 10. 선고 2005다49713 판결).

그러므로 피보험자가 자유로운 의사결정 상태에서 자살한 것인지 여부와 관계없이 심신상실 및 정신질환으로 인한 손해를 모두 보험자의 면책사유로 규정하고 있는 '정신질환자 자살면책조항'은 고객에게 부당하게 불리하므로 무효라고 하였다.

피보험자의 정신질환을 피보험자의 자살과 독립된 면책사유로 규정하고 있는 경우 피보험자의 정신질환으로 인식능력이나 판단능력이 약화되어 상해의 위험이 현저히 증대된 경우 그 증대된 위험이 현실화되어 발생한 손해는 보험의 보호의 대상으로부터 배제하려는 의도로 정신질환면책을 규정하고 있다.

이 면책약관이 고객에게 부당하게 불리하여 공정성을 잃은 것이라고 할 수 없으므로, 피보험자가 정신질환에 의하여 자유로운 의사결정을 할 수 없는 상태에 이르렀고 이로 인하여 보험사고가 발생한 경우라면 면책조항에 의하여 보험자는 보험금을 지급할 의무가 없다는 판결(대법원 2015. 6. 23. 선고 2015다5378 판결)도 있다.

보험은 다수의 보험계약자의 보험료를 모아서 우발적인 사고를 당한 특정한 피보험자에게 보험금을 지급하는 제도이다. 현재 보험에 가입한 후 2년이 지난 후의 자살에 대하여는 보험금을 지급하겠다는 약관에 의하여, 보험가입 후 2년이 지난 이후의 자살사고에 대하여 보험금을 지급하고 있다.

자살자의 유족에게 보험금을 지급하는 것은 자살을 부추기는 행위로서 보험재정의 건전성에 악영향을 끼치고 다수의 보험계약자에게 인상된 보험료를 부담시키는 문제점도 있음을 간과할 수 없다. 보험회사와 보험가입자의 이익을 동시에 보호하는 방안이 도출되기를 기대해 본다.

/ 제4장 일반 서민 보호의 법 /

운전(보조)자가 자배법상 보호받는 타인인가

자동차손해배상보장법(자배법) 제3조는 '자기를 위하여 자동차를 운행하는 자는 그 운행으로 다른 사람을 사망하게 하거나 부상하게 한 경우에는 그 손해를 배상할 책임을 진다'고 규정하고 있다. 즉 자배법의 손해배상책임의 주체는 운행자이고 보호객체는 다른 사람(타인)이다.

타인이라 함은 '운행자와 당해 자동차의 운전자 및 운전보조자를 제외한 그 이외의 자'를 의미한다. 자배법은 인적손해 중 일정금액 한도(자동차종합보험의 대인배상Ⅰ)에만 적용되고, 자동차보유자는 보험가입이 의무이며, 가해자가 경제적 능력이 부족하더라도 자배법에 의하여 피해자가 일정 범위 내에서 배상을 받을 수 있는 사회보험의 성격을 가지고 있다. 그런데 운전자나 운전보조자가 당해 자동차의 운행으로 사상을 입은 경우, 그가 자배법의 보호대상인 타인으로 볼 수 있는지에 대하여 살펴보기로 한다.

P 주식회사는 통신기지국 시설공사를 맡아 그 공사를 수행하기 위하여 전기배선공 A와 근로계약을 체결하였고, 사고차량인 카고크레인의 소유자인 B와도 근로계약을 체결하였다. B는 작업장소로 전선드럼을 운반하라는 지시를 받고 작업인부 C로 하여금 적재함에 전선드럼을 싣고 운전하여 작업장소에 가도록 지시하였다.

C는 P 회사의 다른 근로자들을 차량에 태우고 경사진 도로인 작업장소에 도착하여 차량 앞부분을 내리막 방향으로 향하게 한 상태에서 정차하였다. 그 후 작업장소에서 기다리고 있던 A가 아우트리거를 조작하여 사고차량을 고정시킨 후 크레인 레버를 조작하여 붐대를 펴는 순간 차량의 앞부분이 들리면서 미끄러지기 시작하였고, A는 이를 멈추기 위하여 사고차량을 따라 내려가며 레버를 조작하던 중 사고차량과 옹벽 사이에 끼어 사망하는 사고가 발생하였다.

원심법원은 A가 아우트리거를 조작하여 사고 차량을 고정한 후 크레인 레버를 조작하여 붐대를 펴는 순간 사고 차량의 앞부분이 들리면서 미끄러지기 시작하여 사고가 발생하였는바, A는 사고 당시 차량을 현실로 운전하거나 그 운전의 보조에 종사한 자이므로 타인에 해당하지 않는다고 하였다(대구지방법원 2014. 12. 3. 선고 2014나302292, 2014나304434(참가) 판결).

원심판결에 대하여 A의 유족이 상고하였는데, 대법원은 원심판결을 파기 환송하였다. 자배법 제3조의 다른 사람이란 자기를 위하여 자동차를 운행하는 자 및 해당 자동차의 운전자를 제외한 그 이외의 자를 지칭하므로, 해당 자동차를 운전하거나 그 운전의 보조에 종사한 자는 자배법 제3조의 다른 사람에 해당하지 않는다.

그리고 운전보조에 종사한 자에 해당하는지 여부는 업무로서 운전자의 운전행위에 참여한 것인지 여부, 운전자와의 관계, 운전행위에 대한 구체적인 참여 내용, 정도 및 시간, 사고 당시의 상황, 운전자의 권유 또는 자발적 의사에 따른 참여인지 여부, 참여에 따른 대가의 지급여부 등을 고려하여야 하는데, 자신의 업무와 관계없이 별도의 대가를 받지 않고 운전행위를 도운 것에 불과한 자는 특별한 사정이 없는 한 운전의 보조에 종사한 자에 해당하지 않는다고 하였다.

이 사건에서 차량운반 및 하역작업은 차량의 소유자이면서 공사현장의 안전책임자인 B와 그의 보조자인 C의 업무이며, C가 차량을 이용한 전선드럼의 하역업무를 총괄하면서 아우트리거와 크레인 등 특수장치를 포함하여 이 사건 차량 전체를 운전하여야 할 지위에 있었고, C가 지형의 특성에 맞게 아우트리거를 설치하여 차량의 미끄러짐을 방지하는 조치를 취할 의무를 부담함에도 불구하고 차량의 아우트리거와 크레인작동에 능숙하지 않은 A가 이를 조작하는 것을 묵인하여 A의 작동미숙으로 사고가 발생하였다.

그러므로 운전자는 C이고 A는 운전자가 아니며, 나아가 A는 전기배선공으로서 자신의 업무와 관계없이 별도의 대가도 받지 않고 C의 하역 업무를 도와준 자이므로 운전보조자도 아니어서 타인에 해당되므로 자배법상의 보호의 객체가 된다고 하였다(대법원 2016. 4. 28. 선고 2014다236830, 236847 판결).

　운전자나 운전보조자는 자신의 업무로서 운전을 하거나 운전을 보조하는 자이므로 사고가 발생하지 않도록 주의를 기울일 의무를 부담하고 있는바, 당해 차량의 운행 중 사고로 사상을 입었더라도 타인이 될 수 없는 것이 원칙이다.

　그러나 운전자나 운전보조자의 과실 없이 사고가 발생하였거나 운행에 대한 대가를 받지 않고 관여를 하였거나 업무의 관련성이 없는 때에는 실제 운행자의 운행의 지배와 이익이 운전자나 운전보조자의 운행의 지배와 이익보다 더 직접적이고 구체적이므로 운전자나 보조자는 타인에 해당되어 자배법상 보호를 받는다. 가능한 타인의 범위를 확장하여 피해자를 구제하려는 것이 자배법의 취지라는 점을 감안하면 위의 판결은 타당하다.

/ 제4장 일반 서민 보호의 법 /

보험약관의 무면허운전면책조항의 효력

자동차보험이나 상해보험의 약관에 자동차 운전자의 무면허운전 중 생긴 사고로 인한 손해에 대하여 보험회사가 보상책임을 부담하지 않는다는 보험자 면책조항이 포함되어 있다.

무면허운전은 사회적으로 위험한 행위로서 형사처벌의 대상이 되는 고의적인 범죄행위이다. 따라서 보험에서 무면허운전행위로 인하여 발생한 보험사고의 손해에 대하여 보험회사는 그 책임을 지지 않으려고 노력한다. 그런데 보험계약자나 피보험자가 아닌 제3자가 무면허운전을 한 경우에 보험자의 면책약관은 효력이 있는가?

만일 피보험자 등의 명시적·묵시적 승인을 얻은 제3자가 무면허운전을 하였다면 피보험자가 무면허운전을 승인한 결과로 사고가 발생하였으므로 피보험자가 피해자에 대하여 배상책임을 지고,

보험자는 면책된다고 본다.

그러나 피보험자나 보험계약자의 지배가능성이나 관리가능성이 없는 상태, 즉 피보험자의 명시적 또는 묵시적 승인이 없는 상태에서의 무단으로 제3자가 무면허운전을 하여 일으킨 손해에 대하여는 보험자가 보험금을 지급하여야 하고, 무면허면책약관은 그 효력을 상실한다. 그러므로 피보험자가 제3자의 무면허운전을 승인하였는지 여부에 의하여 무면허면책약관의 효력이 결정된다.

예컨대 운전면허가 없는 회사의 직원이 몰래 회사 차량을 운전하려고 시도하다가 발견된 적이 있어서 그 직원이 운전을 못하도록 다른 직원이 열쇠를 보관하던 중에 해당 직원이 자동차 열쇠를 빼앗아 차량을 운전하다가 제3자에게 손해를 입힌 경우에는 피보험자인 회사가 해당 직원의 무면허운전을 승인하였다고 볼 여지가 없으므로 무면허면책약관은 효력이 없을 것인바, 보험회사는 피해자에게 보험금을 지급하여야 한다.

상해보험이나 자동차보험의 자기신체약관과 관련하여, 피보험자가 무면허운전을 하다가 사망하거나 상해를 입은 경우 보험자가 보험금지급책임을 면할 수 있는가?

무면허운전이 면허운전과 비교해 볼 때 사고발생의 개연성이 약간 높다고 하더라도 그 정도의 사고개연성의 개인 간의 차이는 보험구성원의 동질성을 해칠 정도는 아니며 또 무면허운전에서의 고의란 음주운전을 한다는 인식일 뿐이고 무면허운전을 통하여 사망에 이르겠다거나 상해를 당하겠다는 의도나 인식은 아니다.

그리고 인보험에서의 보험수익자가 보험금을 노리고 피보험자를 살해하거나 상해를 가하는 것에 대한 사회적인 강한 비난에 비하여 무면허운전에 있어서 고의는 그 비난가능성이 상대적으로 크지 아니하므로 무면허운전으로 발생한 손해를 보험자가 보상을 하더라도 보험계약의 선의성이나 윤리성에 위반되지 않는다고 본다.

결과적으로 피보험자가 고의로 보험사고를 일으킨 경우에는 상해보험의 무면허면책약관은 효력이 있어 보험자가 면책이 될 것이나, 피보험자의 과실로 보험사고가 발생한 경우에는 면책약관은 효력이 없으므로 보험자는 보험금을 지급하여야 한다.

/ 제4장 일반 서민 보호의 법 /

심신박약자의 사망을 보험사고로 한 보험계약의 허용

상황에 대한 판단력이 조금 부족한 심신박약자가 가정의 가장인 경우에 자기가 불의의 사고로 사망할 경우에 대비하여 가족을 위하여 자기의 사망을 보험사고로 하는 생명보험을 가입할 수 있는가를 살펴보기로 한다.

타인의 사망을 보험사고로 하는 타인의 생명보험에서는 보험금을 취득할 목적으로 고의로 피보험자인 타인의 생명을 해칠 가능성이 있으므로, 타인의 생명보험의 계약체결은 일정한 제한을 받는다.

제한의 방식은 나라마다 다른데, 보험금을 받는 보험수익자가 피보험자의 생존에 대하여 이익을 가질 것을 요구하는 이익주의, 피보험자의 상속인이나 일정 범위 내의 친족만이 보험수익자가 될 수 있도록 한 친족주의, 타인인 피보험자의 동의를 요구하는 동의주의가 있다. 이 가운데 우리나라는 "타인의 사망을 보험사고로 하는 보험계약에는 보험계약 체결 시에 그 타인의 서면에 의한 동의를 얻어야 한다(상법 제731조 제1항)"고 규정함으로써 동의주의를 채택하고 있다.

따라서 보험모집인이 피보험자의 동의란에 피보험자를 대신하여 서명한 보험계약은 피보험자의 직접적인 서면동의를 얻지 못하였기 때문에 무효이고, 또 타인의 사망보험(혼합보험 포함)계약을 체결하는 경우에 타인의 동의는 계약성립 시에 반드시 있어야 하는바, 보험계약이 체결된 이후에 피보험자의 동의를 받더라도 그 효력이 없으며, 계약체결 이후에 추인을 받더라도 유효한 계약이 되지 않는다.

타인의 생명보험계약에서 동의를 하는 피보험자는 자신이 하는 동의의 의미를 충분히 이해할 수 있는 지적 능력을 가지고 있어야 한다. 그러므로 동의의 의미를 충분히 이해하기 곤란하다고 여겨지는 15세 미만자, 심신상실자 및 심신박약자는 자기의 사망을 보험사고로 하는 보험계약을 체결할 경우, 자신의 생명에 심각한 위험이 초래될 수 있기 때문에 이들의 서면동의가 있더라도 그 보험계약은 무효이고(2015년 3월 12일 개정 전 상법 제732조 본문), 설사 이들의 법정대리인이 동의를 하더라도 보험계약이 유효하게 되지 않는다.

한편 개정 전 상법 제732조가 심신장애자를 보호하려는 본래의 목적에 부합하는가에 관하여는 논란이 있다. 미성년자 중 15세 미만자는 독자적인 판단능력이 부족하므로 그의 동의가 있더라도 보험계약의 효력을 부인하는 것은 타당하다고 여겨지고, 심신상실자는 처음부터 판단능력이 전혀 없기 때문에 그의 동의가 효력이 없는 것은 당연하다.

그렇지만 자기 판단능력이 상당한 정도에 이르는 심신박약자가 가족을 보호하기 위하여 자기의 사망을 보험사고로 하는 생명보험에 가입하는 것까지 금지할 이유가 없다. 비록 사리분별이 정상인보다 조금 부족하더라도 자기의 사망사고 시 자기 가족의 장래의 생활을 염려하면서 보험을 가입하려는 의사를 존중하여 보험의 가입을 인정할 필요가 있기 때문이다.

그래서 심신박약의 정도와 상관없이 심신박약자가 언제나 생명보험계약의 체결을 할 수 없다고 하는 것은 부당하다는 의견을 존중하여, 2015년 3월 12일 시행된 일부개정 상법(법률 제12397호) 제732조 단서에 '심신박약자가 직접 보험계약을 체결할 때 또는 단체보험의 피보험자가 될 때에 의사능력이 있다고 인정되면 생명보험계약의 피보험자가 될 수 있다'는 규정을 신설하였다.

그리하여 경제활동을 통하여 가족을 부양하거나 생계를 보조하는 심신박약자가 의사능력이 있다고 인정되면 그는 자기를 피보험자로 하는 생명보험계약을 체결할 수 있으며, 또 단체보험의 피보험자도 될 수 있게 되었다. 의사능력이 있는 심신박약자의 유족도 보험금을 지급받을 수 있게 되어, 생활의 안정을 기할 수 있게 되어 다행이라고 생각된다.

/ 제4장 일반 서민 보호의 법 /

고수익보장을 약속하는 금융투자권유의 함정

　직장에서 정년퇴직을 하거나 명예퇴직을 하는 경우 퇴직금을 일시금으로 수령하는 경우가 있는데, 이들이 받은 퇴직금을 유용하게 굴릴 마땅한 투자처를 찾는 일이 쉽지 않다. 그런데 퇴직자들에게 새로운 아이템의 사업을 통하여 고수익을 안겨즈겠다고 누군가가 제안을 하면서 투자를 권유하게 되면 솔깃하지 않을 수 없을 것이다.

　그러나 고수익보장이라는 환상 너머에는 커다란 함정이 있음을 알아야 한다. 사채자금모집에 응하여 투자를 하였는데, 사업실패로 투자금을 반환받지 못하면 어떻게 되는지 사례를 통해 살펴본다.

　K 주식회사의 감사 A는 친구 P에게 'K 주식회사 대표이사 B는 고액자산가이고 투자의 귀재로서 부동산관련투자와 시장상인을 상대로 사채사업을 하여 높은 수익을 올리는 사람이다. 부동산담보가

충분하여 설사 사고가 발생하더라도 원금은 받을 수 있으니 투자금에 대하여 매월 6%의 이자를 지급하고, 원금은 반환요청 시 1개월 이내에 돌려주겠다'고 제안하여, 그로부터 20억 원 상당을 투자를 받았다.

그런데 A는 원금의 6%의 이자를 받아서 그중 1%는 자기가 갖고, 5%만 P에게 지급하였다. B가 1년 6개월 동안 약정 이자를 지급하다가 그 이후 이자와 원금을 지급하지 못하자, P는 A를 사기죄로 고소하였다.

K 주식회사는 다른 영업활동을 하지 않는 실적 없는 회사로서 자체 투자자금만으로는 회사를 운영하기 어렵고 투자를 받더라도 이를 활용하여 수익을 올릴 수 있는 능력이 없었으며, 오직 투자자로부터 단기로 투자금을 유치한 후 그 사채이자나 후순위의 투자자로부터 유치한 투자금으로 기존 투자자에 대한 원리금을 단기간 내에 순차적으로 상환을 하는 방식으로 운영하였다. 그러므로 계속적으로 새로운 투자자가 유치되지 아니하는 이상 약정된 고율의 수익금을 지급하지 못하는 것은 예견된 일이었다.

원심법원은 B의 투자금의 운용실태를 고려하고, A가 B에게 부동산사업과 관련된 자금운용에 관한 자문을 하여왔고, B가 다른 사업을 하지 않았음에도 불구하고 마치 골프장 사업 등을 통하여 수익을 올리고 있다는 허위사실을 P에게 말하였고, A가 이자의 일부분을 수령하는 등 여러 사정으로 미루어 볼 때, A가 B와 공모하여

P의 금원을 편취하였다고 판시하였다.

그러나 대법원은 B는 회사설립 전부터 사채업을 하였고, 회사설립 후에는 사채업을 운영하여 상당한 수익을 거두었으며, A가 P에게 투자를 권유할 당시에 B의 사채업의 운용방식을 알려주었기 때문에 P는 원금상환불능의 위험성을 알았고, P에게 1년 6개월간 이자를 지급하였으며, 원금의 일부도 반환을 하였다. 그리고 사채시장에서는 고이율이 통용되며, 5~6%의 이율은 높은 것은 사실이지만 단지 그것만으로 B가 투자자에게 지급할 수익능력이 없었다고 단정할 수는 없다고 하였다.

더욱이 P는 자기 돈뿐만 아니라 타인으로부터 자금을 모아 투자를 하였는데, 타인으로부터 유치한 자금에 대하여는 그가 받은 월 5%의 이익금에서 2~4%를 자신의 몫으로 공제하고 그 나머지만을 자금제공자에게 지급함으로써 수억 원 상당의 중간이득을 얻었다. 이처럼 P는 사채업의 위험성을 충분히 알고 투자를 하였기 때문에 P는 A로부터 기망을 당하였다고 볼 수 없다고 하였다.

이 사건은 고수익보장의 사채금융의 위험성을 알려주는 사건이다. 투자자 P는 고수익보장 사채자금모집에 응하면서, 타인으로부터 1% 내지는 3%의 낮은 이율로 자금을 모아서 K 주식회사에 투자하여 6%의 이자를 받아서 그 차액의 이익을 취하는 방법으로 다른 투자자들에게 피해를 입혔다.

만일 월 6%의 이자와 원금보장을 미끼로 투자 권유를 받는다면, 실제 이러한 약속이 지켜질 가능성이 매우 희박한 위험한 투자의 권유이므로 당연히 거절을 하여야 할 것이다.

최정식 리걸 에세이
공정의 법, 사랑의 법

제5장 형사상 개인보호의 법

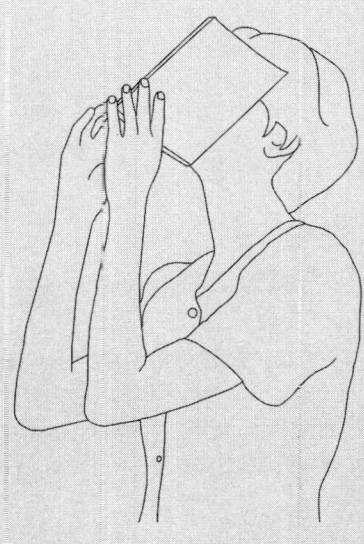

"피고인의 자백만에 의지한 판결은 위험천만하다. 사람은 타인의 진술이나 물적 증거로 몰아붙여 더 이상 방어를 할 수 없다고 판단하는 순간에 자기방어능력은 무너지고 허위자백을 할 수 있기 때문이다. 경찰서장이었던 피고인도 중형이 두려워 허위자백을 한다."

/ 제5장 형사상 개인보호의 법 /

연필살인과 허위자백 그리고 억울한 감옥살이 보상

1972년 춘천역 파출소장의 어린 딸이 성폭행으로 살해된 사건이 발생하였고 사건 발생일 10일 만에 범인이 붙잡혔다고 수사기관이 발표를 하였다. 범인은 혐의를 부인하였으나 사건 현장에서 발견된 파란 연필이 피고인의 아들의 것이고, 동네 사람들도 현장에서 발견된 빗의 주인이 피고인이라고 진술을 하였다.

이에 범인은 더이상 빠져나갈 길이 없다고 판단하여 자신이 범인임을 자백하여, 그는 유죄선고를 받고 30대에 수감되어 15년이 지난 50대가 되어서야 세상으로 나왔다. 교도소에서 15년의 세월이 흐르는 동안 그의 부모와 아들은 세상을 떠났고, 나머지 가족들은 뿔뿔이 흩어져 가정이 파탄되었다.

그는 출소 후에 변호사의 도움을 받아 수사기관의 협박에 의하여 동네 사람들이 허위로 진술을 하였음을 밝히려고 애를 썼고 진실·

화해를 위한 과거사정리위원회에 진실규명을 신청하여 동 위원회가 법원에 재심권고결정을 하기에 이르렀다.

그가 범인이라는 물적 증거는 현장에서 발견된 그 아들 소유의 파란 연필과 빗뿐이었는데도 동네 사람들이 수사기관의 회유와 협박에 의하여 허위로 빗이 그의 소유라고 진술하였다는 것이다.

또 살해현장을 최초 목격한 사람은 현장에서 노란 연필을 목격하였다고 증언을 하였으며, 파란 연필은 수사기관의 요구에 의하여 그의 부인이 건네준 것이었다. 이에 범인은 자신의 범행을 부인하더라도 동네 사람들의 진술, 현장 물건 등으로 인하여 결백을 밝히기 어렵다고 판단하여 자포자기의 심정으로 허위자백을 하였다.

이 사건은 유신헌법이 선포되기 3주 전에 발생한 것으로서 정부가 범인 검거를 강력하게 지시를 하자, 피해자가 피고인의 만화방에 출입한 것을 알게 된 수사기관이 피고인을 범인으로 단정하여 범인의 허위자백과 주변 사람들의 허위진술, 조작된 빗과 연필 등의 증거를 근거로 그를 구속하기에 이르렀다.

2011년 춘천지방법원은 재심을 통하여 피고인이 고문과 증거조작에 의하여 허위자백을 하였고 주민들도 허위진술을 한 사실을 인정하여 그에게 무죄를 선고하였다. 그는 국가를 상대로 손해배상의 소를 제기하였고, 2013년 서울중앙지방법원은 억울한 옥살이로 젊은 세월을 잃어버렸고 가정이 파탄되는 불행을 겪었다면서 국가로

하여금 그에게 26억 원을 배상하라는 판결을 하였다.

그렇다면 이처럼 억울한 범인이 생기지 않으려면 어떻게 해야 될 것인가? 우선 과학적 수사를 통하여 수집된 객관적인 증거만을 신뢰하고 이를 근거로 유무죄를 따져야 한다. 그렇지 않고 신뢰할 수 없는 사람의 진술단을 의지한다면 억울한 사람이 다수 발생할 것이다. 설사 사람의 증언이 믿어도 될 만큼 신뢰가 가더라도 이를 뒷받침할 객관적인 증거가 있지 않다면 이를 근거로 유죄 심증을 가지면 안 될 것이다. 이 사건에서도 법관이 엄격한 증거판단을 하였더라면 그 결과는 달라졌을지도 모른다.

다음으로 피해자의 아버지가 유력한 경찰관으로서 그의 영향력이 컸기 때문에 수사관들이 범인을 검거하겠다는 강한 의지 때문에 과잉수사를 한 것으로 추정된다. 특정인을 범인이라고 확신하고 이를 증명하기 위하여 참고인들의 진술, 증언, 증거들을 합하여 짜맞추기식으로 수사를 하다보면, 고문수사와 억지수사를 하게 되는 것이다.

또 피고인의 자책만에 의지한 유죄판결은 위험천만하다. 인간은 자기방어능력이 두력하게 구너질 수 있다. 사람은 누구나 주변인들의 진술이나 여러 물적 증거를 들이대면서 몰아붙이면 더이상 방어를 할 수 없다고 판단하는 순간 용기를 잃고 자기방어능력이 무너지고 허위로 자백을 할 수도 있기 때문이다.

다른 사례로, 전 경찰서장인 P씨는 오락실 영업주로부터 뇌물을 받은 사건으로 기소되어 집행유예를 선고받았다가 후에 무죄를 받게 되었는데, 그도 부하직원의 허위자백으로 불리하여지자 변호사의 조언에 따라 징역형을 피하고 집행유예라도 받기 위하여 허위자백을 하였다고 한다.

이와 같이 사람이 궁지에 몰리면 설사 그가 경찰서장이었다 하더라도 유죄합의를 통하여 감형을 받기 위하여 허위자백을 하게 되는 것이다. 따라서 직접 증거가 없는 사람의 증언이나 자백에 의한 유죄판결은 매우 신중하여야 한다.

그리고 고문 등 반인륜범죄에 대하여 공소시효를 배제함으로써 고문자는 평생 법의 올무에서 벗어날 수 없게 만들어야만 고문이나 협박수사를 방지할 수 있다. 나아가 고문으로 인한 민사적 배상을 징벌적 배상이 가능하도록 하여 고문을 한 자는 형사적 처벌과 아울러 그의 전 재산으로 배상을 하도록 함으로써 국가공권력행사의 정당성을 확보할 필요가 있다.

/ 제5장 형사상 개인보호의 법 /

불심검문은 어디까지 허용되는가

 누구나 한 번쯤은 불심검문을 당해본 경험이 있을 것이다. 아래의 두 사례를 통하여 정당한 불심검문의 요건과 그에 대한 대처 방법을 알아보자.

 첫째 사례로, A가 심야에 빌라주차장에서 휴대폰으로 통화를 시도하는 것을 목격한 경찰관 B가 소속과 이름을 밝히면서 A에게 불심검문을 하겠다고 고지한 후 신분증 제시를 요구하였다.

 A는 B에게 운전면허증을 교부한 후, 신분조회를 하려는 B에게 큰소리로 욕설을 하자, B는 모욕죄의 현행범으로 체포하겠다고 고지를 한 후 A의 오른쪽 어깨를 붙잡자, 이에 심하게 반항을 하면서 경찰관 B에게 상해를 입혔다.

 A가 면허증을 이미 경찰관에게 교부하고 부당한 불심검문에 항

의를 하는 과정에서 욕설을 한 행위는 경미한 사안이므로 현행범으로 체포하려고 한 것은 불법한 공무집행이고, 불법체포에 의한 부당한 신체침해에서 벗어나기 위하여 경찰관에게 가한 상해는 정당방위로서 죄가 없다고 하였다(대법원 2011. 5. 26. 선고 2011도3682 판결).

다른 사례로, 경찰관 C가 검문 중 자전거를 이용한 핸드백 날치기 사건이 방금 발생되었는데, 범인의 인상착의가 '30대 남자, 짧은 머리, 회색 바지와 검정 잠바 착용'이라는 통지를 받았고, 때마침 자전거를 타고 검문 장소로 다가오는 K에게 정지할 것을 요구하였으나, 멈추지 않은 채 지나쳤다.

이에 다른 경찰관이 K를 가로막고 자전거를 세울 것을 요구하면서 소속과 성명을 고지하고, '자전거 날치기 사건이 발생하였는데, 인상착의가 범인과 비슷하니 검문에 협조해 달라'고 하였음에도 K가 검문에 불응하고 계속 전진하자, 경찰관이 가로막고 검문을 요구하였다. 이에 K는 범인 취급을 하는 것에 모욕감을 느껴 경찰관의 목을 밀치고 욕설을 하자, 경찰관은 K를 공무집행방해와 모욕죄의 현행범으로 체포하였다.

1심 법원과 2심 법원은 K가 질문에 대한 답변을 거부할 의사를 밝혔는데도 경찰관이 물리력으로 그의 진행을 막은 것은 답변을 강요하는 것으로서, 불심검문의 한계를 벗어나므로 그가 경찰관을 밀치면서 저항을 한 행위는 공무집행방해가 아니며, 그로 인한 상해나 모욕은 정당방위로서 무죄라고 판시하였다.

그러나 대법원은 근처에서 자전거 날치기 사건이 발생한 직후, 그 범인과 흡사한 인상착의를 가진 K의 진행을 제지한 행위는 범행과의 관련성, 상황의 긴박성, 질문의 필요성에 비추어 그 목적 달성에 필요한 사회통념상 용인될 수 있는 상당한 방법으로서 정당한 공무집행이라면서 무죄를 선고한 원심판결을 파기하였다(대법원 2012. 9. 13. 선고 2010도6203 판결).

경찰관직무집행법 제3조에 의하면 죄를 범하였거나 범하려는 의심을 할만한 자나 행해진 범죄나 행하려는 범죄행위를 안다고 인정되는 자를 경찰관은 정지시켜 질문할 수 있고, 필요한 경우에 경찰서로 임의동행을 요구할 수 있으며, 흉기소지 여부를 조사할 수 있다고 규정하고 있다. 그러나 검문대상자는 임의동행을 거절할 수 있고, 의사에 반하여 답변을 강요당하지 아니할 권리가 있다.

검문대상자는 불심검문을 요구하는 경찰관이 정복을 착용여부를 불문하고, 신분증제시를 요구해서, 그의 성명과 소속을 확인할 권리가 있다. 그리고 불심검문을 할만한 상당한 이유, 즉 검문대상자와 범죄와의 연관성을 설명해 줄 것을 요구하였으나, 일제검문기간이므로 검문에 응해달라는 등처럼 검문의 확실한 사유가 없으면 거부할 수 있다.

또 검문대상자는 경찰관의 질문을 거부할 권리와 경찰서의 동행을 거부할 권리가 있다. 그리고 흉기의 소지여부를 검사한다는 명목으로 가방이나 지갑 등 소지품을 강제로 검사하는 것도 권한을 넘는 행위이다. 그러므로 불심검문을 요구받은 경우 직장이나 거주지 등을 추상적으로 알려줌으로써 범죄와 무관하다는 것을 주장하여야 할 것이다.

그러나 위의 사례에서 보듯이 불심검문에 저항하여 경찰관에게 욕설을 하거나 신체적 물리력을 행사하게 되면, 불심검문이 정당한 경우에는 공무집행방해가 되므로 어떤 경우이든 정당하게 불심검문을 거부하면 될 것이지 위력을 행사하여서는 안 된다.

하지만 때와 장소에 따라서 현행범이 발생하는 등 긴급한 사정이 있는 경우라면, 범인검거와 치안유지를 협력하는 뜻에서 검문에 응하는 것이 시민의 도리일 것이다.

운전자의 음주측정거부죄는 어떤 경우 성립하는가

음주운전은 운전자 자신은 물론이고 무고한 타인의 생명과 신체에 위험을 주기 때문에 법으로 금지한다. 그런데 음주 후 운전을 하다가 경찰관으로부터 음주측정 요구를 받으면 이를 거부하면서 항의를 하거나 도주를 하는 사례가 빈번하게 발생하고 있다.

도로교통법에 의하면 경찰공무원은 운전자로부터 호흡측정기로 호흡을 채취해 주취의 정도를 측정할 수 있고, 이때 운전자가 측정결과에 불복하면 즉시 또는 약 10분 간격으로 2차·3차의 호흡측정을 실시하고, 재측정 결과에도 불복하면 혈액채취 방법으로 측정을 요구할 수 있도록 규정하고 있다.

다만 운전자가 경찰공무원의 1차 측정에만 불응하였을 뿐 곧이어 이어진 2차 측정에 응한 경우와 같이 측정거부가 일시적인 것에 불과한 경우에는 음주측정불응죄가 성립하지 아니한다.

그리고 경찰공무원이 운전자가 술에 취하였는지를 알아보기 위하여 실시하는 측정은 호흡을 채취하여 주취의 정도를 측정하는 방법, 즉 음주측정기에 의한 측정을 의미하지만, 음주측정기에 의한 측정 이전에 음주 여부를 확인하기 위한 음주감지기에 의한 시험도 요구할 수 있는바, 운전자가 음주감지기에 의한 시험 요구에 불응하는 것도 음주측정거부죄가 된다.

그러나 운전자가 음주운전 의심 신고를 받고 출동한 경찰관 요구로 4차례의 음주측정에 응했지만, '호흡 시료 부족'으로 측정이 이뤄지지 않은 경우에는 의도적으로 호흡측정기에 숨을 적게 불어넣거나 불어넣는 시늉을 하는 등의 부정한 시도를 한 것으로 보이지 않는 한 음주측정거부가 아닌 것으로 본다.

한편 운전자가 음주운전을 하고 있다는 신고를 받은 경찰관이 음주감지기 시험을 해보았더니 음주반응이 나오자, 그를 음주측정기가 있는 인근 지구대로 데려가려 하였으나 거부하며 도주하려고 하자, 음주측정기를 가져오는 5분 동안 그를 붙잡아 뒀고, 측정기가 도착한 후 4차례 측정을 요청했지만 이를 거부한 사례에서, 법원은 음주감지기 시험 결과 음주 반응이 나타났으므로 그 이후 음주측정기에 의한 측정을 위해 예정되어 있는 경찰의 일련의 요구에 불응했다면 음주측정거부죄가 된다고 하였다.

당사자의 의사에 반하여 경찰관서 등 다른 장소로 보호조치된 경우에 음주측정거부죄가 성립하는지 여부가 문제가 된 사안을 살펴본다. 화물차 운전자가 경찰의 음주단속에 불응하고 도주하다가 검거되어 지구대로 보호조치된 후 2회에 걸쳐 음주측정요구를 거부하여 음주측정거부로 기소되었다.

당시 운전자가 비록 술에 취한 상태이지만 술에 만취하여 정상적인 판단능력이나 의사능력을 상실할 정도에 있었다고 보기 어렵고, 경찰관이 운전자에 대하여 보호조치를 하려면, 당시 옆에 있었던 그의 처에게 인계할 수 있는데도 그의 처의 의사에 반하여 지구대로 데려갔다.

술에 취한 상태로 인하여 자기 또는 타인의 생명·신체와 재산에 위해를 미칠 우려가 있는 피구호자에 대한 보호조치는 경찰 행정상 즉시강제이므로 그 조치가 불가피한 최소한도 내에서만 행사되도록 발동·행사 요건을 신중하고 엄격하게 해석하여야 하는데, 적법한 보호조치요건이 갖춰지지 않았음에도 실제상 범죄수사를 목적으로 그의 의사에 반하여 경찰관서에 데려간 행위는 위법한 체포에 해당한다.

당시 화물차운전자가 술에 만취하여 정상적인 판단능력이나 의사능력을 상실할 정도에 있었다고 보기 어렵고, 당시 옆에 있었던 그의 처에게 피고인을 인계할 수 있음에도 의사에 반하여 지구대로 그를 데려간 것은 적법한 보호조치라고 할 수 없는바, 그와 같이 위법한 체포 상태에서 이루어진 경찰관의 음주측정요구가 위법한 바, 이에 불응한 행위를 음주측정거부죄로 처벌할 수 없다(대법원

2012. 12. 13. 선고 2012도11162 판결).

　임의동행이란 피의자신문을 위한 보조수단으로서 수사기관이 피의자의 동의를 얻어 피의자와 수사기관까지 동행하는 것이다. 그런데 적법한 절차, 즉 법이 규정한 보호조치요건을 따르지 않은 임의동행은 위법한 강제수사인 체포이며, 위법한 체포에 따른 음주측정 요구도 위법하다고 보아야 한다.

인터넷상 저작권침해와 삼진아웃제도

저작물은 소설, 시 등 어문저작물, 음악저작물, 연극, 미술, 건축, 사진, 영상, 도형, 컴퓨터 프로그램 등 인간의 사상과 감정을 표현하는 창작물인바, 저작권의 침해란 저작권자의 허락 없이 저작물을 이용하거나 저작자의 인격을 침해하는 방법으로 저작물을 이용하는 것이다.

저작권침해의 유형은 다양하다. 인터넷에서 떠도는 글, 그림, 사진 등을 퍼서 내 홈페이지·카페·블로그·페이스북 등에 원저작자 표시 없이 옮기는 행위, 공유사이트, 웹하드 등에서 타인의 저작물을 주고받는 행위, 영화 음악 파일을 저작자의 허락 없이 게시판 자료로 올리는 행위, 영리 목적으로 컴퓨터 프로그램을 USB에 담거나 CD로 구워서 친구들에게 나눠주는 행위 등이 해당된다.

또한 미니홈피나 블로그 회사에 대가를 치르지 않은 음악을 홈페이지나 블로그 배경음악으로 사용하는 행위, 인기 드라마, 예능 등 방송 프로그램 캡처하여 인터넷에 올리는 행위, 노래의 작사가와 작곡가 그리고 음반제작자의 허락을 받지 않고 가수의 팬클럽 카페나 홈페이지에 노래를 올리는 행위 등도 해당된다.

다만 영리 목적이 아니거나 공정이용의 요건을 갖추는 경우에는 침해행위가 되지 않는다. 저작권법은 저작자의 권리를 보호함과 동시에 일반인의 저작물에 대한 공정한 이용을 촉진을 도모하므로, 저작권의 이용자가 저작자의 허락을 받거나 인용 요건을 충족시키면 저작권의 침해가 되지 않는다.

영화비평을 위하여 영화의 한 장면을 캡처하여 비평하는 글을 올리거나, 특정 사이트로 이동되도록 링크를 걸어놓는 행위, 저작물 이용허락표시(CCL)마크가 표시된 저작물을 이용하는 행위, 불로그 배경음악용 음악을 구입하여 그 용도로 사용하는 행위, 저작물 자유이용사이트(gongu.copyright.or.kr)에 게재된 저작물을 이용하는 행위 등은 저작자의 권리를 침해하지 않으므로 저작권 침해가 아니다.

저작권침해의 구제는 어떻게 이루어지는가? 저작권자는 그 권리를 침해하는 자에 대하여 침해가 현재 이루어지고 있는 경우 침해의 정지를 청구하거나, 침해가 예상되는 경우 침해의 예방 또는 손해배상의 담보 및 침해행위에 의하여 만들어진 물건의 폐기나 그 밖에 필요한 조치를 청구할 수 있다.

또 고의 또는 과실로 저작재산권을 침해한 자에 대해서 저작재산권자는 손해배상을 청구할 수 있다. 그 손해배상액은 침해자가 그 침해행위로 인하여 얻은 이익액 또는 저작재산권자가 권리행사로 통상 얻을 수 있는 금액 등이 기준이 된다.

2009년 7월 23일 시행될 저작권법 제133조의2는 정보통신망을 통하여 불법복제물 등이 전송되는 경우에 감독관청은 온라인 서비스 제공자에게 해당 저작물을 복제, 전송한 자에 대하여 경고, 불법복제물 등의 삭제 또는 전송 중단 등을 명할 수 있고, 이 경고를 3회 이상 받은 자가 불법 복제물 등을 전송하면 감독관청은 이 이용자의 계정을 최장 6개월간 정지하도록 명령할 수 있는 '삼진아웃제'를 규정하고 있다.

또 상습적으로 저작권침해를 하는 이용자 및 인터넷 게시판에 대해 문화체육관광부 장관이 저작권위원회 심의를 거쳐 6개월 이내의 기간에 이용자 계정이나 게시판 운영을 정지시킬 수 있는 조항을 두고 있다. 이 삼진아웃제도는 행정부의 장관이 사법적 판단을 내리는 것으로 위헌의 소지가 있다는 비판이 있다.

그런데 청소년들이 법률의 무지로 인하여 부지블식간에 불법저작물을 온라인에 업로드하거나 전송하는 사례가 자주 발생하는데, 일부 악덕 법무법인이 저작권자를 설득하여 고소를 하도록 유도하고, 법을 위반한 다수의 청소년을 상대로 고소하겠다는 메일을 보낸 후에 합의금을 챙기거나 실제로 고소를 진행하여 어린 전과자를 양산시키는 문제가 있다. 근래 어떤 법무법인 소속 변호사가 자기 부인과 공모하여 고용한 직원으로 하여금 고소장작성 업무를 대행시켜 많은 이득을 취한 사례가 있었다.

생각건대, 청소년들도 법규를 준수하여야 하므로 처벌의 대상에서 제외될 수 없고 손해배상 등을 하여야 한다. 다만 아직 법률의 무지로 발생한 실수에 대하여 무조건 처벌을 강행하는 것은 지나치다고 본다. 이를 해결하기 위하여 지혜를 모을 필요가 있다.

/ 제5장 형사상 개인보호의 법 /

범죄피해자구조제도의 적극적 활용 홍보

어느 날 길을 걷다가 이성을 잃은 범죄자에게 아무런 이유 없이 그가 휘두른 흉기에 의해 생명을 빼앗겼거나 반신불수가 되었다면, 그 사망자나 피해자 본인의 억울함은 말할 것도 없을 뿐만 아니라, 그 피해자에 의지하여 생계유지를 하는 유족들의 장래 경제적 보상은 누가 책임을 져야 할 것인가?

사람의 생명 또는 신체를 해치는 범죄행위로 인하여 사망한 자의 유족이나 중상해를 당한 자를 구조할 목적으로 제정된 범죄피해자구조법에 의하면, 뜻밖의 사고로 인한 범죄피해자가 가해자를 알지 못하거나 그의 무자력 때문에 피해의 전부 또는 일부를 배상받지 못할 때 그 피해자나 유족은 국가를 상대로 구조를 요구할 수 있다.

그런데 수사기관이 범죄피해자에게 이 법에 의한 피해구조를 신청하도록 홍보하고 있지만 아직 다수의 국민들이 이 법의 존재나 취지를 잘 알지 못한 탓인지 실제로 이용하는 피해자가 많지 않고 있어 안타깝다. 통상적으로 피해자는 손해회복을 가해자의 경제적 능력 만에 의존하는바 가해자가 경제적 자력이 없는 경우에는 손해배상청구를 미리 포기해버리기 때문이다.

이 법에 의하면 범죄피해자가 사망한 경우, 첫째로 배우자나 피해자의 사망 당시 피해자의 수입에 의하여 생계를 유지하고 있던 피해자의 자, 둘째로 피해자의 사망 당시 피해자의 수입에 의하여 생계를 유지하고 있던 피해자의 부모, 손, 조부모, 형제자매, 셋째로 위에 속하지 아니한 피해자의 자, 부모, 손, 조부모, 형제자매가 국가로부터 유족구조금을 받을 수 있다.

하지만 첫째로 피해자와 가해자 간에 친족관계가 있는 경우, 둘째로 피해자가 범죄행위를 유발하였거나 당해 범죄피해의 발생에 관하여 피해자에게 귀책사유가 있는 경우, 셋째로 기타 사회통념상 구조금의 전부 또는 일부를 지급하지 아니함이 상당하다고 인정되는 경우가 존재하면 구조를 받을 수 없다.

또 산재보상 등 기타 법령에 의해 피해배상을 받는 경우에도 이중배상이 되므로 허용되지 않는다. 피해자가 사망하지 아니한 경우에도 장애등급에 의하여 일정한 피해구조를 청구할 수 있음은 물론이다.

과거 필자가 피해자구조심의위원으로서 서울 마포구, 서대문구

일대의 수십 명의 부녀자를 상대로 강도강간과 살인을 자행한 사건의 사망피해자 유족에 대한 피해구조금 1,000만 원의 지급결정을 하면서 그 유족의 재활을 위한 재원으로 심히 부족하였음을 실감하였던 기억이 있다. 그러나 지금은 피해구조금이 상당히 높은 정도로 책정되어 있어 현실적인 도움을 받을 수 있게 되었다.

누구나 억울한 범죄피해자가 되어서는 안 되겠지만, 혹시라도 주위에 억울한 피해자가 있다면 이 제도를 적극적으로 활용하여 피해구조를 받을 수 있으니, 이를 이용할 수 있도록 알릴 필요가 있다.

/ 제5장 형사상 개인보호의 법 /

흉악범과 사형제도

　운동선수의 일가족 살해사건, 성도착자의 초등학생 살해사건 등 극악무도한 범죄의 이야기는 언급하기조차 거북하다. 필자도 서울 마포 일대에서 수십 명의 여인을 살해한 엽기적인 사건의 심의에 참여하면서 피해자의 억울함과 아울러 범인의 인면수심을 간접적으로 느꼈다.

　필자가 국선 변호를 하였던 '남편을 살해한 여인' 사건이 잊혀지지 않는다. 가정주부가 다른 남자와 정분을 나누다가 평소 남편에 대하여 자주 불만을 토로하는 이야기를 듣고 있던 애인이 여인과 그의 남편을 살해할 것을 공모하였다. 그래서 남편이 초저녁에 일찍 잠이 들도록 여인에게 수면제를 먹이도록 하고 애인을 집으로 불러들여 부인이 미리 준비한 노끈으로 남편의 목을 함께 조르기로 계획을 수립하였다.

계획대로 부인은 남편이 식사할 때 수면제를 탄 물을 마시게 하여 잠들게 한 후, 애인을 집으로 끌어들여 두 사람이 함께 남편의 목을 노끈으로 졸랐다. 그런데 수면제의 효과가 약하였는지 잠에서 깨어난 남편이 눈을 뜨고 부인에게 살려달라고 애원을 하였지만, 부인과 남자는 인정사정없이 목을 졸라 살해하였다.

이 사건을 변론하면서 부인이 남편과 얼마나 정이 떨어졌으면 태연하게 살인을 감행하였는지 이해하기 어려웠고 남편의 살려달라는 절규가 들리는 것만 같아서 괴로웠다. 부인은 부부생활의 파탄과 단절 그리고 애정 없는 상태에서 다른 남자의 유혹 때문에 자유롭게 살고 싶어서 범행을 감행하였으나 후회가 된다고 하였다.

몇 차례 살인사건을 변론하면서 살인자가 어느 정도의 처벌을 받는 것이 타당한 것인지 많은 생각이 들었다. 우리 형법 상 최고의 형벌은 사형이다. 우리나라는 지난 10년간 사형의 집행을 하지 않아서 사실상 폐지된 것이나 다름없는 '실질적인 사형폐지국가'가 2007년 12월 30일 자로 되었다. 그렇지만 흉악한 살해사건이 발생할 때마다 사형제도의 존폐논쟁이 일어나고 하였다.

사형제도 폐지론자들은 인권의 신성함과 존엄성, 오판의 가능성, 정치적인 악용가능성과 범죄의 예방효과가 없다는 이유를 들어 사형제도의 폐지를 주장한다. 반면에 사형제 찬성론자는 사법제도개선의 노력과 과학수사기법의 발달로 오판의 가능성을 최소화할 수 있고, 무엇보다 인간 응보의 감정상 연쇄살인자 등 흉악범은 사형시키는 것이 온당하다고 주장한다.

  함무라비법전에서 말하는 '눈에는 눈 이에는 이'와 같은 응징적 징벌주의를 취한다고 하더라도 범죄의 예방효과를 기대하기 어렵고, 사형의 집행을 통하여 국가의 기강을 세워지는 것도 아니다. 범죄는 미워하되 사람을 미워하지 말라고 하였다. 다른 방식으로 범죄를 예방할 방안을 찾도록 해야 할 것이고, 사형제도의 존속과 집행은 인간 생명의 단절을 초래하는바, 실질적인 사형폐지국가의 지위는 계속 유지하는 것이 바람직해 보인다.

LBO 거래에서의 배임죄의 문제

　　LBO(Leveraged Buyout, 차입매수)는 기업매수·합병에서 취득하려는 대상회사의 자산을 담보로 제공하여 매수자금을 대출받아 이를 기초로 대상회사를 매수하는 M&A의 기법이다. 따라서 기업인수자는 피인수회사의 자산을 담보로 얻은 자금으로 기업을 매수하므로 사실상 타인자본으로 기업인수를 하는 것이다.

　　이 경우 대출금을 상환하지 않으면 담보로 제공된 피인수회사의 자산을 잃을 수 있으므로 인수자가 피인수회사의 담보제공으로 인한 위험 부담에 상응하는 대가를 지급하는 등 반대급부를 제공하여야 한다.

　　만일 인수자가 반대급부를 제공하지 않고 임의로 피인수회사의 재산을 담보로 제공하였다면, 인수자 또는 제3자에게 담보가치에 상응한 재산상 이익을 취득하게 하고 피인수회사의 채권자나 주주에게는 재산상 손해를 입히게 되므로 기업인수자는 배임죄의 책임을 지게 된다.

우리 법원은 기업 경영진이 합리적 판단에 의하여 기업에 최선의 이익이 될 것이라 믿고 경영을 하는 경우 기업환경의 변화나 예측하기 어려운 사정의 발생으로 기업에 손해가 발생하더라도 경영판단의 원칙(business judgement rule)에 의하여 경영자를 보호하여 왔다. 그리하여 보증보험회사의 경영자가 합리적 경영판단에 따라 보증을 선 경우에 나중에 실제로 손해가 발생하더라도 배임죄의 책임을 지지 않는다.

그러나 최근 차입매수에 의한 기업인수의 경우에 개인주주가 없더라도 피인수기업에 손해가 발생하면 차입매수를 결정한 경영진에게 배임의 책임을 인정하고 있는 추세이다. 즉 회사와 개인은 별개의 법인격을 가지므로 피인수회사의 1인 주주나 대주주라고 하더라도 이사로서 임무를 위배하면 배임죄의 책임을 지는 것이다. 일반주주가 없는, 인수대상회사의 주식을 100% 인수한 LBO거래에서 인수자인 **텔레콤 대표이사에게 배임죄를 선고한 사례가 있다.

그리고 인수자가 A 회사를 통하여 B 회사를 인수하는데 필요한 자금을 마련하기 위하여 A 회사 명의로 금융기관으로부터 대출을 받고 이에 대한 담보로 B 회사의 부동산에 근저당권을 설정한 경우, B 회사는 주채무가 변제되지 아니할 경우에 담보로 제공되는 자산을 잃게 되는 위험을 부담하게 되므로 A 회사에게는 담보가치에 상응한 재산상 이익을 취득하게 하고 B 회사에게는 그에 상응한 재산상 손해를 가한 것이다.

그리하여 B 회사가 금융기관에서 신용장을 개설할 때 A 회사가 근보증을 제공한 사정만으로는 인수자가 피인수회사의 담보제공으로 인한 위험 부담에 상응하는 대가를 지급하는 등의 반대급부를 제공한 것으로 볼 수 없기 때문에 인수자에게 업무상배임죄의 책임이 있다고 하였다(대법원 2012. 6. 14. 선고 2012도1283 판결).

차입매수를 통한 인수합병은 수십 년 전 미국 월가에 등장하여 대단한 활약을 하였다. 그런데 인수자와 상대방이 내부자 거래, 주가조작 분식회계 등 각종 기망행위를 함으로써 차입매수는 최첨단의 인수합병 방법이라는 찬사와 아울러 최첨단의 금융사기라는 오명을 동시에 들어야 했다. 기업사냥꾼들이 자기자본 없이 기업을 매수하여 이득을 취하는 반면에 그로 인한 손해는 피인수기업의 주주나 채권자에게 돌아갔다.

그렇다고 하더라도 정상적인 차입매수는 건전한 기업인수 합병의 방법이므로 그 자체로서 문제가 되는 것은 아니다. LBO에 의한 기업매수가 다음과 같은 요건을 갖추면, 경영판단의 원칙에 의하여 보호받을 수 있다.

즉 경영자가 경영판단의 대상이 되는 행위에 사적인 이해관계가 없어야 하며, 상당한 주의의무를 다하여 선의로 경영판단을 하여야 하고, 그러한 경영판단이 불법행위나 위법행위가 되지 않아야 한다.

구체적으로 차입매수 시 담보제공에 상응하는 반대급부를 제공하거나 대출금이 상환될 때까지 회사가 인수한 주식이나 채권 등이 임의로 처분되지 않도록 하는 등 대출금 상환에 필요한 조치를 적극적으로 취하면 배임죄의 대상에서 벗어날 수 있을 것이다.

교통사고처리특례법상 중상해에 관한 판결 시비

헌법재판소 전원재판부는 2009년 2월 26일 '교통사고처리특례법 제4조 제1항 본문 중 업무상 과실 또는 중대한 과실로 인한 교통사고로 말미암아 피해자로 하여금 중상해에 이르게 한 경우에 공소를 제기할 수 없도록 규정한 부분이 헌법에 위반된다'고 선고하였다.

그 까닭은 첫째, 교통사고의 피해자가 중상해를 입은 경우 사고와 관련된 피해자의 과실 유무 및 정도 등을 살펴 가해자에 대하여 정식기소 외에 다양한 처분이 가능하고 정식기소된 경우에는 피해자의 재판절차진술권을 행사할 수 있게 하여야 함에도 가해 차량이 종합보험에 가입하였다는 이유만으로 교통사고처리특례법 제3조 제2항 단서조항에 해당되지 않는 한 무조건 면책시키는 것은 기본권침해의 최소성에 위반되고 아울러 이 법률조항은 과잉금지원칙에 위반하여 중상해를 입은 피해자의 재판절차진술권을 침해한 것이다.

둘째, 교통사고처리특례법 제3조 제2항 단서조항에 해당하지 않는 교통사고로 중상해를 입은 피해자와 단서조항에 해당하는 교통사고의 중상해 피해자 및 사망사고의 피해자를 차별하는 것은 문제가 있다.

즉 동법 제3조 제2항 단서조항에 해당하지 않는 교통사고로 인하여 중상해를 입은 피해자는, 자신에게 발생한 교통사고의 유형이 단서조항에 해당하지 않는다는 우연한 사정에 의하여 형사재판에서의 진술권을 전혀 행사하지 못하게 되는데, 이는 우연하게 단서조항에 해당하는 교통사고를 당한 중상해 피해자가 재판절차진술권을 행사하게 되는 것과 비교할 때 합리적인 이유 없이 차별취급을 당한다.

또 교통사고로 인하여 중상해를 입은 결과 식물인간이 되거나 평생 심각한 불구 또는 난치의 질병을 안고 살아가야 하는 피해자의 경우에, 그 결과의 불법성이 사망사고보다 결코 작다고 단정할 수 없으므로, 교통사고로 인하여 피해자가 사망한 경우와 달리 중상해를 입은 경우 가해 운전자를 기소하지 않음으로써 그 피해자의 재판절차진술권을 제한하는 것 또한 합리적인 이유가 없는 차별 취급이라고 할 것이어서 단서조항에 해당하지 아니하는 교통사고로 중상해를 입은 피해자들의 평등권을 침해하는 것이다.

1982년 제정된 교통사고처리특례법은 동법 제3조 제2항의 단서조항에 해당되지 않는 한 아무리 중대한 교통사고를 내더라도 자동차종합보험에 가입만 하면 민사상 손해배상은 보험회사가 부담하고 형사처벌까지 면제하여 주므로 동 법률은 무질서 난폭운전을 조장하여 왔으며, 교통사고율이 OECD에 가입한 다른 나라에 피해 월등히 높도록 하는데 일조를 하여 왔음은 주지의 사실이다.

또 이 법의 제정 동기인 전과자 양산의 방지나 사고의 신속한 처리라는 공익과 피해자가 입게 되는 사익을 비교 형량하더라도 피해자의 평등권을 침해하고 재판절차진술권을 침해한 것이 사실이다.

이 법을 제정할 때 '당시 법안을 추진 중이던 고급 공무원의 자가운전 계획을 뒷받침하기 위해서, 공무원이 교통사고로 형사처벌을 받으면 신분상 불이익을 받는 것을 피해 갈 수 있는 장치'로서 중상해 가해자의 면책을 규정하였다는 주장이 제기된 적도 있었다.

그런데 국무위원 청문회에서 고급공무원의 음주운전 등 운전과 관련된 비리가 의외로 많이 지적되는 것을 보면 이러한 주장도 터무니없는 것이 아닐지도 모른다. 그리고 보험은 교통사고로 인한 피해자의 손실을 보전하기 위한 민사상 수단임에도 불구하고 우리나라에서만 교통사고범죄에 대한 형사상 면책 수단으로 사용되고 있는바, 이러한 입법례는 외국에서 찾아보기 어렵다.

타인에게 중대한 침해를 가한 행위는 그 행위의 중대성과 피해자의 불이익의 크기 및 그 행위의 사회적 영향에 비추어 그 처벌 여부를 결정하여야 한다. 그래서 형법 제258조는 중상해에 대한 처벌을 규정하고 있는데, 단지 교통사고 가해자가 종합보험에 가입한 사실만으로 형사상 면책의 특혜를 누리는 것은 피해자의 권익과 헌법의 평등권을 침해하는 것이다.

중상해의 개념이 애매하여 법 적용상 어려운 점이 예상된다거나 또는 다수의 교통전과자가 양산될 것이라면서 이번 판결에 대하여 우려를 할 수도 있다. 하지만 중상해의 개념은 개정 법률이나 판례를 통하여 그 기준을 제시하면 될 것이고, 운전자가 중대한 상해를 일으키지 않도록 상당한 주의의무를 이행한다면 사고발생을 예방하는 효과가 있을 것이다. 설사 전과자가 늘어난다고 하더라도 이는 행위자 자신의 부주의한 운전으로 말미암은 책임의 문제이지 사회의 제도적 문제는 아니다.

무법천지의 운전자로 말미암아 생명에 대한 위험이 발생하거나 불구 또는 난치병에 이르게 된 중상해 피해자들은 차가운 보험회사만을 상대로 하지 않고 형사재판에서 재판진술권을 행사하여 가해자에게 자기의 권리를 주장할 수 있으며 나아가 난폭한 위법 운전자들에 대하여 엄한 민사책임을 물을 수 있도록 함으로써 중대 교통사고의 예방을 기대할 수 있게 되었다.

오랫동안 법의 사각지대에서 억울한 피해자를 양산하던 특혜의 장막을 거두어 낸 이 판결은 헌법의 평등권을 재삼 확인시켜준 점에서 그 가치가 있다.

/ 제5장 형사상 개인보호의 법 /

명예훼손죄에 대하여

수개월 전에 국내 TV 방송이 미국산 수입쇠고기의 문제를 다루면서 국가의 명예를 훼손하였다며 주무장관을 고발하기도 하였고, 유명배우를 사귀던 여성이 결혼 유혹에 넘어가 심신의 피해를 입었다면서 손해배상소송을 제기하자 이에 맞서 명예훼손으로 고소를 하였다고 한다.

이처럼 언론에 빠지지 않는 단골메뉴인 명예훼손죄는 무엇인가? 형법상 명예란 사람의 신분·성격·용모·직업·명성 등 사회적인 평가로서 외부적 명예를 의미한다. 이에 비하여 사람의 주관적 가치나 인격적 가치에 대한 평가인 명예감정의 침해는 모욕이라고 한다.

형법상 명예훼손죄가 되려면 공연하게, 즉 불특정 또는 다수인이 있는 상황에서 사실 또는 허위의 사실을 적시하여야 하는데, 출판물에 의해 적시를 하면 출판물에 의한 명예훼손죄가 성립하고, 말로서 표현하면 일반 명예훼손죄가 성립한다. 다만 그러한 적시로서 그 상대방의 사회적 평가가 객관적으로 저하시켰음을 요구하지 아니하고, 저하하게 하는 위험상태를 발생시키면 충분하다.

또 명예훼손죄가 성립하기 위해서는 적시된 사실이 특정인의 사회적 가치 내지 평가가 침해될 가능성이 있을 정도로 구체적이어야 한다. 따라서 피해자가 제3자를 선거법 위반으로 고발하였다는 말만 하였다면 누구든지 범죄가 있다고 생각하는 때에는 고발할 수 있는 것이므로, 달리 그 고발의 동기나 경위가 불순하다거나 온당하지 못하다는 등의 사정이 함께 알려지지 않았다면 피해자의 사회적 가치나 평가를 침해하기에 충분한 구체적인 사실이 적시되었다고 볼 수 없다(대법원 2009. 9. 24. 선고 2009도6687 판결).

유사한 사례로, 허가 없이 직업소개를 하였다는 이유로 경찰서에서 조사받은 A가 평소 사이가 좋지 않은 B의 밀고에 의한 것이라고 오인하여 B가 참석하지 아니하고 다른 6명이 참석한 효도친목회 월례회에서 B를 지칭하면서 "고발당해서 경찰서에 갔다 왔다. 그놈이 신고해서 경찰서에 갔다 왔다"라고 큰 소리로 말하였다가, B가 명예를 훼손하였다고 A를 고소를 하였다.

A의 발언 내용은 피해자의 사회적 가치나 평가를 저하시킬 만한 구체적 사실의 적시라기보다는 그 자리에 있던 다른 친목회 회원들에게 자신이 경찰서에서 조사를 받고 왔다는 처지를 알리면서 이에 부수하여 B가 A를 고발한 것으로 오해한 나머지 B에 대하여 가지

고 있던 분한 감정을 다소 과격하게 표현한 것에 불과한 것이고, 그 고발의 동기나 경위에 관하여는 전혀 언급하지 아니하였다면, B의 사회적 가치나 평가를 침해하기에 충분한 구체적인 사실이 적시되었다고 할 수 없다고 하였다.

또 다른 사례를 소개하면, 피고인이 피해자 집 앞에서 타인 3~4명이 있는 자리에서 피해자에게 "애꾸눈, 병신"이라고 말하는 등 공연히 사실을 적시하여 피해자의 명예를 훼손하였다고 고소한 사안에서 "애꾸눈, 병신"이라는 발언 내용은 피고인이 피해자를 모욕하기 위하여 경멸적인 언사를 사용하면서 욕설을 한 것에 지나지 아니하고, 피해자의 사회적 가치나 평가를 저하시키기에 충분한 구체적 사실을 적시한 것이라고 보기 어렵다고 함으로써 모욕죄의 성립 여지가 있으나 명예훼손죄는 성립하지 아니한다고 하였다.

한편 언론 · 출판을 통해 사실을 적시함으로써 타인의 명예를 훼손하는 경우에도 그것이 진실한 사실로서 오로지 공공의 이익에 관한 때에는 그 행위에 위법성이 없다고 할 것이다.

'오로지 공공의 이익에 관한 때'라 함은 적시된 사실이 객관적으로 볼 때 공공의 이익에 관한 것으로서 행위자도 공공의 이익을 위하여 그 사실을 적시한 것이어야 하며, 이때 적시된 사실이 공공의 이익에 관한 것인지 여부는 그 적시된 사실의 구체적 내용, 그 사실의 공표가 이루어진 상대방의 범위, 그 표현의 방법 등 그 표현 자체에 관한 제반 사정을 비교하여 결정하여야 하고, 행위자의 주요한 목적이나 동기가 공공의 이익을 위한 것이라면 부수적으로 다른 사익적 동기가 있었다고 하더라도 행위자의 주요한 목적이나 동기가 공공의 이익을 위한 것으로 보아야 할 것이다(대법원 2006. 12. 22. 선고 2006다15922 판결).

앞의 쇠고기수입 사건이나 유명배우의 명예훼손 여부도 구체적 사실의 적시 여부와 공공의 이익을 위한 것인가에 따라서 유·무죄가 결정될 것이다.

우리가 쉽게 내뱉는 말이 명예훼손이 될 수 있으며, 설사 명예훼손에 해당되지 않더라도 피해자의 명예감정을 침해하면 모욕죄의 처벌을 감수하여야 하는바, 한 번 더 생각한 다음에 말하고 글을 씀으로써 원치 않는 분쟁에 휘말리지 않도록 주의하여야 할 것이다.

사실적시 명예훼손죄에 대한 논쟁

아파트 난방비를 실제로 사용한 분량보다 더 많이 거두자 주민 A가 난방비 비리를 폭로하면서 이를 결정한 입주자대표를 비난하는 글을 페이스북에 게재하였다. 이를 계기로 난방비가 과도하게 부과되는 사실이 확인되고 난방비를 과도하게 부과되지 않게 하는 효과를 거두었지만, A는 정보통신망이용법의 명예훼손죄 위반으로 유죄선고를 받았다.

A의 문제 제기로 난방비를 절약하는 효과를 거두었고 해당 아파트가 난방비를 지나치게 거둔 것도 밝혀졌지만 입주자대표자의 명예가 실추되었기 때문에 문제 제기를 한 주민 A는 유죄판결을 받는 아이러니한 상황에 이른 것이다.

'사실을 적시해' 다른 사람의 명예를 훼손하면 2년 이하의 징역이나 금고 또는 500만 원 이하의 벌금형으로 처벌할 수 있고, '허위사실을 적시할 경우'에는 더 무거운 형으로 처벌할 수 있다(형법 제107조). 다만 진실한 사실을 적시해 명예가 훼손된 경우에 '오로지 공공의 이익에 관한 때'에는 처벌하지 아니한다(형법 제110조)는 위법성 조각사유를 두고 있다.

그리고 정보통신망법 제70조는 '사람을 비방할 목적으로' 정보통신망을 통해 공공연하게 사실을 드러내 다른 사람의 명예를 훼손한 자는 3년 이하의 징역이나 금고 또는 500만 원 이하의 벌금에 처한다는 처벌규정을 두고 있다.

사람은 누구나 자유롭게 자신의 의사를 표현할 자유가 헌법에 보장되어 있고 공적 관심사에 대해서 알 권리가 있다. 동시에 인간은 자신의 인격적 권리가 타인에 의해 침해받지 않을 인격권과 명예를 보호받을 권리가 있는데, 이 양 권리가 충돌할 경우 어떤 선택을 할 것인가가 문제된다.

사실적시 명예훼손죄가 성립하려면 특정인의 사회적 가치 내지 평가가 침해될 가능성이 있는 구체적 사실이 기재돼야 한다. 다만 사실적시가 진실한 사실이고 오로지 공공의 이익에 관한 때에는 위법하지 않은 것으로 판단한다. 공공의 이익이란 국가 사회 기타 일반 다수인의 이익 또는 특정 집단이나 그 구성원 전체의 관심과 이익에 관한 것도 포함되는 것으로 폭넓게 이해한다.

사실적시 명예훼손죄가 표현의 자유라는 헌법적 가치를 위반한 것인가에 대하여 헌법재판소는 오늘날 전달매체가 다양해짐에 따라 명예훼손적 표현의 전파속도와 파급효과가 광범위해지고 있고, 일단 명예가 훼손되면 그 회복이 매우 힘들기 때문에 명예훼손적 표현행위를 제한할 필요성이 크며, 비록 밝혀진 사실이 진실이더라도 외적 명예가 침해되는 것을 방치할 수 있고, 개인이 밝혀지지 않기를 바라는 병력이나 가정사 등 사생활의 비밀이 침해될 수 있는바, 사실적시 명예훼손죄가 표현의 자유를 침해하지 않는다고 하였다(헌법재판소 2021. 2. 25. 선고 2017헌마1113 결정).

그렇지만 성추행 고발 등과 관련하여 피해자가 입은 사실을 그대로 인터넷에 게재했더라도 그로 인하여 상대방의 명예가 훼손되었다면 사실적시 명예훼손죄로 처벌을 받을 수 있는 것은 문제가 있다는 지적이 있다.

이 규정 때문에 성폭력 사실 등을 알린 것 자체만으로 가해자로부터 명예훼손으로 역고소를 당하여 처벌을 받을 위험에 노출되고, 위법성 조각사유인 '공공의 이익'에 대한 해석기준이 모호하여 '공익을 위하지 않은 진실은 발설하지 말라'는 것으로 표현의 자유를 억압하고 부조리에 대한 고발을 위축시키고 있다는 주장이 제기되고 있다. 즉 법이 비난을 받아야 할 사람의 잘못된 명예는 보호하여주고, 진실에 대하여는 침묵을 강요하는 결과가 되기 때문에 이 규정이 폐지되어야 한다는 주장이 있다.

공공의 이익에 대한 견해의 차이가 있고, 비리를 고발하는 내용을 인터넷에 게재하는 행위가 공공의 이익에 해당되는지 여부에 대하여 법관마다 판단이 다를 수 있다. 그러한 연유로 성폭력 등 혐의 사건에 대하여는 사실적시 명예훼손죄의 적용을 배제하는 법안이 국회에 제출되기도 하였다.

또 사실적시 명예훼손은 '비방할 목적으로' 하는 경우에만 처벌을 하도록 함으로써 범죄구성요건을 가중하자는 입법 제안도 있었으며, 다른 한편으로는 모욕죄와 사실적시 명예훼손죄를 폐지하자는 제안도 있다.

세계적인 추세는 일본을 제외한 다른 국가에서는 사실적시 명예훼손에 대해 형사적 처벌을 하지 않는 대신에 사생활을 침해하는 경우에 민사적 손해배상을 통하여 해결한다고 한다. 2015년 유엔자유권규약위원회는 우리나라에 대하여 사실적시 명예훼손죄의 폐지를 권고하였다.

생각건대, 사실적시 명예훼손죄가 사회의 부조리를 고발하거나 약자의 권리를 찾기 위한 노력을 무산시키는 도구로 악용될 소지가 있으므로 개선할 필요는 있지만, 개인의 명예·인격·사생활을 보호해야 할 필요성도 무시할 수 없으므로 이 규정은 여전히 그 역할이 남아있다고 생각된다. 진실과 사실에 대한 표현의 자유와 개인의 프라이버시와 명예가 동시에 존중받는 성숙한 사회가 되기를 소망한다.

/ 제5장 형사상 개인보호의 법 /

피고인에게 유리한 증거공개의무

　필자는 오래전 밤에 타인의 가정집에 침입하여 여성들을 연쇄 성폭행한 사건의 범인으로 구속되어 기소된 피고인 P의 국선변호를 맡았던 적이 있었다. 처음 구치소 접견에서 P는 겁에 질린 표정으로 범행을 부인하였지만 그의 외모와 태도는 유죄의 의심을 불러일으키기에 충분하였다. 당시 경찰은 범죄가 발생한 마을을 새벽에 배회하던 P를 범인으로 단정하여 위협수사를 한 결과 범행자백을 받아 내었다.

　다른 유력한 증거가 없는 상황에서 피고인의 자백만을 믿은 1심 법원은 P에게 중형을 선고하였다. 하지만 피고인에 대한 수사는 허점이 많았고 P의 자백진술의 일관성도 없어서 피고인이 강압에 의하여 허위자백을 하게 되었음을 필자는 확신하게 되었다.

　필자는 항소심의 변호인으로 다시 참여하여, 범행 현장을 검증하고 현장목격 증인들의 증언을 탄핵하는 등 피고인의 무죄를 끌어내려고 약 1년간 노력한 결과 항소심과 대법원에서 무죄를 받아냈다.

그런데 그로부터 1년 수개월이 지난 후 같은 경찰서에 의해서 동일 죄명으로 다시 P가 구속된 놀라운 일이 발생하였다. 다시금 P의 요청에 의하여 변호인으로서 1년여 동안 법정다툼을 한 결과 1심 법원은 유죄를 선고하였으나, 다시 항소심과 상고심에서 무죄를 받게 되는 희한한 일이 벌어졌다.

그런데 수사 도중에 경찰이 P의 DNA에 대한 감정을 국립과학수사연구소에 의뢰한 사실을 감추었으나 재판 도중에 알게 된 필자가 수사기관에 감정결과의 공개를 요구하였으나 당시에는 결과가 나오지 않았다는 말만 되풀이하면서 그 결과를 법정에 현출시키지 않았다. 그리고 항소심 재판이 거의 끝날 무렵 수사기관이 감정결과를 입수하였음에도 불구하고 재판에 불리한 영향을 미칠 것을 우려한 나머지 감정 결과를 공개하지 않았다.

미국 변호사협회(ABA)의 윤리장전 3.8(d)은 '검사는 피고인의 무죄 또는 피고인의 형을 감경시키는 증거나 정보를 알게 되면 이를 피고인과 변호인에게 적시에 제공하여야 한다'고 규정되어 있는바, 피고인의 양형상 유리한 증거에 대한 공개의무를 검사에게 부담시키고 있다.

설사 피고인에게 유리한 증거가 신빙성이 떨어져 증거가치가 희박하다고 판단되더라도 피고인에게 유리한 증거는 배심원을 설득하거나 유리한 증거로 사용될 수 있을 것이므로 검사는 이를 공개할 의무가 있다. 나아가 수사검사를 지도하거나 당해 사건을 지휘하는 상급검사도 증거공개의무의 준수여부를 지도 감독할 의무를 부담한다.

우리도 수사기관이 수사나 공소유지 과정에서 획득한 피고인에게 유리한 증거를 피고인과 그의 변호사 그리고 재판부에 알릴 의무를 부담시키는 규정을 법에 명시할 필요가 있다. 피고인의 방어권보장이나 인권보장은 단순히 피고인만의 문제가 아니며, 수사기관을 포함한 사법기관 전체가 추구할 가치이다.

실체적 진실을 밝혀줄 유력한 증거를 변호인이 은폐하여 진실발견을 방해하여서는 안 되듯이 수사기관도 피고인이 당해 사건의 진범이 아니라는 설득력 있는 증거를 입수하면 이를 공개하여야 한다. 필자의 사건에서도 검찰이 DNA의 감정 결과를 알게 된 즉시 공개하였더라면, 힘없고 불쌍한 피고인이 2년여 기간 구속·수감되는 인권침해는 피할 수도 있었을 것이다.

/ 제5장 형사상 개인보호의 법 /

경미한 저작권을 침해한 청소년 보호의 필요성

저작권의 침해란 저작권자의 허락을 받지 않고 저작재산권 또는 저작인격권을 침해하는 방법으로 저작물을 이용하는 것이다. 저작권자의 허락 없이 책의 내용을 웹페이지에 게시하는 행위, 타인의 그림·사진·이미지 파일 등을 웹페이지에 올리는 행위 등이 해당된다. 소리바다에서 제공하던 음악파일(MP3)의 무료로 다운로드를 받으면 저작권을 침해하는 것이다.

법원은 음란 동영상을 불법적으로 복제하여 인터넷 파일의 공유 사이트에 업로드한 행위를 저작권법 위반이라고 판시하였는데, 그 이유는 음란 동영상도 인간의 정신적 노력에 의하여 얻어진 사상 또는 감정을 말, 문자, 음, 색 등에 의해 구체적으로 외부에 표현한 것으로서 '창작적인 표현형식'을 담고 있으며, 그 표현되어 있는 내용, 즉 사상 또는 감정 그 자체의 위법성이나 윤리성은 문제가 되지 않는다고 하였다.

이 판결은 음란 동영상의 제작자의 권리를 지나치게 보호하는 것으로 국민의 정서에 어긋난다는 비판이 있음에도 불구하고, 법원은 저작권의 엄격한 보호를 천명하고 있다. 그리하여 변태 성향의 사람이 이용할 수 있는 인터넷 카페를 만들어 자체 영상물을 올리게 유도한 후에 저작권의 침해로 허위고소를 하여 수억 원 상당의 이익을 가로챈 사람들이 체프된 사건이 발생하기도 하였다.

2007년 한 고등학생이 저작권의 침해로 고소를 당하고 상대방으로부터 합의금을 요구받고 고민을 하다가 자살을 한 충격적인 사건이 발생하였다. 침해의 경중을 가리지 않고 5년 이하의 징역, 5천만 원 이하의 벌금을 일률적으로 규정하고 있는 저작권법을 악용한 일부 악덕 로펌들의 합의금 장사로 인하여 벌어진 어처구니없는 사건이다.

법률사무소들이 아르바이트생을 고용하여 저작권 침해의 의심이 있는 이용자들에게 무차별적으로 이메일로 협박을 하면서 합의금을 요구하여, 합의금 명목으로 청소년은 50~80만 원, 대학생은 80만 원, 성인은 100만 원 가량을 받았다고 한다.

청소년들이 음악파일이나 영화파일을 무의식 중에 범죄임을 인식하지 못하고 다운을 받는 경우가 많은데, 이때 형사고소를 당하거나 협박을 받게 되면 심적 고통에 시달려 극단적인 잘못을 저지르거나 합의금을 마련하기 위하여 불법행위에 가담하기도 한다.

이처럼 고등학생의 자살사건으로 저작권자의 권리남용이 사회적 문제로 부각하게 되자, 경미한 정도의 저작권 위반행위에 대하여는 교육조건부 기소유예제도를 도입하고 청소년이 우발적으로 저작권을 침해한 경우 1회에 한하여 조사 없이 각하처분을 하는 청소년 저작권침해 고소사건의 각하제도를 한시적으로 시행하게 되었으나 근본적인 해결책은 마련되지 않았다.

그리고 피해액이 100만 원이 넘지 않은 침해행위는 처벌대상에서 제외하는 내용의 저작권법 개정안이 국회에 제출된 적이 있었으나, 저작권자의 재산권이나 인격권을 침해하는 행위는 절도로서, 이를 방치할 경우 저작권산업의 기반이 약해진다는 이유로 저작권 단체가 법안을 반대하였다.

한편 보도, 비평, 교육, 연구 등을 위하여 저작물을 이용할 수 있는 행위인 '저작물의 공정한 이용'은 허용하고 있고, 저작권의 보호대상이 인간의 사상이나 감정의 표현으로서 절도의 보호대상인 소유권과는 다르다는 점을 들어 경미한 저작권침해행위를 일률적인 형사처벌로 해결하려는 것은 부당하다면서 개정안을 지지하는 견해도 있었다.

생각건대, 경미한 정도로 저작권을 침해한 청소년들에게 무조건 형사처벌을 가하여 문제를 해결하려는 것보다는 교육을 통하여 저작권에 대한 올바른 인식을 심어주고, 이미 사용한 해당 저작물에 상당한 대가를 지불하게 함으로써 저작권의 정당한 가치를 인식시켜 줄 필요가 있다. 저작권위원회나 변호사회 등 공적 기관들이 주도적으로 청소년들에 대하여 저작권 교육을 개최하는 것도 필요하다.

/ 제5장 형사상 개인보호의 법 /

교통사고 발생시 뺑소니범이 되지 않으려면

운전이 일상이 된 현대생활에서 누구든지 교통사고를 낼 가능성은 항상 있는데, 실제로 사고를 내게 되면 당황하여 어떤 조치를 취해야 하는지 제대로 판단하지 못하는 경우가 많다.

사례를 살펴보면, 특정범죄가중처벌법상의 도주차량사건에서 사고운전자(T)는 운전과실로 앞차를 들이받아 앞차의 운전자(Y)에게 2주가량의 상해를 입혔는데, 사고 직후 가해자의 동승자(K)가 피해자(Y)에게 보험처리를 해주겠다는 말과 함께 피해 사실을 확인하였다.

피해자가 견인차와 경찰을 부른 뒤 10분가량 현장에 머물었던 사고운전자(T)는 개인용무를 이유로 사고현장을 떠났고, 그 이후 경찰이 도착하자 동승자(K)가 가해자의 인적사항을 경찰에게 알려 주었다. 원심법원은 사고운전자(T)가 동승자(K)에게 사고처리를 위임하였기 때문에 특가법상 도주가 아니라고 판시하였다.

이에 대하여 대법원은, 피해자의 구호조치는 사고운전자 대신에 그의 지배하에 있는 자를 통하여 행하거나 현장을 이탈하기 전에 타인이 구호조치를 할 수 있다. 이 사건에서 사고운전자(T)는 동승자(K)에게 사고처리를 부탁하였지만, 병원이송 등 구호조치를 취하기 전에 사고현장을 이탈하였으므로, 설사 동승자(K)가 경찰에게 가해자의 신원을 알려주었더라도 법적인 구호조치를 취하지 않은 것이므로 도주에 해당된다고 하였다(대법원 2012. 3. 29. 선고 2011도15172 판결).

특정범죄가중처벌 등에 관한 법률 제5조의3 제1항 소정의 '피해자를 구호하는 등 도로교통법 제50조 제1항의 규정에 의한 조치를 취하지 아니하고 도주한 때'라 함은 사고운전자가 사고로 인하여 피해자가 사상을 당한 사실을 인식하였음에도 불구하고 피해자를 구호하는 등 도로교통법 제50조 제1항에 규정된 의무를 이행하기 이전에 사고현장을 이탈하여 사고를 낸 자가 누구인지 확정될 수 없는 상태를 초래하는 경우를 말하는 것으로서, 사고운전자가 피해자를 구호하는 등 도로교통법 제50조 제1항의 의무를 이행하기 전에 사고현장을 이탈하였다면, 이탈 이전에 피해자에게 자기 신원을 확인해 주었더라도 도주에 해당된다는 것이 확립된 판례의 견해이다(대법원 2005. 12. 9. 선고 2005도5981 판결).

또 사고운전자가 부근의 택시기사에게 피해자를 병원으로 이송

할 것을 요청하였으나 피해자가 경찰관이 온 후에 병원으로 가겠다고 하면서 거부하여 병원으로 이송되지 아니하고, 경찰관이 사고현장에 도착하기 이전에 사고운전자가 사고현장을 이탈하였다면, 비록 그 후 피해자가 병원에 이송되어 치료를 받았더라도 운전자는 피해자에 대한 적절한 구호조치를 취하지 않은 채 사고현장을 이탈하였으므로, 사고운전자는 특가법상 도주자에 해당된다고 하였다 (대법원 2004. 3. 12. 선고 2004도250 판결).

그리고 교통사고운전자가 피해자를 병원에 후송하였으나 조사경찰관에게 사고사실을 부인하고 자신이 목격자라고 주장을 하면서 참고인조사를 받고 귀가를 하였다면 특가법상 도주라고 하였다(대법원 2003. 3. 25. 선고 2002도5748 판결).

그러나 가해자가 사고 후 피해자를 병원으로 후송하여 치료를 받게 하고 피해자 측에게 인적사항도 알려 주었으나, 가해자가 운전면허정지기간 중이기 때문에 동료운전자로 하여금 사고차량을 운전하였다고 경찰에 신고하게 하였으나, 경찰조사 도중 사실이 밝혀져 가해자가 조사를 받은 경우에는 구호조치의무 이행 전에 사고현장을 이탈하여 사고자가 확정될 수 없는 상태를 초래하였다고 볼 수는 없으므로 특가법상 도주가 아니라고 하였다.

한편 피해자에 대한 구호조치를 취하지 않았더라도 사고피해자가 상해로 평가되기 어려울 정도의 극히 하찮은 상처를 입어 구태여 치료를 할 필요가 없는 경우에는 구호조치를 취할 필요가 없기 때문에 도주가 아니지만(대법원 2000. 2. 25. 선고 99도3910 판결), 약 2주간의 치료가 필요한 경추부 염좌 등의 경미한 상해를 입었더라도 구호조치가 필요하다고 하였다(대법원 2008. 7. 10. 선고 2008도1339 판결).

따라서 교통사고를 야기한 자가 뺑소니 운전자가 되지 않으려면 다음과 같은 조치를 취하여야 한다. 사고가 났다고 판단한 순간부터 사고현장을 벗어나서는 안 된다. 그리고 피해자의 피해사항을 확인하고 즉시 경찰신고와 119 긴급차량출동요청 등 피해자구호조치를 시작하여야 한다. 다음으로 사고운전자는 피해자를 직접 병원으로 후송하든지 아니면 긴급차량이나 다른 차량으로 후송할 경우 동행하여야 한다.

사고운전자가 동승자나 주변 사람에게 구호조치를 부탁하더라도 피해자에 대한 구호조치가 완료되기 전에 사고현장을 떠나서는 안 되고 동시에 자기가 가해자임을 경찰에 밝히고 피해자에게도 인적사항을 알려야 한다.

2주 진단의 경추부염좌처럼 가벼운 상해도 구호조치가 필요하므로, 피해자의 상해 유무를 가해자의 육안에 의존하여 판단을 하거나 상대방의 진술에 의존하지 말고 반드시 병원에 동행하여 검사를 받도록 하여야 한다.

위 첫 번째 사안에서 가해 운전자가 자기의 신분을 밝혔고, 가해

운전자의 동거인디 정당한 대리인으로서 구호조치를 취하였으며, 가해운전자도 현장에 10여 분가량 머물렀기 때문에 피해자로서는 충분한 구호조치를 받았다고 볼 수 있으므로 이를 특가법상 도주로 판시한 대법원판례는 일반 상식에 부합하지 않는 듯하다.

어쨌든지 제3자에게 사고처리를 부탁하더라도 피해자에 대한 모든 구호조치가 이루어지기 전에 사고운전자가 현장을 이탈하면 뺑소니범으로 엄정한 처벌을 받는다는 것을 유념해야 한다.

/ 제5장 형사상 개인보호의 법 /

폭력으로부터 청소년 보호

어떤 중학생이 같은 반 학생들로부터 목검 단소 등으로 맞고 문구용 칼과 일회용 라이터로 상처를 입고, 라디오 전원 줄로 목이 묶여 끌려 다니고 물고문까지 당하다가 투신자살을 한 사건이 발생한 적이 있었다. 그는 투신 하루 전에 친구에게 자살을 예감하는 문자를 보냈으나, 친구도 선생님도 부모 그 누구도 그를 죽음으로부터 구해주지 못하였다.

2004년 '학교폭력예방 및 대책에 관한 법률'이 제정되고, 2008년 시행령을 마련되어 각 학교는 '학교폭력대책자치위원회'를 설치하였고, 학교 내 폭력이 외부기관에 의하여 처리되기 전에 위원회가 가해 학생의 잘못의 정도에 따라 출석정지·전학·사회봉사·퇴학 처분 등을 할 수 있게 되었다.

하지만 일선 학교들은 학교 평가에 악영향을 미칠 것을 두려워한 나머지 학교폭력을 은폐하면서 가능한 한 폭력당사자 간의 합의를 종용하여 무마하려는 경향이 많았다. 한편 위원회의 결정이 효율성이 떨어졌다.

그 이유는 중학교는 의무교육이기 때문에 퇴학조치를 할 수 없고, 가장 높은 수위의 처벌인 전학은 대상 학교에서 거절하는 경우에는 곤란하며, 주거지 이전이 어려워서 가해자 부모가 이를 받아들이지 않으면 강제할 수 없기 때문이다. 그리고 14일 이내의 출석정지의 처벌만으로는 문제 학생에 대한 교육적 효과를 기대하기 어렵다. 사회봉사도 대상기관에 따라서 교육의 방법이 다를 뿐만 아니라 그 효과가 그리 크지 않다.

한편 14세 미만의 청소년은 형사처벌이 면제되는 형사미성년자이고 만 10세부터 19세 미만까지는 소년법이 적용되는바, 만 10세부터 14세 미만은 소년법만 적용되고, 만 14세부터 만 19세 미만은 소년법과 형법이 동시에 적용된다. 그리고 소년 사건은 소년법상 소년보호사건으로 보호처분을 받는 경우와 일반적인 형사사건의 절차에 따라 처리되는 두 가지의 경우가 있다.

소년보호사건은 가정법원 소년부가 심리하며 교정을 하는 것이 주요한 목적이다. 소년법은 첫째 보호자 등에게 감호 위탁하는 처분이지만 사실상의 귀가처분이고, 둘째 수강명령, 셋째 사회봉사명령, 넷째와 다섯째는 보호관찰관에 의한 단기 및 장기의 보호관찰, 여섯째 아동복지시설 등에 대한 감호위탁, 일곱째 병원이나 요양원 등의 의료보호시설에 대한 위탁, 여덟째와 아홉째, 열 번째(8~10호)의 처분은 순차적으로 1개월 이내 단기부터 장기까지의 소년원 송치이다.

한편 만 14세 이상부터 만 19세 미만까지는 소년보호사건 대신에 소년형사사건으로 일반 형사법원이 다룰 수 있으나, 소년임을 감안해서 가정법원 소년부로 송치결정을 할 가능성이 크다.

필자는 수년간 중학교 학교폭력대책자치위원회 위원으로 활동을 하여 오면서 돈을 갈취하는 사례, 정신박약아인 학생에 대한 따돌림과 괴롭힘 등 다양한 사건을 접해 보았는데, 폭력대책자치위원회에서 가해 학생에게 잘못을 인정하는지 물어보더라도 반성의 기색이 거의 보이지 않았고, 가해자 부모도 자녀의 잘못을 시인하기보다는 위원회와 학교를 비난하는 경우가 많았다.

학교폭력을 근절하고 학생들을 보호하는 일이 쉽지 않다. 지나치게 관대한 소년법의 처분 규정을 상향화하여, 죄질이 아주 나쁜 경우에는 현재의 최고 2년의 소년원의 장기송치 기간을 늘이는 방안도 고려할 필요가 있다.

그리고 폭력대책자치위원회가 가해 학생에 대한 강제적인 전학 결정을 할 수 있어야 하고, 출석정지기간도 현재의 기간보다 늘일 필요가 있다. 14세 미만의 형사미성년자가 중범죄를 범할 경우 처벌을 할 수 없으므로 그 보호자에 대하여 징벌적인 배상책임을 부담시키는 방안도 필요할 것이다.

/ 제5장 형사상 개인보호의 법 /

성희롱 판단기준의 변화

　대학교수인 A는 X 학생이 봉사활동 추천서를 받기 위하여 친구들과 함께 연구실을 방문하였을 때, 뽀뽀를 해주면 추천을 하여 주겠다고 하였고, 수업시간에 백허그의 포즈를 취한 적도 있으며, 연구실에서 '남자친구와 왜 사귀냐, 나랑 사귀자' 또는 '나랑 손잡고 밥 먹으러 가고 데이트 가자'는 등 불쾌한 말을 하였다.

　또 Y 학생에게 수업시간에 뒤에서 안는 식으로 지도를 하고 불필요할 정도로 학생과 한 의자에 앉는 등 신체적 접촉을 하였고, 복도에서 마주칠 때 얼굴여 손대기, 어깨동무, 허리에 손 두르기와 함께 손으로 엉덩이를 툭툭 치는 행위를 하였으며, 단둘이 있을 때는 팔을 벌려 안기도 하였다.

　또 장애인 교육신청서를 제출하러 갔을 때 자신의 볼에 뽀뽀를 하면 신청서를 받아 주겠다고 하여 학생이 교수의 볼에 뽀뽀를 하였다. 이러한 사유로 대학은 A를 해임하였으나 이에 불복하여 소청심사를 청구하였고, 모두 기각을 당하자 징계처분취소의 소를 제기하였다.

원심법원은 X 학생에 대한 A의 징계사유에 대하여, 피해자의 손위로 마우스를 잡거나 어깨동무를 하는 등 불필요한 신체적 접촉은 적극적인 교수 방법에서 비롯된 것이며, 피해자가 그 이후에도 A 교수의 수업을 수강한 점, A 교수의 행위는 평소 학생들과 친한 관계를 유지하면서 농담을 자주 하거나 연애상담을 나누기도 한 점 등을 고려하면 일반적이고 평균적인 사람의 입장에서 성적 굴욕감이나 혐오감을 느낄 수 있는 정도에 이른 것이라고 보기 어렵다고 하였다.

한편 Y 학생에 대한 A의 징계사유에 대하여는, 강의에 대한 학생들의 평가가 좋았고, 평소 친밀감의 표현으로 여러 제자들을 향하여 팔을 벌려 안으려는 듯한 자세를 취한 것을 과장한 것으로 여겨지며, Y가 뽀뽀를 한 것은 그녀의 친구들이 벌인 장난 가운데 일어난 일로서 A가 강요하였다고 볼 수 없다.

나아가 행위가 발생한 후 1년 내지 6월이 경과한 시점에서 피해자 Y가 X의 권유로 진술서를 작성한 점, A 교수가 해임되기 전에는 자유롭게 A 교수를 만나다가 해임된 이후부터 피한 점, Y가 A 교수를 형사고소하지 않을 것을 약속하는 각서를 작성하여주는 대신 A 교수에게도 Y에 대하여 법적 대응을 하지 않을 것을 기재한 공증서를 작성한 점 등을 모아보면 Y가 성희롱의 피해자의 행동으로 보기 어렵고, 나아가 징계사유가 인정된다 하더라도 비위 정도에 비추어 볼 때 징계가 너무 무거워 재량권을 남용하였다면서 원심법원은 A에 대한 해임처분을 취소하였다. 이에 대하여 학교가 상고를 하였다.

대법원의 판결은, 성희롱 피해자들이 처한 특별한 사정을 고려하지 않은 채 은연중에 가해자 중심적인 사고와 인식을 토대로 평가를 내렸다는 오해를 불러일으킬 수 있어 적절하지 않으며, 원심법원이 피해자 진술의 증명력을 쉽게 배척하였음을 지적하였다.

성희롱은 직장의 사업주나 상급자가 지위를 이용하거나 업무 등과 관련하여 성적 언동 또는 성적요구 등으로 상대방에게 성적 굴욕감이나 혐오감을 느끼게 하는 행위 또는 상대방이 성적 언동 또는 요구 등에 따르지 아니한다는 이유로 불이익을 주거나 그에 따르는 것을 조건으로 이익공여의 의사표시를 하는 행위를 의미한다.

그리고 성희롱이 성립하려면 당사자의 관계, 행위가 행해진 장소 및 상황, 행위의 내용 등을 모아볼 때 객관적으로 상대방과 같은 처지에 있는 일반적이고도 평균적인 사람으로 하여금 성적 굴욕감이나 혐오감을 느낄 수 있는 행위가 존재해야 하고, 그로 인하여 행위의 상대방이 성적 굴욕감이나 혐오감을 느꼈음이 인정되어야 한다.

또 성희롱소송의 심리에서는 사건이 발생한 맥락에서 성차별 문제를 이해하고 양성평등을 실현할 수 있도록 '성인지 감수성'을 잃지 않아야 하고, 우리 사회의 가해자 중심적인 문화와 인식, 구조 등으로 인하여 피해자가 성희롱 사실을 알리고 문제를 삼는 과정에서 오히려 부정적 반응이나 여론, 불이익한 처우 또는 그로 인한 정신적 피해 등에 노출되는 이른바 '2차 피해'를 입을 수 있다는 점을 유념하여야 한다고 하였다.

그런데 X 교수의 행위는 교실이나 연구실에서 연속적으로 발생하였으며, 교수가 추천서작성 등을 빌미로 성적 언동이 이루어졌다는 점 등을 고려하면 일반적이고 평균적인 사람이 아니라 피해자들과 같은 처지에 있는 평균적인 사람의 입장에서 성적 굴욕감이나 혐오감을 느낄 수 있는 정도였는지를 기준으로 심리·판단을 하였어야 하는데도 원심은 그러하지 못하였다.

또한 지연신고를 하였다거나 적극적인 진술을 회피한 것 등은 피해자의 성적 굴욕감, 사회의 부정적인 시선 등 때문에 이루어졌다고 볼 수 있다. 따라서 이러한 피해자들의 특별한 사정을 충분히 고려하지 않은 채 피해자 진술의 증명력을 가볍게 배척한 것은 논리와 경험의 법칙에 따른 증거판단이라고 볼 수 없다면서 파기 환송하였다(대법원 2018. 4. 12. 선고 2017두74702 판결).

요컨대 성희롱에 대한 판단이 피해자의 보호를 중심으로 이루어지고 있는바, 성희롱의 기준은 앞으로 더욱 피해자에게 유리한 방향으로 설정될 것이다.